한살림 큰농부
일농 박재일 평전

한살림 큰 농부 — 인농 박재일 평전

1판 1쇄 펴낸 날 2017년 8월 16일

기　　획　인농기념사업위원회
지 은 이　김선미

펴 낸 곳　도서출판한살림
펴 낸 이　윤형근
편　　집　이정미
표지 제자　이철수
디 자 인　이규중

출판신고　2008년 5월 2일 제2015-000090호
주　　소　서울시 서초구 서운로 19, 4층(서초동, 서초월드)
전　　화　02-6931-3612
팩　　스　02-6715-0819
이 메 일　story@hansalim.or.kr

ⓒ 도서출판한살림, 2017

ISBN 979-11-957826-4-2 03800

* 이 책 내용의 일부 또는 전부를 재사용하려면
  반드시 저작권자와 도서출판 한살림 양측의 동의를 받아야 합니다.
* 이 책은 재생종이로 만들었습니다.
* 잘못된 책은 구입하신 곳에서 바꾸어드립니다.
* 책값은 뒤표지에 있습니다.

이 도서의 국립중앙도서관 출판예정도서목록(CIP)은 서지정보유통지원시스템 홈페이지
(http://seoji.nl.go.kr)와 국가자료공동목록시스템(http://www.nl.go.kr/kolisnet)에서
이용하실 수 있습니다.(CIP제어번호 : CIP2017019519)

한살림 큰 농부
인농 박재일 평전

김선미 지음

한살림

2010년 병상에 있던 박재일에게

문안 온 후배가 말했다.

"형님, 한국에서는

딸 하나를 키우면 아버지가 진보가 되고,

둘을 키우면 좌파가

셋이면 혁명가가 된대요."

박재일이 화답했다.

"딸 넷 가진 아버지는 생명운동가가 되고,

다섯이면 한살림 하는 거야."

곁에서 듣고 있던 박재일의 막내딸이 물었다.

"아빠, 그러면 나 때문에

한살림이 만들어진 거네?"

"그럼!"

박재일이 만면에 웃음을 띠고 말했다.

"난 한살림이 참 좋아.

참 재미있어."

흥해중학교 졸업을 앞두고, 앞줄 맨 오른쪽이 박재일(위).
대구 경북고등학교 졸업 앨범에서(아래).

1965년 강구 처가에서 열린 결혼식.

원주 단구동 진광중학교 사택에 살 때,
초등학교에 입학한 큰딸과 박재일.

맏이의 중학교 졸업식을 기념하며
박재일이 찍은 다섯 명의 딸들.

박재일은 1938년 10월 28일 경상북도 영덕군 남정면 사암2구, 해월봉이라 불리던 바데산 기슭 볕바른 산골마을 따스내에서 농민의 아들로 태어났다. 대학 졸업을 앞둔 1965년 동향의 처자 이옥련과 만나 부부가 되었고, 1966년 감옥에 있을 때 얻은 첫딸 순원으로부터 1979년 막내딸 주희까지 다섯 딸을 둔 다복한 집안의 가장이었다.

'원주캠프'를 이끌던 지학순 주교와 함께.

박재일이 대학에 입학하던 해 일어난 4·19 혁명부터 6·3항쟁으로 불리는 한일회담 반대 운동까지, 그는 줄곧 시대의 부름에 답해야 할 자리에 있었다. 1969년 원주로 내려간 뒤에는 무위당 장일순과 함께 지학순 주교가 이끄는 '원주캠프'의 일원으로 신용협동조합운동을 시작하고, 7~80년대 반독재민주화운동의 큰 흐름 속에 함께했다.
가톨릭농민회와 함께 농민의 생존권을 지키는 일에 앞장섰던 박재일은 1977년부터 '생명'을 화두로 농민과 도시의 소비자가 만나 서로 도우며 함께 사는 길을 모색하는 새로운 운동을 시작한다.

남한강 유역 대홍수로 길이 끊어진 마을을 찾아다니던 재해대책사업위원회 시절.

한국가톨릭농민회 강원지구연합회 창립총회에서, 박재일은 1982년 제6대 전국연합회 회장을 맡아 가장 어려운 시기 가톨릭농민회를 이끌었다.

1986년 한살림농산 개소식을 축하하는 무위당 장일순과 함께.

한살림은 1987년부터 우리밀살리기운동을 시작했다.
사진은 1990년 경남 고성 두호마을에서 열린 우리 밀 수확 잔치.

1986년 12월 서울 제기동에 '한살림농산'을 열고, '생산자는 소비자의 생명을 책임지고 소비자는 생산자의 생활을 책임진다'는 약속과 함께 1988년 한살림공동체소비자협동조합을 설립한다. 박재일은 '생산과 소비는 하나다'라는 믿음으로 도시와 농촌이 함께 사는 길을 위해 '밥상살림 농업살림 생명살림'을 위한 한살림운동의 한길을 걸어왔다.

2006년 한살림 20주년을 맞아, '스무살 한살림 세상을 껴안다'는 한살림20년사의 제호였다.

2009년 모심과살림연구소에서 연 '한살림선언' 20주년 기념 행사에서.

山이 온다

인농仁農 박재일의 고희古稀에

시_ 이병철

여기 산山이 온다

밥상을 차려 산을 빚은 이

그는 참나무처럼 단단하지만

버들처럼 유연하다

불 같았던 사람

불의에 맞서 온몸 불사르고

물 같았던 사람

생명 앞에선 온몸을 낮춘다

그 불과 물이 어울려 한 생명을 낳았다

한살림

밥이 하늘이고

천지만물이 한 몸, 한 뿌리임을 일깨워 주신 스승을 섬기며

그 가르침 온몸에 새겨

한길 에두르지 않고 뚜벅뚜벅 걸어 예까지 왔다

돌아보면 먼 길이다

동해東海 영덕의 푸른 파도를 실어

동숭동 문리대 교정에서 거센 함성으로 솟구치다가

주먹 떨며 어둠에 몸 숨기다가

원주原州에서 마침내 무위당无爲堂, 기다려왔던 그 스승을 만나고

눈빛 맑은 아이들과 한동안 뛰놀기도 하면서

큰 물난리 나 전답과 농심 함께 휩쓸려간 자리에

자립과 협동의 씨 뿌리며 일어서게 하다가

겹겹의 덧옷 껴입고도 오싹하던 86년 그 겨울,

공화국 수도 서울의 제기동 한 모퉁이에 쌀가게를 열었고

이렇게 간판을 달았다

'한살림'

함께 살리고 크게 살림이니

"밥상을 살려 세상을 살린다"

모셔라,

천지만물 가운데 하늘을 아니 모신 것이 없으니

살려라,

서로 죽이고 모두 죽어가는 이 죽임의 굿판을 걷고

더불어 모두를 살려라

기어라,

자신을 낮추는 것이 섬기는 것이니

분노를 놓고 품어 안으라

닭이 알을 품듯

새로운 혁명의 길에서

우리의 무기는 총칼이 아니다

한 사발의 밥이다

밥 속에 모신 하늘이다, 신명이다, 해방 그 대동세상이다

밥상살림이 흙살림 물살림이요

농업살림 세상살림이니

한 그릇의 밥상을 제대로 마련하고 모시는 일이

자기 속의 하늘 밝게 드러냄이니

큰 살림꾼,

한살림의 큰 살림꾼으로

온 정성 쏟아 우주생명의 큰 밥상을 차려온 지 어언 이십여 년

인농,

어진 농부의 길을 걸으라 하셨던 스승의 말처럼

지금 그가 경작하는 밭은

이 땅의 농촌, 농업, 농심

이 땅에서 밥 먹고 똥 싸는 이들의 모든 밥상

평생 한 평의 논밭조차 제대로 가꾸질 못했지만

세상에서 그 누구보다 큰 농사꾼

남의 말 잘 안 듣는다는 노겸 형이 말했다

인농의 말이라면 팥으로 메주를 쑨대도 믿는다고

나 태어나 맨 처음으로

형님이라 불렸던 사람

그런 형이 황소 같은 고집과 뚝심으로 치닫다가

때로는 바람처럼 물처럼 흐르면서

마침내 오늘, 고희古稀에 이른 자리

드러나는 것은 드러나지 않는 것에 바탕하나니

형이 이루어온 것 가운데 그 공의 절반은

숨은 꽃향기 머금은 형수 이옥련李玉蓮 님의 몫인 건 새삼 말해 무엇하랴

다섯 딸들로 풍성한 살림

저기 밥상이 온다

산처럼 거대한 밥상

일찍이 옛 스승이

'내 몸이다. 나를 먹어라'시던 생명의 밥상

어진 농부가 한 평생 차려 온 그 밥상

생명의 큰 산이 되어

여기에 온다

* 지난 2007년 고희를 맞은 박재일에게 후배 이병철이 헌정한 시 '산(山)이 온다'.

● 차례

1부
따스내, 어린 시절: 1938~

해월봉과 따스내　　　　　　　　　22
기도 끝에 얻은 늦둥이　　　　　　27
뽕나무 놀이터와 놋숟가락　　　　　31
'저 작은 공기로 배를 채울 수 있을까'　36
마을과 사람들 속으로 스민 전쟁의 불길　39
집을 떠나 밥을 짓기 시작하다　　　44

2부
고향을 떠나 시대의 한복판으로: 1956~

아버지 품을 떠나다　　　　　　　　48
4·19 혁명의 한복판에 서다　　　　57
'고생도 함께하는 사람들이 있으니까'　62
한일회담 반대운동의 중심에 서서　　67
바닷가 마을의 요란한 혼례　　　　　74
감옥에서 아버지가 되다　　　　　　80
다시, 고향을 떠나다　　　　　　　　88

3부
원주로, 농민 속으로: 1965~

'이제 우리 같이 살자'	96
가르치며 배우는 교사의 길	105
신용협동조합이라는 모험의 길	110
'주여, 이 땅에 정의를!'	117
농자성군을 모시며	123
농민이 농사의 주인이 되게 하자	131
딸의 아버지, 아버지의 아들	137
농민이 관을 이긴 첫 승리	142
생명에 대한 각성, 운동의 새로운 길	149
'생명의 세계관과 협동적 생존의 확장'	155
일본과 대만에서 협동조합을 배우다	163
유기농운동과 소비자협동조합이 만나다	172
'두드려라 그러면 열릴 것이다'	181

4부
사람과 자연, 도시와 농촌이 한살림: 1986~

도시와 농촌이 함께 살자	190
한살림을 시작하며	196
쌀 팔고 계란 팔며 행복한 사람들	205

아파트는 한집살림이다	215
더디 가도 바른 길로, 함께 가자	222
한살림을 선언하다	231
우리 힘으로 밀을 되살리자	238
아픔을 통해 함께 성장한다는 것	247
무위당과 한 약속, 모심과 살림	260
쌀을 지키고 땅을 살리는 밑거름	267
연대의 힘, 북한과 아시아 민중을 돕다	277
생활이 정치다	284

5부
삶의 운동, 흙으로: 2000~

어떻게 하면 삶의 운동이 될까	292
밥상 살림에서 마음 살림으로	299
병과 함께 몸 살림을 기록하다	308
어진 농부 땅으로 돌아가다	318

작가의 말	325
주석과 참고문헌	328
박재일 연보	332

* 일러두기
본문에 실린 박재일의 말 중 따로 출처를 밝히지 않은 것은 모두
2004년 모심과살림연구소와의 생전 인터뷰에서 인용했다.

1부

따스내,
어린 시절

:1938~

●

해월봉과
따스내

'하늘과 땅은 곧 부모요 부모가 곧 하늘과 땅이니 천지부모는 한 몸 天地卽父母 父母卽天地 天地父母一體也'이라 했다. 해월 최시형의 말이다. 천지가 부모니 한 사람이 태어나는 것도 온 우주의 일이다. 조상들에게 물려받은 뼈와 살이 굳어진 땅, 먼 옛날 그 터에 뿌리내린 이들의 숨과 결 사이로 피고 진 들풀과 스쳐가는 바람, 계절에 따라 높낮이를 달리하며 뜨고 지던 달과 별. 이 모든 것이 사람의 성격과 몸짓에 스며드는 일은 자식이 부모를 닮는 것처럼 자연스럽다.

백두산에서부터 지리산까지 한반도의 등뼈를 이루며 뻗어내린 산줄기가 백두대간이다. 이 땅의 숱한 산줄기들이 여기서 뻗어 나온 가지들이다. 그 산줄기에서 나온 물줄기가 엄마의 젖무덤을 헤집는 아이처럼 온몸을 뒤척이며 강으로 바다로 대지를 적시며 흘러간다. 이 땅에서 자라난 초목과 목숨이 붙은 모든 것들이 산줄기가 기른 젖을 먹고 자랐다. 백두대간이 강원도 태백산 근방에서 지리산을 향해 서남쪽으로 방향을 틀어갈 때, 낙동강 동쪽으로 낙동정맥이라는 큰 가지 하나를 펼쳐놓았다. 정맥은 대간의 자식이다. 낙동정맥이 다시 포항 인근에서 동쪽으로 가지를 쳐 북쪽으로 올망졸망 손자 같은 산들을 낳았는데, 내연산에서 뻗어간 산줄기라고 해서 내연지맥이라 부른다. 내연지맥에서 가장 높게 솟구친 산이 동대산이고 그 끝자락에 바데산이 우뚝 솟아 있다. 바데산은 경상북도 영덕군 남정면과 달산면 그리고 포항시 죽장면의 경계를 이룬다. 그다지 높지 않은 산이지만 바다에서 멀지 않아 기운이 장대하고 동대산부터 울울하게 이어진 산줄기에서는 원시적인 생명력이 느껴진다.

　　바데산은 예부터 '해월봉海月峰'이라고 불렸다. 산마루에 오르면 동쪽 바다에 뜬 달을 볼 수 있대서 해월이라 했을 텐데, '바다와 달'을 '바달기' '바들기' 등으로 부르다 바데산으로 굳어졌다고 한다. 이것을 굳이 한자로 '바' 소所, '데' 지之, 소지산所之山으로 기록한 이들도 있다. 해월봉으로 불린 바데산, 그 산줄기가 동쪽으로 흘러내린 기슭에 박재일의 고향이 있다.

　　《영덕군지》는 해월봉의 연원을 해월 최시형이 1871년 이 산자락에 잠시 머물렀기 때문이라 기록하고 있다. 1871년은 남정면에서 북쪽으로 30여 킬로미터 떨어져 있는 영해면에서 동학의 1차 교조신원운동이 일어난 해이다. 이때 영해의 동학교인들이 읍성을 점령하고 탐학을 일삼던 부사를 때려죽이는 사건이 벌어졌다. '이필제의 난'으로 알려진 동학교인과 관군이 맞선 최초의 전투였다. 그로부터 24년 뒤 1895년에 일어난 동학혁명의 피비린내는 이때 예고된 것이었다. 해월은 영해 읍성을 공격하기 전 영덕군 북쪽 창수면 우정골에 있는 형제봉에서 교인들을 이끌고 하늘에 제사를 지냈다. 그가 당시 남쪽으로 내려와 바데산 어디쯤에 실제로 머물렀는지에 대한 정확한 기록은 발견되지 않았다. 그러나 기록보다 선명한 것은 사람들 가슴에 화인처럼 찍힌 기억이다. 동학에 대한 소문은 이미 오래전부터 영덕 일대에 은밀하게 번져 있었다. 반상의 구별이 따로 없고 남녀노소 차별 없이 누구나가 하늘이라는, '불온'한 깨달음이 숱한 사람들의 가슴을 설레게 했기 때문이다.

　　서른다섯 살 때 동학에 입도한 해월은 노동으로 단련된 부지런하고 성실한 사람이었다. 닥나무 껍질로 질 좋은 문종이를 생산하던 영덕 일대는 열일곱 살 때부터 제지소에서 일하던 청년 최시형에게 친숙한 지역으로 동학의 교세 또한 강했던 곳이다. 영해 읍성에서 벌어진 소요가 진압된 뒤 이 일대 교인들은 샅샅이

색출되고 가혹한 추궁을 당해야 했다. 집집마다 숨죽여 쉬쉬해야 할 기막힌 사연들이 얼마나 많았을지 짐작할 만하다. 고비원주高飛遠走, 수운 최제우가 처형당하기 전 해월에게 이른 그대로 그는 '최보따리'라는 별명으로 민중들 가슴 깊숙이 은밀한 전설이 되어, '높이 또 멀리' 스며들어 갔을 것이다. 산자락마다 질긴 풀처럼 돋아나는 전설들은 좌절된 민중의 꿈을 먹고 자라난다. 바닷가 마을에 달이 떠오르는 바위산이 어디 바데산뿐이겠는가. 그럼에도 바데산에서 애써 해월의 이름을 기억하려는 사람들 속에서 못다 이룬 꿈에 대한 애절한 마음을 읽는다.

해월봉에서 남동쪽으로 바다를 향해 열려 있는 산기슭에 따스내가 있다. 마을 한가운데로 겨울에도 따스한 물이 흐르고 있어 따스내溫川라고 불렸다. 따스내가 속해 있는 남정면은 영덕군 남쪽 끝으로 포항시 북쪽에 닿아 있다. 영덕은 동해안에 흐르는 난류의 영향으로 경상북도에서도 가장 따뜻한 고장이다. 산이 먼저 솟아나고 골골이 물줄기가 흐르면서 골짜기가 깊어진 뒤에 사람의 마을이 들어섰지만 따스내라는 이름은 적어도 해월봉보다 270년 이상 먼저 생겼다. 임진왜란 때 바데산 자락으로 피란 온 이씨, 김씨, 박씨 일가들이 처음 땅을 일구면서 마을이 생겨났고, 그때부터 줄곧 따스내가 된 것이다. 난리를 피해 온 이들을 품어준 안온한 골짜기에서 고개 들면 보이는 가장 높은 봉우리는 '달바우'라고 불렀다. 400년 넘도록 따스내로 불리던 마을은 1914년 일제가 행정구역을 통폐합하면서 사암리土岩里가 되었다. 다사동多士洞과 적암동赤岩洞에서 한 글자씩 따서 만든 이름인데, 다사동은 따스내를 소리 나는 대로 표기한 한자명이다. 관에서 어떻게 이름을 바꾸든 따스내는 여전히 마을을 가로질러 바다를 향해 묵묵히 흐르고 있다.

　따스내는 이웃 마을 다른 골짜기에서 흘러내린 냇물들과 몸을 섞어 장사천이 되고 이내 동해로 흘러든다. 강물이 모일 틈이 없는 곳이다. 장사천이 바다와 만나는 지점에 남정면 면소재지인 장사리가 있다. 이름처럼 길고 아름다운 모래벌판이 펼쳐진 바닷가, 따스내에서 태어난 아이들은 냇가에서 멱을 감다가 자라나면서 차츰 장사리 바닷가로 나가 드넓은 수평선을 만난다.

●
기도 끝에 얻은
늦둥이

따스내에는 냇물을 따라 옹기종기 40여 채의 집들이 모여 있다. 많을 때는 80여 호나 되는 꽤 번성한 마을이었다. 1938년 10월 28일, 따스내 밀양 박씨 종가집에서 사내아이가 태어났다. 가을걷이가 끝나고 곳간마다 곡식들이 가득 차 겨울이 다가와도 마음은 춥지 않은 날이었다. 때는 중일전쟁이 일어난 이듬해였다. 일제는 만주를 침략해 대륙으로 남양으로 전선을 확대하고, 유럽에서는 히틀러가 오스트리아를 점령하는 등 제2차 세계대전의 불씨가 곳곳으로 번져가고 있을 즈음이었다. 전선은 아직 한반도에서 멀리 떨어져 있었지만 이미 조선인들이 다니는 학교에서부터 전쟁 준비가 시작되고 있었다. 조선총독부는 그해 봄부터 황국신민화 교육에 박차를 가하며 보통학교를 일본인 학교와 같은 소학교로 이름을 바꾸고, 동시에 학교에서 우리말과 글을 쓰지 못하게 했다. 박씨 집안에는 소학교에 다니는 9살 난 사내아이 박재휘가 있었는데, 그 아이의 동생이 태어난 것이다.

아이 부모는 스물여섯 살의 박근찬朴根贊과 두 살 연상인 부인 신남출申南出이었다. 마을에서 박씨 집안은 살림이 넉넉한 편이었다. 그러나 장남이 태어난 뒤로 한참 동안 아기울음소리가 끊겨 근심하던 차에 늦둥이를 보았으니 여간 경사스런 일이 아니었다. 호랑이띠 아이의 이름은 곧 재일才一로 정해졌다. 장남과 같이 집안의 재才자 항렬에 '하나'라는 뜻을 더한 이름이었다. 굳이 재일이란 이름을 '근본은 하나다'라고 풀어보면, 장차 한살림운동을 펼친 이의 일생을 관통하는 신념체계가 부모에게서 물려받은 이름과도 관련이 있던 게 아닐까 돌아보게 된다. '밥이 하늘'이고 '밥 한 그릇의 의미를 오롯이 이해하면 온 세상 이치를 깨우친 것과 같다'고 한 해월과 이어져 있는 해월봉도 마찬가지다. 한 아이를 둘러싼 시공간과 인연이 모두 예사롭지 않게 보인다. 사실 모든 아이들이 그런 인연으로 세상에 오지 않겠는가.

박씨 집안에 맏며느리로 시집을 온 박재일의 어머니는 호랑이 같은 여장부였다. 남편보다 연상일 뿐만 아니라 체구도 더 컸다. 그는 '태백산 호랑이'로 불리며 일제의 간담을 서늘하게 만든 의병장 신돌석과 같은 평산 신씨 집안사람이었다. 신돌석의 생가가 바로 영덕군 축산면 도곡리에 있었다. 신 씨는 신돌석이 일제에 의해 죽임을 당한 이태 뒤인 1910년에 태어났다. 신 씨가 박씨 집안에 시집와 첫 아들을 낳은 것은 열아홉 살 때 일이다. 그때 신 씨의 남편은 남정공립보통학교를 마친 열일곱 살이었다. 그는 곧이어 대구로 가서 1934년 교남학교를 졸업했다. 교남학교는 1921년 애국지사 홍주일洪宙一, 김영서金永瑞, 정운기鄭雲騏 등이 세운 학교로 대륜중고등학교의 전신이다. 이육사 시인이 이 학교 출신이다. 박근찬이 졸업한 뒤에는 〈빼앗긴 들에도 봄은 오는가〉로 유명한 대구 출신 이상화 시인이 학생들을 가르친 곳으로도 유명하다. 교남학교를 마친 박근찬은 일본 유학길에 올랐다. 결국 신 씨가 첫 아들을 낳은 다음 9년 동안이나 후사를 기대하기 어려웠던 것은 남편이 줄곧 외지에 나가 있었기 때문이다. 젊은 박근찬에게 산골마을 따스내는 아무래도 갑갑했던 모양이다. 그는 젊은 시절 종종 가출을 해 대구까지 갔다가 아버지 손에 붙잡혀 고향으로 돌아오기도 했다.

　신 씨가 시부모와 시동생들을 돌보고 머슴들까지 있는 큰살림을 건사하면서 호랑이 소리를 듣게 된 것은 생존을 위한 불가피한 선택이었는지 모른다. 그는 복잡다단한 살림살이를 꾸려가는 틈틈이 내연산 보경사를 찾아가 치성을 드렸다. 따스내에서 보경사까지는 장사 읍내까지 20리를 걸어 나간 뒤 바닷가를 따라 남쪽으로 내려가다 다시 내연산 계곡으로 20리가량 산으로 들어가는 먼 길이다. 신 씨가 멀리 있는 남편을 기다리며 시름을 달래는 일은 기도뿐이었다. 1937년 중일전쟁이 일어나면서 점점 흉흉해지는 바깥세상 분위기도 신 씨의 마음을 더욱 불안하게 했다. 근심이 깊을수록 기도는 간절해지는 법. 세상 모든 종교가 인간의 불안을 먹고 자라듯 말이다. 집안에서는 유학을 떠나 돌아올 줄 모르는 장자를 불러들이기 위해 갖은 애를 썼다. 결국 우환이 있다는 거짓 기별을 보내 일본에 있던 박근찬을 불러들였고, 남편이 돌아온 지 얼마 지나지 않아 신 씨에게 아이가 들어섰다. 박재일이 형보다 9년이나 늦게 태어난 연유가 이랬다. 어쩌면 어린 생명이 아비를 불러들여 세상에 나올 길을 스스로 닦았을지도 모르겠다. 아비는 박재일이 태어난 뒤로는 고향을 떠나지 않고 줄곧 농사를 지으며 가족과 마을을 보살폈다.

뽕나무 놀이터와
놋숟가락

　　어렵게 태어난 늦둥이는 집안의 환대를 받았다. 특히 어머니 신 씨가 얼마나 극진히 아이를 아꼈는지 두고두고 시누이들 입방아에 오를 정도였다. 신 씨는 100일 동안 아기 주위에 병풍을 두르고, 제 집 식구들도 함부로 방 안에 드나들지 못하게 했다. 고모들마저 강보에 쌓인 조카를 함부로 만질 수 없었다. 조부 박수원의 손자 사랑도 각별했다. 할아버지는 장사 읍내에 장이 서는 날이면 어린 재일을 말안장 위에 태우고 20리 길 나들이를 즐겼다. 어린 시절 말 등에 올라 탄 채로 바라보는 세상 풍경은 사뭇 달랐다.

　　그 시절 박재일의 집 앞에는 커다란 뽕나무가 한 그루 있었다. 오디가 익을 때면 입가를 시커멓게 물들이며 열매를 따 먹고,

커다란 가지 위로 올라가 말을 타듯 놀던 곳이었다. 그런데 어느 날 다리에 각반을 차고 군모를 쓴 일본군이 나타나 다짜고짜 큰 칼로 뽕나무 가지를 내리친 일이 있었다. 군인들의 고함과 함께 가지가 댕강 잘려나간 뽕나무에서 오디가 후두둑 떨어졌다. 흙바닥 위에는 군홧발에 짓이겨진 열매가 검붉은 핏자국처럼 남아 있었다. 따스내에서 박재일의 놀이터는 그렇게 망가져버렸다.

밥상 위로 밥 대신 멀건 죽이 올라오는 날이 점점 많아진 것도 그즈음이었다. 박재일의 집은 추수가 끝나면 가마니 가득 곡식을 쌓아둘 만큼 여유가 있었지만 식량 공출이 시작되면서부터 끼니 걱정을 피할 수 없었다. 박재일이 태어난 이듬해부터 20세기 최악의 가뭄이 한반도를 덮쳐오더니, 그해 흉작의 여파가 몇 년 동안이나 이어졌다. 봄이면 초근목피로 연명하는 일은 일상이 되었다. 좁쌀과 쌀을 조미료처럼 흩뿌려 넣은 나물죽이라도 먹을 수 있는 날은 그나마 다행이었다. 아이들은 단물이 다 빠져나간 칡뿌리를 턱이 아플 때까지 씹고 또 씹었다.

일제는 쌀만 빼앗아 간 것이 아니었다. 마을 어귀 아름드리 소나무 줄기에서는 송진을 받아내고, 집집마다 쇠붙이라는 쇠붙이는 모조리 내놓아야 했다. 박재일의 어머니는 숟가락까지 모조리 걷어 간다는 소문에 수저를 보자기로 싸매 장롱 깊숙이 숨겨두었다. 그런데 하필 박재일이 방 안에 혼자 남아 있을 때 군인들이

들이닥쳤다. 어둠침침한 서랍 밑바닥 그 좁은 틈새에서 귀신같이 수저를 찾아내고는 군홧발을 신은 채 문지방을 넘어가던 군인들의 시커먼 등을 보고 소년은 몸서리를 쳤다. 처음 제 손으로 밥을 떠먹을 때부터 오롯이 '내 것'이던 놋숟가락을 빼앗긴 것이다. 아이들은 밥과 밥그릇까지 모조리 내주었고, 부모는 그 자식마저 잃었다. 따스내에서도 장정들이 하나 둘 전장으로 끌려가기 시작한 것이다.

해방은 느닷없이 찾아왔다. 박재일은 어머니의 손을 잡고 마을 사람들과 함께 따스내에서 읍내까지 냇가를 따라 함께 걸어 나갔다. 큰 비가 내리면 성난 기세로 길을 삼키며 바다까지 단숨에 달려가던 냇물처럼, 사람의 물결이 그렇게 흘러가고 있었다. 어린 소년도 사람이 파도가 된 그 길 위에 작은 물방울로 뒤섞여 걷고 또 걸었다. 장사 읍내에 모인 군중들은 태극기를 흔들며 만세를 불렀다. 붉게 상기된 채 함성을 지르던 어머니의 얼굴 그리고 어린 아들을 놓칠 새라 힘을 꽉 쥐고 있던 축축하고 뜨거운 손. 눈물을 흘리는 어른들도 있었다. 어린 재일은 마냥 가슴이 뛰었다. 그의 나이 일곱 살이었다.

아버지 박근찬이 일곱 살, 어머니 신남출이 아홉 살이던 1919년에는 영해에서 3·18 만세의거가 있었다. 서울에서 일어난 3·1 운동 소식이 백두대간을 넘어 동해안까지 이어진 것이다. 장날을 맞아 조직적으로 기포를 준비하고 궐기한 영해 만세의거는 경북 지역에서 일어난 것 중 최대 규모였다. 3월 18일에 시작된 만세의거는 꼬리에 꼬리를 물고 군내 여러 마을에서 4월까지 이어졌다. 특히 남정면에서는 멀리 영해장터에서 일어난 만세운동 소식을 들은 청년들이 아무런 조직도 연고도 없이 자발적으로 만세를 부르다 잡혀갔다. 해방은 그때로부터 26년이 흐른 뒤에야 갑자기 찾아왔다. 어린 시절 어른들의 만세운동을 숨죽여 지켜본 이들이 부모가 되어 자식들 손을 잡고 해방된 거리로 뛰쳐나온 것이다.

징병 징용에 끌려갔던 사람들이 속속들이 마을로 돌아왔다. 더러는 죽었다는 기별만으로 돌아온 이들도 적잖았다. 그러나 해방의 기쁨으로 들떠 있던 분위기는 오래가지 않았다. 일본인들이 떠나면 당장 좋은 세상이 올 것 같았지만 현실은 그렇지 않았다. 바다에서 해무가 피어올라 마을을 뒤덮듯 서로를 경계하는 수상한 기운이 사람들 사이로 흘러들었다. 좌우의 이념 대립은 외진 산골 마을이라고 비켜가지 않았다. 마을에서도 입산자들이 생겨나고 결국 오랜 이웃끼리 원수가 되어 서로를 증오하는 일이 벌어졌다. 박재일은 그 시절에 대해 이렇게 말했다.

"일제가 물러난 뒤에는 마을에서 사상적으로 대립하는 사람들이 많아서. 친구들 형이 하루아침에 빨치산이 돼 산으로 올라가기도 하고, 마을에 경찰 가족도 있으니까 그런 사람들끼리는 서로

웃는 얼굴 보기가 참 힘들었지."

입산자들 중에는 사상적으로 투철한 사람도 있었겠지만 다수는 삶이 고달픈 가운데 산으로 쫓겨 달아날 수밖에 없던 처지의 이웃들이 많았다. 형들이 산으로 올라간 뒤로는 마을에 남은 아이들끼리도 서먹해졌다.

'저 작은 공기로 배를 채울 수 있을까'

　해방 전후 전염병도 기승을 부렸다. 가장 무서운 것이 '염병'이라 불리던 장티푸스였다. 어수선한 세상에 설상가상으로 사람들의 고통이 가중되었다. 환자를 돌보는 이에게 쉽게 전파되기 때문에 집안에 염병이 돌면 식구들은 마을에서 격리될 수밖에 없었다. 박재일의 고모도 시집에서 병에 걸려 친정으로 돌아왔고, 신 씨는 극진한 간호로 시누이를 살려냈다. 하지만 간병을 하던 재일의 어머니에게 병마가 옮아왔다. 호랑이처럼 강인하던 박씨 집안의 종부는 결국 이 때문에 목숨을 잃고 말았다. 불과 서른여섯 살의 나이로 박재일의 생모가 세상을 떠난 것이다. 해방이 되고 이듬해의 일이었다. 여덟 살 아이에게는 감당하기 어려운 충격이었다. 신 씨는 시누이를 병 수발하는 동안 어린 아들을 자기 근처에 얼씬도 하지 못하게 했다. 결국 아들은 제대로 어머니 품에 안겨보지도 못한 채 이별을 감당해야 했다. 일찍이 생모와 사별한 경험이 있던 박근찬의 슬픔도 아들만큼 심각했다. 그는 아내를 여읜 뒤 다시 고향 밖으로 유랑을 시작했다. 이 시절 박재일은 아버지 손을 잡고 처음 따스내를 떠났다. 덜컹거리는 기차에서 흔들리며 다가오던 차창 밖 풍경은 산골 소년이 만나게 될 낯선 상황들을 예고하는 것 같았다. 박재일은 이때의 첫 서울 나들이를 이렇게 기억하고 있었다.

"서울 사람들은 어떻게 그렇게 조그만 공기에다 밥을 먹는지 참 신기했어요."

뚜껑이 있는 커다란 주발만 보아오던 시골 소년에게 서울 사람들의 밥상은 그 자체로 충격이었다. 저 작은 밥공기로 배를 채울 수 있을지 은근히 걱정도 되었다. 배고픔은 친구처럼 늘 곁에 있었다. 엄마 없는 낯선 하늘 아래서는 밥공기 가득 수북하게 담은 쌀밥도 소년의 허기를 채워주지 못했다.

박재일의 아버지는 생전에 아내가 끼니 걱정을 하던 때에도 가끔 닭을 잡아 조용히 집 밖으로 가져다 나르던 사람이었다. 일제 치하에서는 순사들만큼이나 영림서 산림감시원들의 서슬이 퍼랬는데, 산에서 나무를 하다가 붙잡힌 이웃이 있으면 고기라도 바쳐 일을 무마하곤 했다. 밥이 모든 것에 우선하던 때, 불미스런 일이 생기면 누군가 발 벗고 나서 조정이라도 해야 더 큰 화를 피할 수 있었다. 따스내에서 묵묵히 그런 일을 도맡아 한 사람이 박근찬이었다. 결국 그는 상처한 뒤 오래지 않아 유랑에서 돌아왔고 재혼도 했다. 어린 아들에게 계속 남의 집 밥을 먹일 수 없었던 것이다. 그는 김순연이라는 처녀를 아내로 맞아들였다. 박재일이 스무 살이 넘도록 '엄마'라고 불렀던 새어머니. 새어머니는 박재일보다 겨우 열 살이 많았다. 아버지와 사이에 따로 자식은 없었다.

어린 나이에 생모와 사별한 소년은 어른이 된 뒤에도, 가까운 지인이나 아내, 자식들에게조차 친어머니에 대해 말한 적이 없다. 마찬가지로 새어머니에 대한 서운함을 일절 내비치지도 않았다. 새어머니는 입버릇처럼 '내가 처녀로 시집 와 여태 재일이 하나만 바라보고 살았다'는 말을 자주 했다. 박재일은 그런 새어머니를 고향에 남겨 둔 채 먼저 세상을 떠났다. 그런 그가 얼핏 마음 깊은 곳에 감춰둔 '그리움'을 드러낸 적이 있다. 2010년 죽음이 임박해 있던 그 무렵 박재일은 자주 의식을 잃곤 했는데, 어느 날 긴 잠에서 깨어나 정신이 돌아온 뒤 환하게 웃으며 말했다.

"하늘에서 엄마가 왔다!"

죽음을 앞에 둔 순간에야 심연에 간직해온 그리움을 겨우 쏟아낸 것이다.

●
마을과 사람들 속으로 스민 전쟁의 불길

박재일은 1947년 장사리에 있는 남정국민학교에 입학했다. 또래들보다 한 살이 늦은 나이였다. 아홉 살 아이에게는 20리 넘는 먼 길을 걸어서 통학하는 일이 벅찼다. 특히 따스내에서 장사리로 나아가는 길 중간에 있던 도천저수지 제방은 아이들에게 산처럼 아스라이 높았다. 또 큰 비라도 내리면 순식간에 냇물이 불어나 금세 길이 잠겨버리곤 했다. 아버지 박근찬은 마을 아이들의 고생을 그대로 두고 보지 않았다. 사재를 털어 마을에 분교를 세웠다. 덕분에 박재일과 친구들은 더 이상 학교까지 멀리 걸어가지 않아도 되었다. 그러나 어릴 때부터 따스내에서 함께 멱을 감고 물고기를 잡으며 뛰어놀던 친구들과의 분교장 생활은 그리 오래가지 못했다. 1950년 전쟁이 발발하기 직전, 박근찬이 아들을 데리고 고향을 떠났기 때문이다. 식구들은 처음에는 면소재인 장사로 나왔다가 이내 장남이 다니는 영남중학교가 있는 대구로 이사했다. 대구는 젊은 시절 아버지가 학창 시절을 보낸 곳이었다. 박재일은 남보다 앞서 피란살이를 시작하면서 대구 태평동에 있는 달성국민학교 5학년으로 전학했다. 도시의 새 친구들은 낯설었지만 학교는 판자로 지은 따스내 분교장과는 비교할 수 없이 번듯했다.

따스내는 바데산으로 막혀 있는 막다른 마을이고, 바데산은 영덕 일대 빨치산들의 활동무대인 동대산과 내연산으로 이어진다. 영덕군에서는 전쟁 전부터 좌우익의 대립으로 죽고 죽이는 비극이 반복되고 있었다. 밤이면 산간마을로 빨치산들이 내려와 식량을 요구했고, 낮이면 경찰과 토벌대가 들이닥쳐 산사람을 도왔다는 이유만으로 보복을 해댔다. 박재일이 초등학교에 입학하던 해에는 남정면 '장사리 7·15 사건'이 일어났다. 《영덕군지》에 따르면 "남정면은 일제 강점 이래로 사회주의 활동을 하다 1946년 12월 남로당 제1차 중앙위원 및 중앙감찰위원 연석회의에서 박헌영과 함께 남로당 부위원장으로 선출된 이기석李基錫의 고향"이다. 1947년부터 남로당의 활동이 본격화되면서 영덕군 내에도 산으로 숨어 들어간 빨치산들이 경찰지서를 습격하는 등 좌우익의 대립이 날카로워지고 있었다. 7·15 사건은 남정면 인민위원회가 장사동,

부흥1·2동, 원척동, 양성동, 부경동의 주민 약 400명을 동원해 남정지서로 몰려가 경찰과 대치하면서 사상자가 발생한 사건이다.

"아버지는 내가 보기에 중도야. 마을 사람들이 서로 반목할 때도 더 이상 편이 갈리지 않게 하려고 무척 애를 쓰셨던 것 같아."

박재일은 어수선하던 어린 시절의 아버지를 이렇게 기억하고 있었다. 그러나 개인의 노력만으로는 한계가 있다는 것을 직감한 박근찬은 서둘러 고향을 떠날 수밖에 없었다. 그의 판단은 옳았다. 영덕군은 1950년 전쟁이 일어난 지 채 두 달도 되지 않아 인민군 치하에 들어갔다. 그러나 적치는 오래가지 않았다. 곧이어 국군이 진격해 들어왔다. 인공 치하에서는 이른바 지주와 반동분자 색출과 처형이, 국군은 적에게 부역한 자를 색출해 똑같이 양민을 학살하는 일들이 되풀이됐다. 특히 남정면 장사리에서 전쟁은 더욱 치열하게 전개되었다. 인천상륙작전을 위해 후방에서 적을 교란할 목적으로 치러진 양동작전이 장사리 해안에서 펼쳐졌다. 1950년 9월 15일 경상북도 영덕군 장사리 해안에 상륙한 군인들은 나이 어린 학도병들이었다. 7번 국도를 막아 인민군 보급로를 차단하는 임무를 수행하던 학도병 772명 가운데 139명이 죽고, 92명이 부상을 당했다. 나머지는 모두 행방불명될 만큼 전투는 치열했다. 당시 공습을 피해 숨어 있던 주민들이 포성이 멈춘 뒤 바닷가로 나왔을 때 모래사장은 온통 피로 붉게 물들어 있었다. 주검을 두고 적과 아를 구별하기도 어려웠다.

반면 대구는 국군과 유엔군의 낙동강 방어선 아래에 있었다. 도심은 전선에서 불과 몇 킬로미터 거리에 떨어져 있어 포성이 메아리처럼 울려왔고, 피란민들은 하루가 다르게 불어났다. 박재일이 전학해 다니던 학교는 전쟁이 나자 교실을 육군본부에 내주고 학생들은 가건물과 노천에서 겨우 수업을 이어나가고 있었다. 굶주림은 해방된 세상에서도 크게 나아지지 않았다. 전쟁이 터지면서 식량난은 더욱 극심해졌다. 달라진 점이 있다면 미군과 함께 쏟아진 구호물품이었다. 피란민촌의 어린이들에게는 가마솥 한가득씩 가루우유를 끓여 배급해주었는데, 처음 먹어보는 우유에 장이 놀라 한동안 설사를 해야 했다.

그럼에도 피란민촌은 "온갖 시련을 겪은 사람들은 태연하고 명랑한 자세로 누추한 집을 환하게 밝히고, 이런 불행 속에서도 인간적 위엄을 지키고 있었다"고 프랑스 종군기자들의 증언을 담은 책 《한국전쟁통신》은 묘사하고 있다. 박재일도 대구에서의 생활이 괴로운 것만은 아니었다. 그 역시 아버지처럼 넓고 큰 세상에 대한 향심이 많았다. 다만 학도병으로 참전하게 된 형과의 이별만은 잊을 수 없는 아픔이었다. 형은 훈련소에서 일주일 동안 총 쏘는 법을 익히고 곧장 전방으로 떠난다고 했다.

"재일아, 태극기 좀 그려줘. 그거 가지고 갈게."

형이 남긴 작별 인사였다. 박재일이 정성껏 태극기를 그려 훈련소로 찾아갔을 때, 이미 학도병을 실은 기차는 떠난 뒤였다. "전우의 시체를 넘고 넘어/ 앞으로 앞으로!" 골목에서 아이들과 목청껏 부르던 군가의 노랫말들이 비로소 소름 끼치게 들렸다. 어머니를 떠나보낸 슬픔이 아직 채 가시지 않은 소년에게 하나뿐인 형제간의 생이별은 더 견디기 힘들었다. 그렇게 헤어진 형은 전쟁이 끝나고 식구들이 고향으로 돌아온 뒤에야 겨우 연락이 닿았다.

따스내는 전란을 겪으며 마을이 모두 불타버렸다. 아버지가 어렵사리 세운 분교장 역시 흔적도 없이 사라졌다. 박근찬은 장사리에 임시 거처를 마련했고, 박재일은 이곳에서 남정국민학교 본교에 1년을 더 다니다 1953년에야 졸업했다. 난리 통에 학교를 옮겨 다니다보니 제대로 학적 관리가 될 리도 없었다. 결국 그는 함께 입학했던 한 살 아래 동기들보다도 한 해 더 졸업이 늦어졌다.

아버지는 아이들이 등교하던 길을 거꾸로 거슬러 장사리에서 따스내까지 아침저녁으로 드나들었다. 무너진 논두렁과 밭두렁을 다시 정돈하고 씨를 뿌렸다. 전란이 휩쓴 폐허 위로 돌아올 고향 사람들을 위해 마을에서 새로 집을 짓는 난민정착사업에 앞장선 것도 아버지였다. 박근찬은 임진왜란 때 따스내로 들어온 선조들처럼, 잿더미가 된 고향 땅에서 새롭게 마을의 역사를 써 내려가고 있었다.

●
집을 떠나
밥을 짓기 시작하다

고향으로 돌아왔지만 박재일의 마음은 아직 대구에 남아 있었다. 피란 생활이었지만 대구에서 맛본 문화적 충격은 산골 소년의 마음을 흔들어 놓았다. 그는 남정국민학교를 졸업하고 아버지나 형이 그랬던 것처럼 대구에 있는 중학교에 진학하고 싶었다. 그러나 뜻밖에도 아버지의 완강한 반대에 부딪쳤다. 큰 아들을 전쟁터로 내몰아야 했던 아픔 때문일까. 아버지는 더 이상 아들과 헤어지고 싶어 하지 않았다.

"대구는 너무 멀다. 언제 또 무슨 일이 벌어질지 모르니 고모한테 가거라."

전쟁을 경험한 뒤 불안에 휩싸인 것은 비단 아버지만이 아니었다. 박재일도 아버지의 뜻을 꺾기에는 아직 어렸다. 더구나 학도병으로 떠난 형의 소식조차 모를 때였다. 그는 결국 고모가 살던 흥해면으로 가서 흥해중학교에 입학했다. 정전협정은 그해 여름에야 매듭지어졌다. 공식적으로는 총성이 멎었지만 정말 전쟁이 끝났다고 믿는 사람들은 아무도 없었다. 전투는 끝났지만 사람들 사이에서 전쟁은 그 후로도 오랫동안 계속되었다.

박재일은 처음에는 고모 집에서 함께 지냈다. 하지만 전쟁 뒤 궁핍한 시절 아무리 일가친척이라 해도 더부살이는 여간 불편한 일이 아니었다. 결국 그는 자취 생활을 시작했다. 아궁이에 군불을 때며 직접 밥을 지어 먹는 처지였지만 어렵거나 고되다고 생각하지 않았다. 당시 중학생이면 결혼을 해 가정을 이룰 만큼 성인 대접을 받았다. 전쟁 통에 학업이 늦어진 친구들도 많았다. 같은 반에는 일찍 결혼해 아이를 둔 가장도 있었고, 교사와 친구 간인 학생들이 쉬는 시간이면 같이 담배를 나누어 피우기도 했다.

박재일은 모험을 즐기는 소년이었다. 자취를 하겠다는 것도 그가 선택한 모험이었다. 흥해에서 영덕을 거쳐 집으로 돌아갈 때는 차비를 아끼기 위해 달리는 트럭 위에 몰래 올라타는 일을 놀이처럼 즐겨했다. 고갯마루에서 몸을 숨기고 있다가 오르막에서 트럭의 속도가 늦춰지는 순간을 기다려 잽싸게 짐칸으로 몸을 던지면 어린 시절 할아버지 말 등 위에 올라탄 것처럼 가슴이 울렁거렸다. 뿌연 흙먼지 사이로 덜컹거리며 달려가는 트럭에 숨어서 바라보는 산하는 전쟁의 폐허 그대로였다. 따스내를 감싸고 있던 산자락도 오래도록 붉은 민둥산으로 남아 있었다.

홍해중학교를 졸업한 동기들은 대부분 영덕고등학교에 진학했지만 박재일은 여전히 대구를 꿈꾸고 있었다. 그렇지만 중학교 진학 때 아들의 대구행을 반대하던 아버지의 뜻은 변함이 없었다. 박재일도 더 이상 어제의 그가 아니었다. 중학교 3년 동안 혼자 밥을 지어 먹으며 자란 소년은 이미 "어려움이 있으면 부닥치면 된다"고 생각했다. 대구로 나가 더 큰 세계를 만나고 싶기도 했고 무엇보다 경북고등학교에 진학하고 싶었다. 그가 처음 입학시험을 치른 것은 1955년, 아버지의 반대를 무릅쓰고 혼자 대구까지 찾아갔다.

전쟁이 끝난 지 한두 해밖에 지나지 않은 1950년대 중반만 해도 대구 앞산공원 아래 대명동 지역은 도시 외곽의 전원지대였다. 당시 경북고등학교는 앞산 공원 기슭, 현재 경북중학교가 있는 자리에 새 교사를 짓고 옮겨와 있었다. 학교 주변에는 시가지가 채 다 갖추어지기 전이라 포장도 안 된 진흙투성이 도로만 겨우 나 있었다. 면접까지 며칠 동안 시험을 치러야 했는데, 마지막 날 교정을 나서다 깡패들에게 여비를 모조리 빼앗겼다. 그가 대구에서 겪어야 할 앞날이 이제까지 살아온 작은 산골 따스내나 조용한 바닷가 마을 홍해와도 많이 다를 것임을 예고하는 사건이었다.

2부

|

고향을 떠나
시대의 한복판으로

:1956~

아버지 품을 떠나다

박재일은 고향을 떠난 지 3년 만에 고입 시험에 실패하고 따스내로 돌아왔다. 고향 마을은 변함이 없었다. 그러나 어릴 적에는 까마득하게만 보이던 달바우가 어느덧 야트막하게 느껴졌다. 이미 대구로 가서 산 너머 큰 세계를 겪어본 그였다. 박재일도 젊은 날의 아버지 마음이 어떠했을지 어렴풋이 이해할 나이가 된 것이다. 그는 겨울이면 새끼를 꼬고 여름이면 땡볕에서 담뱃잎을 따 새끼줄에 꿰어 건조장에 너는 일까지 군소리 하나 없이 거들었다. 박재일은 어느덧 농사에서 장정 한 사람 몫의 일을 거뜬하게 해내고 있었다. 그러면서도 입시 공부만큼은 쉼 없이 이어갔다.

1956년 박재일은 재수 끝에 경북고등학교에 입학했다. 첫 입시에 실패한 뒤 잠시 좌절하기도 했지만 당시에는 고등학교에 입학하기 위해 재수를 하는 것이 드문 일도 아니었다. 그는 전쟁 통에 이리저리 학교를 옮겨 다니면서 또래들보다 학년이 늦어졌는데 고등학교까지 재수를 해서 동기생들보다는 두세 살이 더 많았다. 경북고등학교는 대구 인근뿐만 아니라 영남권의 수재들이 몰려드는 명문학교였다. 일제는 한일합병 뒤 관립중고등학교들을 세웠는데 경북고등학교는 서울의 경기고, 평양의 평양고보에 이어 1916년에 세 번째로 설립한 학교였다. 그런 의미로 도안된 세 줄이 그어진 경북고의 '삼선' 교표는 영남지역 학생들에게 선망의 대상이었다. 대구 경북지역 인맥을 일컫는 이른바 'TK' 세력은 경북고 동문들을 일컫는다고 해도 틀린 말이 아닐 정도였다. 이들은 대개 박정희, 전두환, 노태우로 이어지는 대구 경북 출신들은 권위주의 통치시절 막강한 인맥을 형성하게 되었다. 그러나 경북고 동문들이 보수적인 집권 세력의 중추를 이룬 것만은 아니었다. 대구 경북 지역은 오히려 우리 현대사에서 혁신 운동의 흐름을 주도하던 곳이었다. 멀리는 1907년 시작된 국채보상운동의 발화점이 대구였다. 그 후로도 일제 강점기에는 항일 운동을 주도한 이념 서클 활동이 활발하게 전개돼 투옥된 사람들도 많았다. 이런 배경 때문에 대구는 한때 '조선의 모스크바'라고 불리기도 했다.

박재일의 고등학교 생활은 호락호락하지 않았다. 경북고의 또래들은 대개 유복한 가정에서 자란 친구들이 많았다. 처음에는 학과 공부를 따라가기도 벅찼다. 흥해에서는 중학교 과정을 다 끝내지도 못하고 졸업을 해야 했는데, 대구 출신 상당수가 고등학교 과정을 미리 공부해 놓았을 정도로 앞서 있었다. 농사짓는 틈틈이 독학으로 입시를 준비한 박재일과는 사정이 크게 달랐다. 자연히 수업시간에는 모르는 것이 많아 자주 질문을 할 수밖에 없었다. 그러면 진도에 방해가 된다며 우우 야유를 퍼붓는 학생들도 있었다. 일종의 '촌놈'에 대한 텃세였다. 이 때문에 마음속에는 자잘한 상처도 생겼다. 그럴수록 어떤 오기 같은 것도 싹텄다. 도시 아이들에게 주눅 들지 말아야겠다고 결심하면서 틈틈이 평행봉에 매달려 몸을 단련했다. 우선은 자중자애하며 스스로를 지키는 것이 중요했다. 박재일은 규칙적으로 밥을 지어 먹으며 일상을 관리했다. '젊을 때는 밥만 굶지만 않으면 된다'는 자신감이 그의 자산이었다. 다행히 건장한 체구를 타고 난 덕에 운동을 할수록 다부진 몸매가 도드라지고 갈수록 인물도 훤해졌다. 상급생이 되면서부터는 함부로 시비를 거는 이들도 사라졌다.

박재일의 고등학교 생활기록부에는 "선량한 성격의 소유자이며 인내력과 적극성이 많음"이라고 적혀 있다. 어려움은 혼자 참고 견디지만 무기력하거나 소심한 편은 아니었던 모양이다. 성적은 크게 뛰어난 편은 아니었다. 그는 난리 통에 초등학교 고학년 과정을 제대로 이수하지 못했던 탓에 상급학교에서 예체능 과목을 따라가기가 어려웠다. 특히 음악이나 미술은 제대로 수업조차 받아본 적이 없었다. 악보를 읽거나 색 배합 등에 대해 묻는 시험문제에는 도통 손을 댈 수가 없었다. 그럼에도 "학업에 열중, 노력가이며 행동이 단정함"이라는 교사의 평처럼 박재일은 꾸준히 성적이 나아지는 쪽이었다.

그 무렵 전쟁 중에 학도병으로 입대했던 형은 직업 군인의 길을 걷고 있었다. 박재일도 대구 대봉동에서 시작한 두 번째 자취 생활에 익숙해졌다. 따스내에는 아버지와 새어머니 그리고 양녀로 들인 여동생만 남았다. 고모집 가까이에 살면서 자주 고향집을 드나들던 중학교 시절과 달리 박재일의 대구 생활은 훨씬 독립적이었다.

"지가 하고 싶은 대로 하는 성미다 싶으셨는지 더 이상 간섭하지 않으셨어요. 인생에 대해 조언을 해주는 어른이 별로 없어서 고민이 있으면 그저 친구들하고 얘기했지."

고민을 나누는 친구들 가운데 훗날 서울대학교에서 다시 만난 6·3 운동의 주역 김중태가 있었다. 김중태는 경북 의성 출신으로 박재일이 그랬던 것처럼 초등학교 때 처음 대구로 피란을 나온 '촌놈'이었다. 나중에 고향으로 돌아간 박재일의 집과 달리 김중태의 가족들은 전쟁 통에 아예 대구에 눌러 살았다. 김중태는 고등학교 때부터 방학이면 영덕에 있는 박재일의 집에 드나들 만큼 가깝게 지냈다.

"재일이는 상체가 듬직하고 하체는 늘씬해서 늘 눈에 띄었지. 하지만 성격은 과묵했어. 같이 술을 마셔도 떠들기보다 눈을 감고 생각에 잠기는 타입이지."

김중태가 회고한 경북고등학교 시절 박재일의 모습이다.

박재일의 자취방은 나중에 대법관을 지내기도 한 동기생 배기원의 뒷집이었는데, 마음이 통하는 친구들의 아지트가 되었다. 따스내에서 쌀이며 반찬거리가 올라와 살림살이가 넉넉할 때는 근처에 사는 친구들을 불러 모아 함께 밥을 해 먹었다. 그러다보니 한 달 치 식량이 일주일이면 금세 거덜 나곤 했다. 쌀독이 비면 스스럼없이 친구 집을 돌아다니며 끼니를 해결하고 농주로 배를 채우기도 했다. 담배를 처음 피운 것도 그 무렵부터였다. 고향에서 담배농사를 짓던 아버지는 값싼 '파랑새'로 줄담배를 피웠는데, 박재일과 친구들에겐 그것조차 호사였다. 한 갑에 50환 하는 파랑새 대신 사전 종이에 잎담배를 말아 피우며 자취방 낮은 천장이 뚫어져라 연기를 뿜어 올렸다. 1955년 처음 출시된 '파랑새' 담뱃갑에는 새 한 마리가 고층 건물과 공장 굴뚝의 연기 위로 날아오르는 그림이 그려져 있었다. 1945년 미군정청전매국에서 출시한 우리나라 최초의 담배가 '승리'였고, 파랑새는 전쟁의 상흔을 이겨내자는 희망의 메시지를 담고 나왔다. 비좁은 자취방에 모여

잎담배를 피우던 청년들 역시 저마다 가슴속에 파랑새 한 마리씩 품고 있었다.

박재일이 고등학교에 입학한 1956년에 제3대 대통령선거가 치러졌다. 전쟁 중에 부산정치파동과 발췌 개헌으로 중임에 성공한 이승만 대통령은 헌법에 따르면 더 이상 출마조차 할 수 없던 선거였다. 하지만 자유당은 초대 대통령에 한해 중임 제한을 철폐시킨 '사사오입개헌'으로 부패한 권력을 연장해가고 있었다. 당시 이승만에 맞선 야당 후보는 민주당 신익희와 진보당 조봉암이었다. "못 살겠다 갈아보자!"는 야당의 구호가 온 나라 민심을 뒤흔들어놓고 있을 때, 조봉암에게 압도적인 지지를 보낸 곳이 바로 혁신계의 본고장 대구였다. 그런 시대에 박재일과 친구들이 고교 시절을 보내고 있었다. 특히 그들이 대학 입시를 목전에 두고 있던 3학년 때는 세상을 떠들썩하게 만든 '사상계 필화사건'이 일어났다. 1958년 《사상계》 8월호에 "생각하는 백성이라야 산다"는 글을 쓴 함석헌이 국가보안법 위반으로 구속되었는데, 이를 계기로 오히려 인기가 하늘로 치솟아 사상계는 5만 부 넘게 책을 찍기도 했다. 당시 '6·25가 주는 역사적 교훈'이라는 부제를 달고서 실린 함석헌의 글은 이런 내용을 담고 있었다.

"우리나라가 일본에서 해방이 됐다고 하나 참 해방은 조금도 된 것이 없다. 도리어 전보다 더 참혹한 것은 전에 상전이 하나이던 대신 지금은 둘 셋인 것이다. 일본시대에는 종살이라도 부모 형제가 한 집에 살 수 있고 동포가 서로 교통할 수는 있지 않았는가? 지금은 그것도 못해 부모 처지가 남북으로 헤어져 헤매는 나라가 자유는 무슨 자유, 해방은 무슨 해방인가."

1953년 창간된 《사상계》는 1950, 60년대 지식인 그리고 지적 호기심이 왕성한 고등학생과 대학생들의 필독서였다. 이런 분위기 속에서 박재일은 더 넓은 세계를 향해 나아가고 있었다.

당시 박재일의 경북고등학교의 동기생들은 서울대학교와 전액 국비로 수학할 수 있는 육군사관학교를 가장 선호했다. 박재일은 서울대학교 진학이 목표였지만 경북고등학교 때처럼 첫 입시에서 낙방했다. 서울대학교 역시 '촌놈' 박재일에게 쉽사리 입학을 허락하지 않았다. 그는 다시 고향으로 돌아갔다. 어느덧 따스내는 전화를 이겨내고 전쟁 전 평화롭던 풍경을 되찾아가고 있었다. 마을 구석구석에서 재건에 힘을 쏟은 아버지의 노고를 느낄 수 있었다. 중학교를 졸업하고 흥해에서 집으로 돌아왔을 때에 비하면 고등학교 3년 만에 훌쩍 자란 아들은 아버지보다 힘이 좋은 일꾼이 되었다. 아버지도 더는 아들을 곁에 붙잡아 둘 수 없다는 사실을 받아들이고 있었다. 박재일은 아버지와 함께 논으로 들로 나가 농사와 입시공부를 병행하며 또 한 해 동안 마음밭을 갈았다.

1960년, 박재일이 두 번째 대학 입시를 치르던 해는 4대 정부통령 선거를 앞두고 있었다. 봄이 오는 길목에서부터 세상은 어수선했다. 그가 서울에 있는 친구들 집을 전전하며 입학시험을 준비하고 있을 때, 대구에서 고등학생들의 시위 소식이 들려왔다. 경북고등학교 2년 후배들이 주축이 된 대구 시내 7개 학교 학생들은 부패하고 무능한 자유당 정부에 항의하며 거리로 쏟아져 나왔다. 2·28 대구학생의거는 박재일이 서울대학교 입학시험을 치르기 3일 전에 벌어진 일이었다. 서울대학교의 합격자 발표는 선거 하루 전날 있었다. 4·19라는 거대한 역사의 소용돌이를 불러일으킨 3·15 부정선거였다. 선거 당일 《동아일보》는 "일찍이 없던 공포 분위기"라는 타이틀로 '오늘, 전국서 일제히 정부통령선거'가 치러진다고 알리며 '공명선거는 기대 곤란'이라는 부제를 달기까지 했다.

부정선거의 여파로 전국에서 반정부 시위가 이어지던 때, 박재일은 서울대학교 문리대 지리학과에 입학했다. 그해 서울대학교 입시는 2,930명 모집에 1만 4,159명이 응시해 평균 4 대 1의 경쟁률을 기록했다. 당시 문리대 교정은 동숭동, 지금의 대학로에 있었고 입학식은 4월 4일에 치러졌다. 지금과 같이 3월에 새 학기를 시작하는 학기제 개편이 있기 1년 전이었다. 서울에 올라와 맨 처음 거처로 삼은 곳은 서대문에 살고 있던 이종사촌 형의 집이었다. 학교가 있는 동숭동까지 운행하는 전차의 종점이 있던 곳이었다. '서대문 현저동 101번지'로 불리던 서대문형무소를 빤히 내려다보는 집이었는데, 박재일은 머지않아 자신이 그 철창 속에 갇힌 파랑새가 될 운명이라는 것은 꿈에도 생각하지 못했다.

4·19 혁명의
한복판에 서다

　서울대학교 문리대 앞에는 '세느강'이라 불리던 작은 하천가에 교정으로 들어가는 '미라보 다리'가 있었다. 미라보 다리와 세느강은 전후의 궁핍과 암담한 현실에서 벗어나고 싶은 학생들의 낭만적 상상이 붙인 이름이었다. 박재일은 그런 곳에서 경북고등학교에 입학했을 때보다 더한 문화적 이질감을 느꼈다. 특히 문리대생들이 풍기는 데카당한 분위기가 낯설고 서먹했다. 뽕나무를 타고 오르며 자라온 그에게 이름도 생소한 마로니에 그늘 아래 파리한 낯빛의 학생들은 다른 세상에서 온 것 같았다.

　그러나 그런 사소한 차이를 일순간 삼켜버리는 거대한 불길이 타오르고 있었다. 부정선거 규탄 시위 도중 왼쪽 눈에 최루탄을 맞아 사망한 김주열의 시신이 4월 11일 마산 중앙부두 앞바다에 떠올랐다. 입학과 함께 새 학기가 시작되었지만 학교에서는 제대로 된 강의가 이루어지지 않았다.

　4월 18일, 박재일은 전차를 타고 서대문에 있는 집으로 귀가하던 중 대학생 시위대와 마주쳤다. 지금은 서울시의회 의사당이 된 덕수궁 옆 옛 국회의사당 앞에서 고려대 학생들이 연좌시위를 벌이고 있었다. 기마경찰을 포함한 진압 경찰들이 시위대를 에워싸고 있어서 전차는 더 나아가지 못하고 멈췄다. 박재일은 주저 없이 차에서 내려 학생들 사이로 들어갔다. 당시만 해도 대학생들이 대개 교복을 입고 학교 배지를 달고 다녔기 때문에 그가 서울대학교 학생이라는 것은 쉽사리 눈에 띄었다. 경찰에 포위돼 있던 고대생들은 갑자기 시위대로 뛰어든 박재일을 보고 환호성을 질렀다. "서울대에서 응원군이 왔다!" 이러면서 그를 보호해줄 생각으로 대열의 한가운데로 불러 앉혔다. 박재일은 당황스러웠지만 금세 그 자리에 익숙해졌다. 몇 시간 연좌농성이 계속되자 의사당 안에서 야당의 당수였던 박순천이 나와 정치인들이 부정선거 문제 해결을 위해 노력할 테니 이제 학생들은 학교로 돌아가 달라며 귀가를 종용했다. 어느덧 날이 저물고 있었고 고대 학생들도 하나둘 학교로 되돌아갈 채비를 했다. 그러나 알려진 것처럼 학교로 돌아가던 학생들이 임화수가 이끄는 정치 깡패들에게 습격을 당했다. 시위대는 대부분 해산했지만 박재일은 3, 40명의 고대생들과 함께 그대로 자리를 지키고 있었다. 경찰은 강제 연행을 시작했고, 박재일은 막 신축공사가 끝난 서울역 앞의 남대문경찰서로 끌려갔다.

"이 새끼 너는 고대생도 아닌 게 왜 거기 끼어 있었어! 다른 놈들은 몰라도 넌 제일 늦게 보내줄 테니까 그런 줄 알아!"

박재일의 교복을 보고 형사는 뺨을 후려치며 소리쳤다. 실제로 그는 자정이 다 돼서야 제일 마지막으로 풀려났다. 전차도 버스도 다 끊긴 시간이었다. 이미 군인들이 시내에 진주해 거리를 장악했고, 도심으로 이어진 길들은 봉쇄되었다. 박재일은 서대문에 있던 집으로 돌아가려면 염천교로 가야 했지만 길이 막혀 청파동 굴다리를 거쳐 숙명여대 앞을 지나 아현동으로 돌아 겨우 집으로 돌아올 수 있었다.

4월 19일. 혁명의 아침이 밝았다. 지난밤 늦게 귀가한 박재일은 제대로 잠을 이룰 수 없었다. 결국 이른 아침 동숭동으로 향한 그의 발걸음은 등교하자마자 서울대학교의 시위 대열에 합류했다. 시위대는 대학로에서 종로5가를 거쳐 광화문으로 경무대를 향해 행진했다. 대열이 종로2가에 이르렀을 때 갑자기 낯선 폭발음이 들렸다. 사람들은 동요하기 시작했다. 군대에 갔다 온 복학생들이 흰 연기를 내뿜는 폭발물이 최루탄이라고 알려주었다. 숨을 들이마시는 순간 목이 따갑고 눈두덩이 불에 덴 것처럼 화끈

거렸다. 처음 느껴보는 고통이었다.

시위 대열은 최루탄 속으로 경찰의 일차 저지선을 뚫고 경복궁 옆 통의동 파출소 앞에 다다랐다. 박재일은 자신도 모르는 사이 대열의 가장 앞자리에 서 있었다. 당시 경무대 앞 통의동 일대는 하수로 공사가 진행되고 있었기 때문에 곳곳에 토관들이 즐비하게 놓여 있었다. 시위대는 토관을 굴리면서 경무대를 향해 전진했다. 효자동 전차 종점에 놓여 있던 전차 위로 수십 명이 올라타고, 사람들은 경무대를 향해 계속 앞으로 나아갔다. 바리케이드 너머에서 3단으로 도열한 무장 경찰들이 시위대를 향해 총을 겨누고 있었다. 그러나 누구도 경찰들이 정말 총을 발사하리라고는 생각하지 않았다. 누하동 쪽에서도 시위대가 밀려 내려오기 시작했다. 시위대 맨 앞에 있던 박재일은 사람들과 함께 바리케이드를 치우기 시작했다. 그의 귓전으로 돌진하는 소방차의 다급한 사이렌 소리가 들려왔다. 그 순간, 고막을 찢을 것 같은 총성과 함께 군중들을 향한 무차별 총격이 시작되었다. 비명과 함께 대열은 아수라장이 되었다. 검붉은 피를 흘리며 곳곳에 쓰러지는 사람들이 눈에 들어왔다. 시위대는 비명을 지르며 흩어졌다. 박재일도 어떻게 그곳에서 빠져나왔는지 정신이 하나도 없었다.

시위는 걷잡을 수 없는 국면으로 접어들었다. 설마 하던 일이 벌어진 것이다. 박재일은 다시 광화문 앞에 집결한 시위대와 함께 행진을 했다. 어느새 흰 가운을 입고 나타난 의대생들이 피 흘리는 부상자들을 돌보고 있었다. 광화문뿐만 아니라 종로와 남대문, 서대문 방향에서도 인파가 몰려오고 있었다. 여전히 경무대 방면에서 총성이 들려왔다. 박재일은 시위대와 함께 3·15 부정선거를 기획한 부통령 이기붕의 집 앞으로 행진했다. 역사에 4·19 혁명으로 기록될 그 길고도 숨 가빴던 역사적인 하루가 저물고 있었다. 저녁 7시, 계엄령이 선포되고 군인들이 시내를 장악했다. 경찰들이 시위대에 실탄을 쏘았지만 군인들은 시내 곳곳에 삼엄한 경계망을 펼칠 뿐 시민들을 향해 발포하지는 않았다.

 이날 서울에서만 144명이 목숨을 잃었다. 전국에서 184명이 죽고 6,000여 명이 다쳤다. 계엄령이 내린 가운데에도 근 일주일 동안 매일같이 시위가 벌어졌다. 대학교수들이 학생들의 피에 보답하자며 교문 밖으로 나오고, 총에 맞아 숨진 친구를 살려내라며 초등학생들도 행진을 했다. 결국 이승만이 4월 26일 하야했다. 박재일이 대학에 입학한 뒤 한 달 사이에 벌어진 일이다. 그는 자신이 역사의 한복판에 서 있었다는 사실이 실감이 나지 않았다. 그럼에도 따스내 산골에서 묵묵히 땅을 갈아엎고 무거운 담뱃잎을 어깨에 메고 나르면서 또 학교 운동장에서 해가 지도록 평행봉에 매달리며 길러온 육체와 정신의 근육들이 뜨거운 아스팔트 위에서 역동적으로 반응하고 있었다.

'고생도 함께하는 사람들이 있으니까'

4·19 혁명으로 자유당 정부가 붕괴된 뒤 학생들은 크게 고무되었다. 한국전쟁 이후 짓눌려 있던 젊은이들의 활동력이 곳곳에서 되살아났다. 급기야 이듬해 1961년 봄, '민통'이라고 불리던 학생운동 조직 민족통일연맹은 '가자 북으로 오라 남으로'라는 격정적인 구호를 내걸고 '통일을 위한 남북학생회담'을 추진했다. 민통의 의장인 정치학과의 윤식은 박재일의 경북고등학교 1년 선배였다. 박재일의 경북고등학교 동기나 선후배들은 서울대학교 정치학과 진학을 자연스럽게 생각하는 경향이 있었다. 친구 김중태는 고등학교 3학년 때 결핵에 걸려 박재일보다도 1년 늦게 대학에 진학했는데, 그 역시 정치학과였다. 대구에서 올라온 박재일의 친구들은 어지러운 나라를 자신들의 힘으로 개혁해보겠다는 열망

이 유독 강했다. 김중태와 정치학과 동기생인 김정남은 박재일 역시 경북고등학교의 그런 분위기 속에 정치학과를 지망했으나 2지망으로 지리학과에 합격한 것이 아닐까 추측했다. 반면 박재일과 1학년 때부터 문리대 교양학부 수업을 함께 들으며 사귄 철학과의 최혜성은 '농부의 품성이 배인 친구'여서 누구보다 '땅 지자가 들어간 지리학과와 잘 어울렸다'고 했다.

"나는 민통에는 참여하거나 관여하지 않았어. 이제는 공부를 하려고 생각했는데 결국 뜻대로 되지는 않았어."

박재일의 말이다. 대학 교정은 연일 뜨겁게 끓어올랐다. 혁명의 시대였다. 그들은 4·19 선언문 말미에 이렇게 적었다. "보라! 현실의 뒷골목에서 용기 없는 자학을 되씹는 자까지 우리의 대열을 따른다. 나가자! 자유의 비결은 용기일 뿐이다. 우리의 대열은 이성과 양심과 평화, 그리고 자유에의 열렬한 사랑의 대열이다. 모든 법은 우리를 보장한다." 혁명을 경험한 젊은이들은 한껏 고양돼 있었다.

"학교 분위기는 참 좋았는데 어수선하고 질서가 잡히지 않아 공부할 분위기는 아니었어. 그래도 갈등은 없었어. 사회를 우리가 이러이러하게 만들자는 열기로 가득 차 있었으니까."

그러나 혁명의 낭만적 기대는 그리 오래 유지되지 않았다. 1961년 5월 16일 군사쿠데타가 일어났다. 박재일은 새벽녘

지축을 흔드는 듯한 굉음에 잠이 깨었다. 그는 불길한 기분이 들어 날이 밝기 무섭게 시청 앞으로 달려 나갔다가 계엄군의 탱크를 목격하고 망연자실했다. 혁명의 열기가 뜨거웠던 만큼 반동의 한파는 엄혹했다. 전국의 대학 교정은 착검한 총을 든 군인들이 장악했다. 민통 의장인 윤식을 비롯해 서울대학교 학생들 상당수가 연행되었다. 박재일은 친구들의 하숙집을 전전하며 몇 달을 숨어 지내야 했다. 덕수궁 안에 주둔해 있는 부대로 끌려간 대학생들이 초주검이 되도록 두들겨 맞았다는 소문이 파다하게 퍼졌다. 그렇다고 학생들이 조직적으로 저항을 할 상황도 아니었다. 걱정했던 것과 달리 군인들이 권력을 장악하고 난 뒤 연행됐던 학생들 대부분이 석방되었다. 혁명을 자처하던 쿠데타 세력으로서는 시민들의 응원을 받고 있던 대학생들을 무겁게 처벌하기는 어려웠을 것이다. 그러나 대학 문이 다시 열리더라도 공부를 제대로 할 수 있을 것 같지도 않았다. 넘어진 김에 쉬어간다는 말처럼 이미 같은 동급생들보다 서너 살이 많았던 박재일은 이참에 병역문제를 풀기로 결심했다. 때마침 대학 재학 중에 자원한 사람들에게 최전방에 근무하는 것을 전제로 소위 '00군번빵빵군번'을 부여하고 1년 6개월 동안 단축근무만 하도록 하는 제도가 시행되고 있었다.

    1961년 겨울 박재일은 '00군번'으로 군 입대를 자원했다. 미처 집이나 친구들에게 알릴 겨를도 없었다. 지원병들이 경북 안동의 중앙국민학교 운동장에 집결하자마자 입영 조치가 내려졌다. 입영열차를 타기 전에 약간이라도 여유가 있을 줄 알았는데 집에 기별할 짬도 주지 않았다. 기차는 밤새 북쪽으로 달려 아침 녘 용산역에 닿았다. 창밖에는 눈발이 흩날리고 있었다. 박재일은 논산훈련소로 떠나기 전에 어떻게든 입대 사실을 가족들에게 알려야 했다. 플랫폼에 서 있던 대학생에게 자신이 죽지 않고 살아서 군에 입대하고 있다는 메모를 휘갈겨 써 전해달라고 부탁했다. 메모는 전달되지 않았다. 결국 학교에 남아 있던 친구들에게 박재일은 홀연히 학교에서 사라진 뒤 한동안 생사마저 불명확한 상태가 되었다.

박재일은 '제무씨G.M.C'라고 불리던 군용트럭에 실려 소양강을 거슬러 첩첩 산중으로 들어가 자대 배치를 받았다. 차량 교행도 되지 않는 비포장 좁은 길로 첩첩이 겹쳐진 산을 넘어가는 길이었다. 강원도 인제에 있던 21사단 65연대. 철책 경계를 대기하는 훈련부대였다. '인제 가면 언제 오나' 하는 말이 사무치게 실감났다. 이제 세상은 어떻게 변할 것인가, 눈앞으로 펼쳐지는 산처럼 앞길이 막막했다. 겨울이면 지붕이 무너질까 봐 눈이 내리기 무섭게 쓸어내야 할 만큼 폭설이 쏟아지곤 했다. 과연 살아서 다시 돌아갈 수 있을까 싶을 만큼 암담한 고립감이었다. 그러나 절망을 견딜 수 있게 해준 것은 그 시간을 함께 견디고 있는 사람들이었다.

"논산훈련소가 고됐는데 전방에서 산악훈련을 해보니 그건 아무것도 아니었어요. 그 힘든 걸 같이 하는 사람들이 있으니까 다 정이 들더라구요."

고된 산악훈련을 하다 보면 따스내에서 산으로 들어간 뒤로 생사를 모르게 된 이웃 형들이 떠오르기도 했다.

제대를 앞두고서야 궁금해하던 바깥소식들이 조금씩 전해졌다. 쿠데타로 집권한 군사정권이 일본과 수교를 추진하고 있다고 했다. "나라와 민족을 위해서라면 제2의 이완용이 되겠다"고 한 김종필의 이야기처럼 민족 전체가 당한 36년간 식민통치의 고통을 헐값에 팔아버리려 한다는 소문이었다. 강원 인제의 산골짜기에 갇혀 있던 젊은 군인에게 이런 소식들은 도무지 현실감 없는 이야기처럼 들렸다. 친구들은 지금쯤 어떻게 지내고 있을까. 애써 떠올려보았지만 이런 일들이 자신의 삶에 어떤 격랑을 몰고 올지는 짐작할 수 없었다.

1963년 7월, 박재일은 드디어 제대를 했다. 경북 안동에서 입영열차를 탄 지 1년 6개월 만이었다. 4·19 혁명과 5·16 군사쿠데타 그리고 불안한 도피 생활과 적막한 산골에서 보낸 군생활까지의 긴 시간들이 모두 백일몽처럼 느껴졌다.

한일회담 반대운동의
중심에 서서

1963년 9월 가을학기가 시작될 무렵 박재일은 복학을 위해 서울로 돌아왔다. 다시 서대문에 있던 친척집에서 입주 가정교사를 시작했다. 기와집에 번듯하게 자기 방도 있어서 형편이 좋았다. 그럼에도 박재일은 친구들이 주로 기거하는 문리대 학보《새 세대》편집실에서 지내는 날이 많았다. 편집실은 갈 곳 없는 지방 학생들이 주머니에 칫솔만 챙겨가지고 교내에서 숙식을 해결하는 장소여서 그곳에 기거하는 학생들을 '칫솔부대'라고 불렀다. 훗날 김지하라는 필명으로 이름을 떨치는 미학과의 김영일, 문리대 불문과 재학 중에 신춘문예에 당선된 소설가 김승옥도 칫솔부대 멤버였다. 박재일이 김중태의 소개로 정치학과의 김도현, 현승일, 김정남, 송철원 등과 만나 친구가 된 것도 이 무렵이다. 김중태는 박재일이 군대에 있는 동안 1962년 군정연장 반대 시위에 앞장섰고, 이듬해에는 한미행정협정 촉구 시위로 투옥되기까지 해서 이미 서울대학교 학생운동의 핵심 인물이 되어 있었다. 김영일은 국문과 조동일의 추천으로 4·19 혁명 뒤 남북학생회담의 문화예술 분야 남측 대표를 맡은 뒤 그와 함께 탈춤과 판소리, 민요 같은 전통의 가치에 주목한 새로운 청년문화운동을 펼치고 있었다. 조동일은 박재일의 경북고등학교 1년 선배였다. 한편 김중태는 과거 민통의 멤버들이 주축이 된 민족주의비교연구회라는 서클 활동을 시작했다. 문리대 교정에 마로니에 열매가 후두둑 떨어지기 시작했고, 학생운동 그룹과 군사정권 간 격돌의 시간도 무르익고 있었다. 박정희는 그해 8월 군복을 벗고 민주공화당 총재 자격으로 선거에 출마해 민주당 후보 윤보선을 불과 15만여 표 차이로 아슬아슬하게 누르고 당선된 뒤, 초조하게 한일수교를 밀어붙이고 있었다.

이듬해인 1964년 새 학기가 시작되기 무섭게 대학가는 매국적인 한일협정 반대시위로 들끓었다. 첫 번째 대규모 시위는 3월 24일에 일어났다. 서울대학생들은 김종필과 일본 외상 오히라의 허수아비를 불태우며 '제국주의자 화형식'을 거행했다. "총칼로 정권을 탈취하더니 매국적인 한일수교냐" 하는 구호가 학생들의 가슴을 격동시켰다. 예비역 복학생이 된 박재일은 어느 틈엔가 운동권 대선배 취급을 받고 있었다. 그는 3·24 시위 이후에는 서울

시내 각 대학을 돌면서 연합시위를 조직하는 일을 맡았다. 이 무렵 동국대학교 제대교우회 회장인 장장순과 만나 함께 싸울 것을 약속하기도 했다.

이후 서울대학교에서 '오둘공'으로 지칭되는 5월 20일의 '민족적 민주주의 장례식'이 시내 각 대학의 연합집회 형식으로 열렸다. '민족적 민주주의'는 한국은 아직 민도가 낮기 때문에 서구식 민주주의가 적합하지 않고 '군부에 의한 교도민주주의'가 불가피하다는 박정희와 김종필의 주장이었다. 대학생들은 이것을 '박가식 민주주의'라고 냉소하며 이날 상징적으로 장례식을 거행한 것이다. "시체여! 반민족적 비민주주의여! 석학의 머리로서도 천부의 감으로서도 난해하기만 한 이즘이여! 너의 정체는 무엇이냐? …… 누더기와 악취와 그 위에서만 피는 사쿠라의 산실인 너. 박의장의 이른바 민족적 민주주의여! 너의 본질은 안개다!"라고 통렬하게 군사정부를 비판한 장례식의 조사는 김영일이 썼다. 박재일은 이날 상여를 멨다. 5월 20일 시위 주동자인 김중태, 현승일, 김도현 등은 현상금이 내걸린 공개수배자가 되었는데, 당시 다른 대학과 연대 활동을 주도했던 박재일도 수배자 명단에 이름이 올라가 있었다.

학생시위 지도부격인 김중태, 현승일, 김도현이 쫓겨 다니느라 정상적인 활동을 할 수 없게 되자 학교에 남은 학생들은 5월 25

일부터 서울 문리대 교정 안에서 단식농성에 돌입했다. 당시 학생 회장은 뒤에 김영삼 정권 실세 중 한 사람이 된 김덕룡이었다. 처음에는 20여 명이 가마니를 깔고 머리띠를 두른 채 농성에 들어갔다. 농성장을 중심으로 조동일, 김영일 등이 대본을 쓴 마당극이 공연되었다. 방송 선전을 담당한 김영일이 메가폰을 들고 토해내는 처절한 연설이 교정 안에 쩌렁쩌렁 울려 퍼졌다. 이제까지 경험해보지 못한 새로운 형식의 집회와 시위가 전개되었다. 단식농성단을 배경으로 시낭송과 공연이 어우러진 이 독특한 형식은 이후 한국의 시위 문화에 지대한 영향을 끼쳤다. 6월이 되면서 농성장에는 이미 수많은 학생들이 몰려들어 정부를 규탄하는 목소리가 높아지고 있었다. 5월 20일 시위 이후 김도현과 현승일은 먼저 자수했는데, 친구들은 이때까지도 김중태와 박재일의 소식을 몰랐다. 심지어 김중태는 어딘가 끌려가 죽었다는 흉흉한 소문까지 나돌았다. 이러한 소문을 불식시키며 김중태와 박재일이 문리대 농성장에 나타났다. 수많은 군중이 집결해 있었기 때문에 형사들을 따돌리고 학교로 돌아올 수 있었던 것이다. 문리대의 단식농성장은 그야말로 태풍의 눈이었다. 이미 보름 가까이 단식농성을 해온 학생들의 모습은 참혹했다. 더러는 링거 주사 바늘을 꽂은 채 퀭한 눈으로 바닥에 쓰러져 있었다.

마침내 1964년 6월 3일. 학생들은 동숭동 문리대에서 출발해 종로를 거쳐 광화문으로 행진을 시작했다. 단식농성단이 선두에 섰다. 더러는 들것에 실려 가는 학생도 있었고, 링거 주사를 꽂은 채 비틀거리며 걷는 이도 있었다. 박재일도 이들과 함께 걷는데 단식을 하느라 눈이 퀭하게 들어간 친구들이 수배자를 보호하기 위해 대열 안쪽으로 걷게 해주었다. 비장한 우정에 박재일은 가슴이 뭉클했다. 광화문 앞에서 군인들이 시위대를 막아섰다. 군사정권은 더 이상 밀릴 수 없다는 판단을 한 것 같았다. 최루탄이 우박처럼 쏟아지고 돌과 화염병이 난무했다. 대열은 흩어졌고 이내 계엄령이 선포됐다. 학생들은 일단 서울 문리대 교정으로 후퇴했다가 해산했다. 6·3 시위대와 함께 교문을 나서며 김중태, 김도현, 현승일 등은 자수했고, 단식농성단을 이끌던 김영일 등의 학생지도부는 체포되었다. 박재일은 다시 기약 없는 도피생활을 시작했다.

학교에는 다시 군인들이 진주하고 휴교령이 내려졌다. 계엄령이 선포된 서울 거리 곳곳에 탱크가 등장하고 총검으로 무장한 군인들이 시내를 장악했다. 박재일은 더 이상 친구들 집으로 숨어다닐 수도 없게 되자 입주가정교사 자리를 구해 은신했다. 남산 기슭 예장동 드라마센터 바로 앞에 초등학교 6학년과 중학생 형제가 있는 2층 양옥집이었다. 박재일은 가명을 쓰고 가정교사 생활을 시작했다. 문제는 그 집이 흔히 '남산'으로 지칭되는 중앙정보부 정문과 불과 몇 미터 떨어져 있지 않았다는 점이다. 등잔 밑이 어둡다는 속담을 믿는 수밖에 없었다. 6·3 시위의 1급 수배자가 설마 중앙정보부 바로 앞에 와서 은신하고 있을 줄 누가 예상이나 했겠는가. 문제는 도무지 문밖 출입을 자유롭게 할 수 없다는 점이었다. 아무리 배포가 크다고 해도 중앙정보부 앞을 마음껏 활개치고 다닐 수는 없는 노릇이었다. 방에만 틀어박혀 있는 박재일을 두고 주인집 부부는 꽉 막힌 샌님일 것이라고만 생각했다. 오죽했으면 공부도 좋지만 바깥바람도 좀 쐬라고 영화표를 쥐어주며 등을 떠밀기까지 했겠는가. 이 무렵 박재일이 집 근처 대한극장에서 주인집 학생을 데리고 진땀을 흘리며 본 영화가 〈사운드 오브 뮤직〉이었다. 영화관에서 알프스를 배경으로 울려 퍼지는 아름다운 음악 속에서도 그에게는 환청이 들리는 것 같았다.

"이것은 시작에 불과합니다. 이제부터 장기적인 싸움이 시작됩니다. 부디 건강하십시오."[1]

6월 3일 학교로 돌아온 시위대가 해산하기 전 마이크를 잡은 친구 김영일의 마지막 인사가 계속 귓전에서 울리고 있었다.

7월 28일 계엄령과 함께 학생시위는 완전히 진압되었다. 그러나 박정희 정권은 국민들의 뜻을 거스르며 정략적으로 한일회담을 추진하는 데 부담을 느끼고 있었다. 이 때문에 구속된 학생들 대부분이 집행유예로 석방되었다. 어차피 죄가 있어 구속된 것도 아니었으니 당연한 일이었다. 여름방학이 끝나갈 무렵 계엄령이 해제되고, 수배자들에 대한 검거령도 유야무야 되었다. 박재일은 비로소 새장에서 풀려난 것 같았다. 그날부터 가정교사를 하던 집으로 그를 찾는 전화가 빗발치기 시작했다. 갑작스런 변화에 놀라는 주인집에 박재일은 그간의 사정을 털어놓았다.

"아, 그랬군요. 방안에만 틀어박혀 계셔서 우리는 선생님이 공부만 잘했지 좀 모자란 사람인줄 오해했지 뭐예요."

주인집에서는 오히려 더 잘 도와주지 못해 미안하다고까지 했다. 박재일이 숨어 지내는 동안 고향의 아버지는 아버지대로 곤욕을 치러야 했다. 형사들은 아버지를 앞세우고 서울로 올라와 아들을 찾으러 다니기까지 했다. 계엄군이 철수한 뒤 학교는 외관상 평정을 되찾았다. 구속됐던 학생들이 하나둘 학교로 돌아오고 박재일도 비로소 고향에 다녀올 수 있게 되었다. 예전처럼 따스내로 가는 발걸음이 가볍지 않았다. 마음도 뒤숭숭했다. 앞으로는 쉽게 고향 땅을 밟을 수 있게 될 것 같지도 않았다.

"산골에서 큰 기대를 안고 서울로 왔는데 부모님 속이 얼마나 썩었겠어. 원망도 많이 하셨을 거야. 이제 졸업을 하면 더는 고향에서 살 일이 없을 것 같아서, 그간 말썽을 피운 걸 사죄할 겸 친척들한테 두루 인사나 해야겠다고 작심하고 내려갔는데……"

바닷가 마을의
요란한 혼례

고향에는 전혀 예상치 못한 일이 기다리고 있었다. 집안 어른들이 맞선을 준비해놓은 것이다. 집안끼리는 이미 오래전부터 약조가 있었지만 박재일이 학업을 마칠 때까지 미뤄둔 일이었다. 아버지는 마음이 다급했다. 하루 빨리 결혼을 시켜야 책임감 때문에라도 경찰에 쫓겨 다니는 일들을 자제하지 않을까 내심 기대도 있었다. 선을 볼 두 사람이 스물일곱과 스물여섯 살로 둘 다 적지 않은 나이여서 더 미룰 이유도 없었다.

평생 박재일의 동반자가 되는 이옥련은 남정면 장사해수욕장에서 10킬로미터가량 북쪽에 있는 강구항 인근에 살고 있었다. 강구에는 박재일의 외가 쪽 친지들이 많이 살았는데, 처가 될 집안과 두 집안이 가까웠다. 외가 친척들께 문안 인사를 드리러 갔다가 갑작스레 맞선 제안을 받게 된 박재일은 당황스러웠다.

"아직 학교도 마치지 못했고 직업도 없이 누구를 책임질 형편이 안 됩니다."

그는 완곡하게 말했지만 뜻은 분명했다. 그러나 집안끼리 약속을 한 지 벌써 3년이 넘었던 터라 처가 쪽에서 더 이상 미룰 수 없다며 재촉했다. 특히 이옥련의 언니들이 적극적이었다. 콧대가 높아 어지간한 중매 제의에는 눈길도 주지 않는 막내 동생을 더 두고 볼 수 없었던 것이다. 더구나 먼저 박재일을 만나본 이들은 듣던 대로 인물도 좋고 됨됨이가 믿음직스러워 여간 마음에 드는 게 아니었다. 결국 박재일은 맞선도 보기 전에 처가 쪽 집안으로 이리저리 불려 다니며 환대부터 받았다. 이옥련의 집은 집안에 인사를 모두 마친 다음 날, 맨 마지막 차례로 방문하게 되었다.

박재일이 맞선 상대와 처음 마주앉게 된 것은 날이 어둑해질 무렵이었다. 이옥련은 수줍음에 고개조차 제대로 들지 못했다. 박재일이 얼굴을 바라보려고 하면 이내 등을 보이며 벽 쪽으로 휙 돌아앉아버렸다. 낯선 처녀 앞에서 박재일도 무안하기는 마찬가지였다. 평소 과묵하기만 한 그가 어색한 눈길을 방 안에 있는 책이며 벽지에 던져놓고 있다가 어렵게 입을 뗐다.

"책을 많이 읽으시나 봅니다. 무슨 책을 좋아합니까?"

"꽃은 장미꽃을 좋아하시나 봐요?"

이게 전부였다. 굳이 대답을 들으려고 물은 것도 아니었다. 이옥련은 당시 밥 먹는 것도 잊을 정도로 재미있게 본 외국 소설 몇 가지를 제목만 겨우 알려주고는 이내 입을 닫았다. 다시 어색해진 박재일이 멀뚱멀뚱 천장만 바라보다 "물이나 한 그릇 주세요"라고 말했다. 그 자리가 거북스럽던 이옥련은 이때다 싶어 얼른 방을 뛰쳐나왔다. 첫 만남은 그게 전부였다. 박재일은 흐릿한 불빛 아래 한사코 등을 돌리고 앉아 얼굴도 제대로 보여주지 않던 처자와 그렇게 맞선을 본 것이다. 그러나 이옥련은 낮에 어른들에게 잠시 인사하러 들렀던 박재일을 이미 엿보았다. 어머니가 대청마루에 박재일을 불러 앉히고 떡을 내주는 모습을 문틈으로 몰래 본 것이다. 얼마나 잘난 사람이기에 중매가 오간 지 3년이 넘도록 얼굴 한번 보여주지 않을까. 내심 뾰로통해 있던 이옥련이지만 이내 슬며시 웃음이 머금어졌다. '아이고 무슨 사내가 저리 넉살도 좋을까. 처음 보는 어른 앞에서 넙죽넙죽 잘도 받아먹네.' 속으로 기가 차다고 생각하면서도 복스럽게 먹는 모습이 마음에 들었다. 이옥련의 눈썰미는 정확했다. 박재일은 결혼한 뒤에도 밥상 앞에서는 한 번도 아내를 서운하게 하지 않았다. 아무리 찬이 없어도 무슨 음식이든 가리지 않고 달고 맛있게 먹어서 곁에 있는 사람 입맛까지 돌게 해주었다.

맞선을 본 처녀 총각은 다음 날부터 내리 이틀 동안 친척들에게 불려 다녀야 했다. 일가친척들과 뜨끈한 아랫목에 모여 같이 화투도 치고, 막걸리도 나누어 마시며 이미 한 식구가 된 양 화기애애한 시간을 함께 보냈다. 박재일로서는 하나뿐인 형과도 나이 차가 많았고, 고등학교에 진학한 뒤로는 줄곧 객지생활을 해온 탓에 외로움도 깊었다. 경찰들의 추적을 피해 다녀야 했던 수배 생활은 또 얼마나 신산했던가. 처가의 따뜻한 분위기는 큰 위안이 되었다. 박재일은 강구에서 나흘이나 머물다 따스내로 돌아왔다. 두 사람의 혼사는 일사천리로 진행되었다. 당시는 혼담이 오간 당사자들이 일단 상견례를 하면 특별한 사정이 없는 한 결혼하는 것이 당연한 분위기였다. 두 사람은 이듬해 봄 혼례를 치르기로 약속하고 겨우내 서울과 강구에서 편지를 주고받았다. 박재일은 겉으로는 과묵하지만 편지로 전해오는 마음만은 다정다감했다. '련에게'로 시작한 편지는 늘 '당신의 재일'이라 끝을 맺었다. 박재일의 연서는 두 사람이 화촉을 밝힌 이후에도 오래 계속되었다.

    1965년 이른 봄, 박재일은 새 학기가 채 시작되기 전 강구 처가에 내려가 장가를 들었다. 신랑은 처가에서 혼례를 치르고 한동안 그곳에 머문 다음 시가로 가는 신행으로 예식을 마무리하는 것이 관례였다. 그러나 박재일은 학업을 마저 마쳐야 했기에 혼례만 치르고 신행은 졸업 이후로 미뤄두기로 했다. 친구들에게 박재일의 갑작스런 결혼 소식은 신선한 충격이었다. 결혼식에 참석하기 위해 김영일, 김중태, 김도현, 최혜성 같은 친구들이 서울에서부터 무리를 이뤄 영덕으로 내려왔다. 박정희 정권의 간담을 서늘하게 했던 6·3운동의 주역들은 마침 감옥에서 풀려난 지도 얼마 지나지 않은 상황이라 형사들이 그림자처럼 따라 붙었다. 때문에 결혼식도 불청객의 감시 속에서 치러졌는데, 해안가 방첩대원들까지 동원되다 보니 조용하던 시골 동네에 난리가 난 듯했다.

    그러나 정작 문제는 경찰의 감시가 아니라 술 좋아하는 친구들이었다. 자칫하면 첫날밤도 치르지 못하게 될까 걱정한 박재일이 처가와 고향 친구들에게 일찌감치 부탁을 해놓았지만 그럼에도 감당이 안 되었다. 예상대로 친구들은 잔치가 시작도 되기 전부터 집 안의 술 항아리들을 차례로 비워내더니 혼례 날에는 신랑신부를 온전히 내버려두지도 않았다. 창호지를 뚫고 신방을 엿보는 것은 애교에 가까웠다. 문 앞을 가려둔 병풍을 기어이 막대기를 들이밀어 쓰러뜨리기까지 했다. 신부는 까무러치게 놀랐다. 결국 보다 못한 박재일이 신방을 박차고 나와 고함을 질렀다.

    "너거들 정말 이럴래?"

    친구들은 깔깔대며 줄행랑을 쳤다. 그것으로 끝이 아니었다. 혼례가 끝난 뒤에도 사나흘 넘게 좁은 강구 바닥이 떠들썩하도록 술을 퍼 마셨다. 오죽하면 그들을 따라 다니던 영덕경찰서 형사들이 제발 그만 서울로 올라가달라고 통사정을 할 지경이었다. 계엄령으로 날개가 꺾인 이들이 친구의 결혼식을 핑계 삼아 강구 해안을 누비며 한풀이라도 하듯 통음을 한 것이다. 신부는 신랑 친구들의 뜻밖의 기행에 가슴이 철렁 내려앉았다. 이옥련은 자신들이 딸만 내리 다섯을 낳게 된 것도 다 친구들이 첫날밤부터 행패를 부린 탓이라고 원망까지 하게 되었다. 그러나 첫날밤 병풍이 엎어진 것과는 비교도 할 수 없는 풍파가 이들 앞에 기다리고 있었다.

감옥에서
아버지가 되다

　박재일은 혼례를 치르고 신부만 처가에 남겨 둔 채 서울로 올라갔다. 개강과 함께 다시 시위가 불붙기 시작했다. 한일협정은 국회 비준만 남겨두고 있었다. 이대로 일본과의 굴욕적인 수교가 기정사실화될 상황이었다. 이를 저지하기 위해 학생들뿐만 아니라 야당 정치인과 장준하 등 재야세력까지 참여한 광범위한 반대운동의 파고가 다시 높아가고 있었다. 그사이에도 동숭동 문리대학 교정에는 변함없이 꽃들이 피고 졌다. 그러나 교복 위로 꽃비처럼 떨어지는 여린 꽃잎들의 무게가 박재일에게는 예전 같지 않았다. 고향에 새색시를 두고 올라온 그는 분명 이전과는 다른 사람이었다. 그럼에도 친구들을 외면할 수도 없었다. 지난해 박재일이 남산 기슭에서 숨어 지내던 때 이미 감옥에 끌려가 고초를 치르고 나온 친구들도 다시 싸우고 있었다. 박재일은 송철원, 최혜성, 김영일 등과 함께 이후 운동 방향에 대해 논의하며 제2 선언문을 준비하고 있었다. 그러던 어느 날이었다. 학교를 빠져나와 청량리 방향으로 가던 버스가 느닷없이 방향을 틀더니 동대문 인근에 있던 파출소 앞에 멈춰 섰다. 박재일과 송철원, 최혜성 등이 꼼짝없이 연행되었고 잠시 고향에 내려가 있던 김영일은 이내 수배자가 되었다. 버스에 탈 때부터 운전석 옆에는 이미 덩치 큰 형사들이 자리를 잡고 줄곧 이들을 감시하고 있었다. 중앙정보부는 학생들의 움직임을 훤히 꿰뚫어 보고 있었던 것이다.

그들이 처음 끌려간 곳은 종로6가에 있던 중앙정보부 분소였다. 조사실에 끌려 들어가기 무섭게 사정없는 매타작이 시작되었다. 신문을 하기도 전에 학생들의 기부터 꺾겠다는 의도였다. 최혜성과 박재일은 덩치가 크다는 이유로 유독 더 많이 맞았다. 멍석으로 몸을 둘둘 만 뒤에 그 위로 물을 뿌려 축축한 기운이 옷에 스며들기 시작하면 곧바로 몽둥이질을 했다. 밤이 되면 취조실 의자에 수갑으로 손을 묶어놓은 채 군인들이 감시했다. 따스한 볕에 곡식을 말릴 때 쓰던 멍석이 이런 용도로 쓰이는 줄은 상상도 하지 못했다. 박재일은 컴컴하고 습한 지하실에서 비명 소리로 친구의 안부를 확인하며 멍석에 피와 눈물로 얼룩을 보탰다. 그렇게 며칠이 흘렀을까. 날짜를 가늠할 수 없을 만큼 정신이 가물가물한 상태에서 고문과 취조가 이어졌다. 고문은 서대문 형무소로 이송된 후에야 그쳤다. 형무소에서는 겨우 자리에 누울 수 있게 되었지만 여전히 구타는 계속되었다. 한밤중에도 철커덩 열쇠를 따는 소리가 고요한 복도에 울려 퍼지면 이내 끈질긴 취조가 다시 시작됐다. 학생들의 시위를 내란죄로 기소하기 위해 억지로 짜 맞추는 수사였다. 구속된 지 40여 일만에 지긋지긋한 조사가 끝났고, 박재일과 친구들 모두 내란 음모와 선동죄로 기소되었다. 무리한 수사와 기소였다. 1심에서 내란 음모와 선동죄는 무죄 판결을 받았다. 그러나 시위 때 낭독한 선언문이 반공법 위반이라며 박재일과 정치학과 이수용, 철학과 최혜성 등에게 징역 12년이 구형되었다. 재판부는 학생들에게 일종의 괘씸죄로 고통을 주겠다는 계산이었다. 항소심이 끝날 때까지 최대한 기간을 길게 잡아놓아서 박재일은 재판까지 꼬박 1년 6개월 동안 서대문구치소에 갇혀 있어야 했다.

박재일이 구속된 이후 대학에는 휴교와 조기방학 조치가 내려졌다. 8월 말에는 최초로 위수령이 선포되고 대학마다 착검한 군인들이 정문을 봉쇄해 살풍경한 모습들이 연출되었다. 박정희 정권은 이런 가운데 1965년 드디어 을사늑약 이후 60년 만에 '대한민국과 일본국 간의 기본관계에 관한 조약'을 맺고 두 나라의 국교를 '정상화'시켰다.[2)]

당시 서울대학교 정치학과에 다니던 김정남은 그 시절 박재일을 두고 여느 친구들과는 사뭇 결이 다른 사람이었다고 했다.

"상당히 무던하고 과묵해서 신뢰가 가는 사람이었지요. 정치학과 친구들은 자기표현이 강한데 재일이는 뭘 하자고 앞서서 주장하지는 않았지만 꼭 해야 할 일들은 묵묵히 행동에 나서는 타입이었어요."

한편 혼례만 치르고 처가에 남아 있던 신부는 영문도 모른 채 박재일의 소식만 애타게 기다리고 있었다. 이옥련은 남편이 졸업 시험만 마치면 강구에서 따스내로 신행을 갈 수 있으리라 기대하고 있었다. 더구나 여름방학에 잠시 남편이 다녀간 사이 배 속에는 새 생명이 깃들어 있었다. 그런데 어느 순간 박재일로부터 소식이 뚝 끊겨버린 것이다. 결국 사촌 오빠가 서울에 올라가 수소문 한 끝에 남편이 서대문형무소에 들어가 있다는 사실을 알려주었다.

이옥련은 임신한 몸으로 서대문형무소가 내려다보이는 현저동 언덕배기 친척집에 머물며 옥바라지를 시작했다. 손을 흔들면 담 안에 갇혀 있는 수감자들이 알아볼 수 있을 만큼 가까운 거리에 있는 집이었다. 박재일의 친구들이 찾아와 감시의 눈을 피해 기별을 전하던 곳이었다. 이때 수배 중이던 김영일이 그곳에서 박재일을 만난 적도 있었다. 그는 회고록《흰 그늘의 길》에서 "박 형은 나더러 나타나지 말라고, 붙들리면 크게 고생한다고 걱정이 태산이었다. 나는 오른팔을 들어 허공에다 오른편에서부터 역순으로 큼직큼직하게 글자를 썼다"3)고 했다. 철창 속에 갇힌 박재일에게 쫓기는 친구가 허공에 전한 말은 '건강' '신념' '낙관'이었다. 박재일은 그 말을 고스란히 옥창 밖 아내에게 주고 싶었다. 밤낮으로 창 너머 언덕을 응시하며 아내를 기다렸다. 멀리서 희미하게 손을 흔드는 아내를 보기라도 하면 반갑고도 가슴이 저미듯 아팠다. 면회실 유리창을 사이에 두고 만나는 것과는 또 다른 애틋함이었다. 하지만 그것도 박재일이 처음 2층 독방에 머물 때나 가능한 일이었다. 곧 1층으로 전방된 후에는 온종일 시커먼 벽만 쳐다보아야 했다.

행여 남편이 죽은 것은 아닐까, 사기결혼을 당한 건 아닐까. 연락이 끊긴 동안 온갖 상상을 다 하며 불안한 시간을 보내야 했던 이옥련은 형무소일지언정 남편의 생사라도 확인한 것이 다행이다 싶기도 했다. 이옥련은 그 시절을 이렇게 기억했다.

"몇 달 머무는 집에도 친정에서 1년 치 쌀을 올려 보내줬어요. 그래도 신세 지는 마음이 편치 않았어요. 영치금을 보내놓고 나면 수중에 돈이 없어서 입덧하는 동안 그렇게 먹고 싶던 귤 하나를 못 먹은 게 애기한테 어찌나 미안하던지······"

1966년 4월 19일, 박재일은 서대문형무소에 갇힌 채 스물여덟 살의 나이로 아버지가 되었다. 첫딸이 태어난 것이다. 공교롭게도 4월 19일이었다. 대학에 막 입학한 그가 역사의 현장 속으로 뛰어들던 4월 혁명의 그날로부터 6년이 흐른 뒤였다. 서울서 혼자 옥바라지하던 이옥련을 친정 오빠가 고향으로 데리고 내려간 지 열흘 만에 아기가 태어났다. 박재일은 불의에 항거하다 갇힌 몸이 된 것은 추호도 부끄럽지 않았다. 하지만 혼자 아기를 낳아 돌보고 있는 아내 앞에서는 진짜 죄인이 되는 심정이었다.

련에게.

아기 곁에 앉아 있는 련을 그려보면 볼수록 어색하게만 생각되고 도시 나의 뇌리에 익숙히 묻혀진 像이 되지 않구먼. (……) 아기와 련의 調和된 모습을 — 즉 과거의 像이 아닌 — 現在의 새로운 발전된 조화된 련의 새 모습이 보고 싶구먼요. 허지만 이런 욕구는 현재 나의 처지엔 묵살되어야 하고 '後日로'라는 탐스럽지 못한 낱말로 바뀌어야 한다오. 그러나 이 모호, 애매한 '후일'이란 어휘가 바로 '오늘'이란, 뚜렷한 그리고 확실한 再會의 날로 確定될 때 현재까지의 모든 욕망은 한꺼번에 밀어닥치리라 믿습니다. 그때의 우리의 기쁨은 한이 없을 것이요, 삶에 대한 새로운 의미의 보람을 다시 한 번 즐겨보리라. (……)

그리운 련! 綠色의 黃昏이 地上을 덮을 땐 나는 많은 꿈과 理想을 한가슴 안고서 잠자리에 누워 바다와 들이 펼쳐진 직천의 아늑한 봄누리에 든 련을 그려보며 꿈의 날개를 펼친다오. 그럼 안녕. 당신의 재일.

- 1966년 5월 20일 아내에게 쓴 박재일의 편지 중에서

'서울시 서대문구 현저동 101번지'에서 이름 앞에 '2410번'이란 수형번호를 달고 온 박재일의 편지다. 그가 감옥에서 보내는 편지들에는 계절에 따라 변화하는 고향의 풍광을 그리워하는 마음이 세세히 묘사돼 있었다. 박재일에게 아내는 곧 고향의 아름다운 산과 바다였다. 박재일과 이옥련을 낳은 영덕의 산과 바다가 다시 그들의 첫딸을 낳은 것이다.

박재일은 감옥에 갇혀 있던 1965년 9월, 담당 형사를 통해 졸업 논문이 통과되었다는 사실을 전해 들었다. 그는 짜 맞추기식 억지수사로 자신을 궁지에 몰아넣었던 형사와도 나중에는 수감생활을 보살펴주는 막역한 사이가 돼 있었다. 학교에서는 골치 아픈 학생들을 서둘러 교문 밖으로 추방하고 싶었을 것이다. 그 뒤, 1966년 7월 12일 박재일은 세칭 '서울대문리대민족주의비교연구회사건'[4] 관련 '내란음모·선동·반공법·폭발물 사용 음모' 등에 대한 항소심선고공판에서 무죄판결을 받았다. 그러나 김중태, 최혜

성, 이수용 등과 함께 10년 이상 구형을 받았기에 재판 당일 바로 풀려나지 못하고 보석절차를 밟아 같은 달 26일 출소했다. 당시 신문에는 이들의 재판 선고 결과와 함께 보석금 3만 원이 없어서 제 날짜에 나가지 못하고 하루 늦게 풀려났다는 내용까지 세세하게 보도하고 있다. 그만큼 세간의 관심이 집중된 사건이었다.

서대문형무소에서 풀려난 박재일은 곧바로 고향으로 내려갔다. 더는 서울에 미련이 없었다. 친구보다도 서너 살 나이가 많았던 그는 이제 처자식과 함께 땅에 뿌리내리고 싶었다. 따스내에는 아내와 딸아이가 기다리고 있었다. 이미 아이의 백일이 지나 있었다. 아내 혼자 지어놓은 이름은 순원이었다. '나무가 호미자루 될 만한 순栁'자를 쓴 이름이었다. 땅에 뿌리내리고 싶은 그의 마음을 아내는 읽은 것일까. 박재일과 아내는 강보에 쌓인 젖먹이 순원을 품에 안고 뒤늦게 따스내를 향해 신행길에 올랐다.

다시, 고향을 떠나다

따스내에서 시작된 신접살림은 만만치 않았다. 입시를 준비하면서 아버지를 거들던 농사일과 업으로 삼아야겠다고 시작하는 농사는 차원이 달랐다. 어릴 때와 달리 지게가 몸에 착 달라붙지도 않았다. 이미 도회지 생활에 몸이 길들여진 때문일까. 몸 따로 지게 따로 노는 서툰 시골살이는 만만치 않았다. 지게는 처음 나무를 깎을 때부터 쓸 사람의 몸에 맞추어 만든다. 그래서 어릴 때 지던 지게는 성인이 되면 다 자란 몸에 맞추어 새로 깎아야 한다. 소나무 붉은 껍질을 깎아내 아들이 질 첫 지게를 손수 만들던 아버지들은 듬직한 자식의 어깨와 등판을 생각하며 흐뭇했을 것이다. 그러면서도 아들만은 아비처럼 평생 지게를 지며 살게 되지 않기를 바랐다.

고향을 떠나 객지로 공부하러 가겠다는 아들을 번번이 말렸던 아버지도 그가 서울대학교에 합격한 것을 누구보다 자랑스러워했다. 아버지는 그런 아들을 만나기 위해 영덕에서 동숭동 문리대 교정까지 종종 찾아오고는 했다. 그런데 '호적에 빨간 줄이 그어진다'는 낙인이 찍힌 채 돌아온 아들이 몸에 맞지도 않는 지게를 지고 있었다. 박재일의 귀향은 아버지뿐만 아니라 다른 집안 식구들에게도 반가운 일이 아니었다. 따스내의 이웃들은 해방과 전쟁 전후에 입산한 일가친척들 때문에 고초를 당한 집이 한두 곳이 아니었다. 전쟁이 끝난 지 불과 10여 년이 조금 지난 시절이었다. 멸공 북진 통일이 아니라 평화통일을 주장했다는 이유로 대통령 후보가 사형을 당하는, 아직 그런 세상이었다.

고향에서 일찌감치 농사를 시작한 친구들은 이미 땅에 뿌리를 굳건하게 내리고 있었다. 반면 도시에 나가 공부를 하고 돌아온 박재일의 농사일은 서툴기만 했다. 살아가는 데 정말 필요한 공부는 무엇일까. 그럼에도 그는 친구들에게 차근차근 일머리를 배우고 함께 어울려 막걸리를 마시는 일들이 좋았다. 당시 농촌 청년들 사이에는 힘을 모아 마을을 일으켜 세우자는 의욕이 넘쳤다. 박재일이 고향으로 돌아오기 한 해 전에 만들어진 〈사암2동가〉를 보면 당시 분위기를 엿볼 수 있다.

"동대산 뻗은 줄기 앞뒤에 솟고 푸르른 맑은 물로 정화된 이곳 내 마을 빛낼 우리 함께 모여서 동트는 새아침에 일터로 가자// 너도나도 근면한 상록의 후예 그 이름도 자랑스런 사암동 2구 (……) 모여라 이 강토의 젊은이들아 검소한 마음으로 삶을 익히며 등잔불 밝혀놓고 앎을 닦아서 빈곤을 뿌리 뽑자 무지를 막자"

노랫말을 지은 이는 박재일의 사촌이었다. 박재일도 '근면한 상록의 후예'답게 산에서 나무를 해다가 장에 내다 팔기도 하고, 일손이 모자라는 집으로 달려가 힘을 쓰는 일들을 게을리 하지 않았다. 어릴 때부터 노동으로 단련된 그는 몸을 써서 하는 일이 즐거웠다. 그러나 땅을 갈고 씨를 뿌릴 때의 들뜬 마음과 달리 싹이 나고 작물이 자랄수록 괴로움은 커져만 갔다. 그가 심은 밭에는 배추 한 포기 제대로 자라는 것이 없었기 때문이다.

"땅에다 씨를 뿌리면 그게 다 농사인줄 알았는데 그게 아니었어요. 내가 실력이 모자라도 한참 모자라구나 비로소 알게 되었어요. 문득 고생한 부모님은 속으로 내가 얼마나 미웠을까 싶으니까 고개를 못 들겠더라고."

박재일의 말이다. 감옥에서 그토록 그리워하던 고향의 산과 들이 하루하루 날이 갈수록 무언의 압박을 가하는 듯했다. 아내는 아내대로 견디기가 힘들었다. 남편이 감옥에서 돌아오기만 하면 모든 근심이 사라질 줄 알았는데 인생이란 그렇게 단순하지 않았다. 박재일은 저녁이면 마을 청년들과 어울려 술을 마시는 일이 잦았는데, 나름 그 속에서 살아남아보겠다고 몸부림친다는 것을 아내도 알고 있었다. 하지만 시댁의 부엌 옆에 달려 있던 문간방에서 갓난아기와 단둘이 누워 있으면 자신의 처지가 그렇게 서글플 수가 없었다. 시집 올 때 요긴하게 쓰라며 친정 엄마가 허리춤에 찔러 넣어준 몇 푼 안 되던 비상금도 얼마 지나지 않아 모두 써버리고 말았다. 앞으로 어떻게 살아야 할지 막막하기만 했다. 더구나 젖먹이를 안고 아등바등 하는 며느리로서는 아이 한 번 낳아보지 않은 시어머니가 어렵기만 했다.

박재일은 결국 서울로 돌아가기로 했다. 고향은 더 이상 그에게 안온한 울타리가 아니었다. 아무런 대책이 없었지만 가장의 도리를 하려면 우선 부모로부터 자립해야 했다. 학생 때는 서울 한복판에서도 칫솔 하나만 있으면 아무 걱정이 없었지만 이제는 처지가 달랐다. 자신만 바라보는 아내와 아기의 천진한 눈망울은 계속 질문을 던지는 것 같았다. 어떻게 살아야 할까, 막막하고 두려웠지만 답을 찾아야 했다. 식솔들을 데리고 서울로 올라온 박재일은 서대문 전차 종점 형무소 건너편 동네에 거처를 구했다. 보증금 2만 원에 월세 2천 원짜리 부엌도 없는 단칸방이었다. 짐 가방 두 개 위에 올려놓은 솜이불이 살림의 전부였다. 신혼의 단꿈들이 이제는 물에 젖은 솜 마냥 무겁게 어깨를 짓누르고 있었다. 1960년에 쓴 김수영의 시 〈그 방을 생각하며〉는 "혁명革命은 안 되고 나는 방만 바꾸어버렸다"라고 시작한다. 시인은 "방을 잃고 낙서落書를 잃고 기대期待를 잃고/ 노래를 잃고 가벼움마저 잃어도/ 이제 나는 무엇인지 모르게 기쁘고/ 나의 가슴은 이유 없이 풍성하다"고 노래했다. 박재일 역시 혁명보다도 버거운 일상의 과제가 그를 마주보고 있었다.

박재일은 우선 시간제 가정교사 자리를 구했다. 아내는 남편이 일하러 나가는 동안 젖먹이를 데리고 국수를 삶아 먹으며 버텼다. 박재일은 국 끓일 간장도 없어서 전전 긍긍하는 아내를 위해 친구 집에서 간장을 얻어오기도 했다. 따스내를 떠나면서 시댁이나 처가에 더 이상 손을 벌리지 않는다는 게 아내나 박재일의 굳은 결심이었다. 강구에서 올라온 아내는 서울이라는 망망대해가 고향 바다보다 거칠어 보였다. 그래도 현저동 언덕에서 혼자 옥바라지를 하던 시절을 생각하면 비좁은 방에 세 식구가 살을 맞대고 누울 수 있다는 것만으로도 꿈같았다. 물론 박재일은 그 좁은 신혼 방으로도 수배 중인 친구들을 자주 불러들이곤 했다.

박재일이 감옥에서 나와 고향으로 내려갈 즈음, 당시 정치권에서는 '젊은 피 수혈'이라는 명분으로 학생운동의 중심에 섰던 이들을 대거 영입했다. 박재일과 고등학교 때부터 동고동락했던 김중태는 1967년 1월 윤보선이 대표로 있던 신민당 운영위원으로 입당했다. 박재일에게도 그런 류의 제의가 있었지만 사양했다. 그는 훗날 "소질이 없었다"며 그 이유를 설명했다. 친구들은 그런 박재일을 이렇게 평했다.

"원래 과묵하고 아첨할 줄 모르고 낯간지러운 소리도 못 하고, 자기 양심에 없는 소리 절대 못 해. 사람이 겸손하고 속이 깊고 인격자야. 동기지만 존경스러워. 촌놈 그대로 순수한 촌놈 정신을 가진 친구야."

김중태의 말이다. 눈치 빠른 처세가 필요한 정치권에서 일하기에는 타고난 결이 어울리지 않았다는 뜻이었다. 당시 문리대 출신들은 신문사에 취직하거나 교원이 되는 길 외에는 취업이 여의치 않았다. 그랬던 박재일이 서울로 올라와 잠시 이기택 국회의원의 정책연구소 사무실에 잠시 적을 둔 일이 있다. 4·19 당시 고려대학교 학생회장이었던 이기택이 1967년 신민당 전국구 국회의원이 되면서 학생운동 출신들을 대거 비서진으로 꾸릴 때였다. 최연소 국회의원이 된 이기택은 박재일보다 한 살 위였다. 그는 4·19 세대를 대표한 정치 신인으로 학생운동 출신을 정계로 이끄는 마중물 역할을 했다. 박재일은 그나마 제대로 월급이 나오던 국회의원 사무실도 얼마 버티지 못하고 스스로 그만두었다. 처자식을 먹여 살리기 위해 어쩔 수 없이 찾아갔지만 정치적 지향이 분명한 사람들 틈에서 견디기가 힘들었다.

"이기택 의원 연구소가 편하긴 한데 재미가 없더라고. 정치판 아니면 길이 없는 게 답답했어요. 적성에 맞는 건 농민운동인데 부모님 때문에 고향으로 돌아갈 수 없잖아. 그러던 참에 원주에서 연락이 온 거야."

3부

원주로, 농민 속으로
: 1965~

'이제 우리 같이 살자'

박재일은 이십대 중반이던 1965년, 처음 원주에 가봤다. 원주역에 내리자마자 눈길 닿는 곳마다 장대하게 펼쳐진 치악산에 압도되었다. 따스내의 산자락과는 사뭇 다른 느낌이었다. 치악산 정상인 비로봉의 높이는 1,288미터로 바데산의 두 배였다. 그가 후일 스승으로 모시게 되는 장일순을 처음 만난 것도 그해였다. 여름방학을 맞아 김중태와 함께 김영일의 집이 있는 원주로 놀러 간 길이었다. 김영일은 원주중학교 출신으로 장일순과 같은 서울대학교 미학과의 까마득한 후배이기도 했다. 장일순은 박재일과 처음 만나던 그해 불과 서른일곱의 젊은 나이였지만 원주 지역사회에서 이미 '선생님'으로 존경받고 있었다. 그는 1956년과 1960년 국회의원 선거에 무소속과 혁신계 정당인 사회대중당 후보로 두 차례나 출마했다가 낙선한 전력이 있었고, 5·16 쿠데타 뒤에는 평화통일을 주장했다는 이유로 3년이나 옥고를 치르기도 했다.

박재일과 친구들은 그 무렵 국회 비준을 앞두고 있던 한일협정을 저지하기 위해 고심할 때였다. 이들 후배들과 처음 마주한 때 장일순은 광목으로 지은 흰 바지저고리를 입고 있었다. 웃음을 머금고 있었지만 형형한 눈빛이 예사롭지 않아 사람을 꿰뚫어보는 것 같았다. 농부의 차림이지만 강단 있는 선비의 기품이 느껴졌다. 장일순은 그해 4월 2일, 자신이 이사장으로 있던 대성고등학교 학생들이 한일굴욕외교 반대 시위에 나선 것에 책임을 지고 학교를 떠나 포도농사를 짓고 있었다. 박재일은 김영일을 통해 박정희 정권으로부터 탄압받은 정치범 이야기를 듣고는 뻣뻣하고 냉철한 장일순을 상상했다. 그러나 뜻밖에도 따뜻하고 편안한 사람이었다. 스스럼없이 맞담배를 피우게 하면서 오랫동안 사귀어 온 친구처럼 후배들과 술을 마시며 정담을 나누는 모습이 인상적이었다.

박재일이 처음 장일순을 만난 그때에서 4년이 지나 있었다. 그사이 박재일도 장일순처럼 감옥살이를 경험했고 처자식을 둔 가장이 되었다. 어느덧 그의 나이 서른한 살이었다. 1969년 8월, 박재일은 둘째를 임신한 아내와 세 살 된 딸 순원을 데리고 원주로 이사했다. 아내는 원주가 어디 붙어 있는지도 모르는 상황에서 강원도라는 얘기만 듣고 가슴이 덜컥 내려앉았다고 했다. 순박한 아내에게 강원도는 수시로 무장공비가 내려오는 무시무시한 이미지로 남아 있었기 때문이다. 젊은 부인의 불안한 심정을 알고 있다는 듯, 원주의 이웃들은 그의 가족을 따뜻하게 맞아주었다. 이불 보따리와 간단한 살림살이뿐이지만 짐을 역 광장에 부려놓자 진광중학교 체육교사가 리어카를 끌고 나와 이사를 도왔다.

박재일은 이제 치악산 기슭에 기대어 살기로 했다. 김영일도 김지하라는 필명으로 시인이 된 뒤 원주로 내려와 있었다. 친구와 장일순이 함께 살자고 그를 부른 것이다. 달리 주저할 이유가 없었다. 원주는 작은 도시였지만 고향 영덕처럼 푸근한 농촌 지역이라는 점이 박재일의 마음에 들었다.

바데산이 해월봉으로 불린 것처럼 장일순은 원주 사람들에게 치악산을 모월산으로 부르자고 했다. 모월母月은 가부장적 사고를 버리고 어머니 품 같은 자세로 살자는 뜻이었다. "이 모월母月에 들어오면 나갈 수가 없어. 편안하니까, 신나니까. 원주에 오는 사람은 누구나 어머니처럼 대접을 해야 해. 모두 배불리 잡수시고, 편히 주무실 수 있도록 해야 한다는 거야. 그런 눈길로 원주를 보며 살자는 거야. 어머니가 제 자식 생각하듯 말이야."[5] 장일순의 말이다. 장일순이 생각하는 해월의 정신이 곧 모월이었다. 따스내와 해월봉에 이어 원주와 치악산은 그렇게 박재일의 두 번째 고향이 되었다.

원주에 내려온 다음 날, 박재일은 장일순이 소개한 진광중학교로 찾아갔다. 장일순의 동생 장화순이 교장으로 있는 학교였다. 장화순은 매사 일 처리가 빈틈없는 사람이었다. 그는 아무리 믿고 따르는 형의 부탁을 받았다 해도 대충대충 넘어가지 않았다. 박재일이 처음 원주에 내려갈 때부터 거창한 사회운동에 대한 꿈을 품고 있었던 것은 아니었다. 권력을 좇고 때로는 아첨도 하면서 처세에 공을 들여야만 인정받는 서울의 현실에 대한 염증 같은 게 있었다. 그 속에서 원주행을 결단한 것은 좋은 사람들과 함께 어울려 살고 싶다는 소박한 기대 때문이었다. 장화순은 박재일의 면모를 꼼꼼히 살펴보며 날카로운 질문들을 던졌다. 사회운동가가 아니라 교육자로서의 자질과 사명이 어떤 것인지 확인하겠다는 의도였다. 박재일은 적잖이 진땀을 흘리며 대답을 이어갔다. 장화순 교장은 박재일에게 다음 날부터 출근하라고 이야기했다. 낯선 도시에서 익숙하지 않은 일자리와 함께 박재일의 삶이 새로운 장으로 접어들고 있었다.

진광중학교는 1967년 천주교 원주교구의 지학순 주교가 이사장으로 있는 학교였다. 재정난으로 문을 닫을 위기에 처한 육민관중학교를 천주교회에서 인수한 뒤, 학교의 기틀을 새롭게 다지고 있었다. 진광중학교는 처음에는 주로 가정 형편이 어려운 학생들이 다녔고 입학 성적도 비교적 낮았다. 그런데 박재일이 원주로 내려오던 1969년에 신입생 선발 방식이 추첨제로 바뀌었다. 단구동에 있던 학교 주변은 도살장과 종축장, 가축 인공수정소에 둘러싸여 교육환경도 몹시 열악했다. 자연히 진광중학교에 배정받은 신입생과 부모들은 실망할 수밖에 없었다. 젊고 의욕에 차 있던 장화순 교장은 서울에서 유능한 교사들을 영입해 교육 수준만은 최고로 만들겠다는 열의가 대단했다. 그즈음 박재일과 함께 진광중학교에 합류한 교사 가운데 서울대학교 영문학과 출신 강연심도 있었다. 그는 박재일의 친구들이 속한 문리대 '칫솔부대'의 든든한 후원자였던 신문 기자 한기호의 부인이었다. 서울대학 운동권 학생들 사이에 '악어 형'으로 통하던 한기호 역시 장일순의 제자였는데, 그도 서울에서 기자 생활을 접고 원주에 내려와 주물공장을 운영하고 있었다. 박재일이 단구동 교사 옆에 셋방을 마련할 그 무렵 한기호, 강연심 부부도 비슷하게 원주로 내려와 서로 이웃해 살게 되었다. 박재일과 이옥련에게 이들 부부는 큰 의지가 되었다. 박재일은 학창 시절 내내 가정교사를 하며 어린 학생들을 여럿 가르치기는 했어도, 정작 교사로서의 준비나 각오도 다질 겨를 없이 덜컥 학교에 출근하게 되어 한편으로는 어리둥절했다. 더구나 진광중학교에서 박재일이 담당해야 하는 과목은 전공과도 무관한 영어였다.

원주에 내려가 학교생활에 익숙해지기 위해 한창 애를 쓰던 그 무렵 1969년 10월 31일, 박재일과 이옥련의 둘째 딸이 태어났다. 남편이 감옥에 있는 동안 친정에서 혼자 낳았던 맏이가 기저귀 심부름을 할 정도로 자라 있었다. 첫딸은 백일이 지나도록 아버지 얼굴을 보지 못했다. 박재일은 둘째가 태어나는 것을 지켜보면서 비로소 지난날 아내 혼자 얼마나 무섭고 힘든 시간을 보냈을지 짐작할 수 있었다. 둘째 딸의 이름은 정아, 이 역시 아내가 지었다.

이때까지 박재일은 따로 종교가 없었다. 진광중학교는 천주교회에서 세운 학교였지만 채용 과정에서 종교를 문제 삼지는 않았다. 지학순 주교나 장화순 교장 모두 처음부터 학교를 포교 수단으로 생각하지 않았다. 지 주교는 '자립하는 교회'를 강조하는 한편 '교회를 만드는 것도 사람이고 신앙의 주인도 사람'이라고 생각했다. 학교 역시 오로지 사람을 참 되게 기르는 것이 가장 중요하다고 여겨, 다른 종교재단에서 세운 학교와 달리 의무로 참여하는 종교 수업도 하지 않았다. 지 주교나 장 교장 모두 '교리교육보다는 교사가 삶에서 모범을 보이는 것이 중요하다'고 생각했기 때문이다.

진광중학교는 원주교구의 개혁 정신이 집약된 곳이었다. 그것은 곧 제2차 바티칸공의회 정신이다. 공의회는 교황의 승인 아래 전 세계 모든 주교들이 모여 진행하는 회의를 말한다. 제2차 바티칸공의회는 1962년부터 1965년까지 진행된 가톨릭교회 역사상 스물한 번째, 앞서 열린 공의회로부터는 100년 만에 열린 역사적인 회의였다. 이 회의는 보수적인 가톨릭교회가 급변하는 현대사회에 걸맞게 달라져야 한다는 절박한 인식에서 열렸다. 때문에 공의회는 이제까지 가톨릭의 입장에서 보면 가히 혁명적인 내용들을 만들었다. 우선 성직자를 중심으로 움직이던 교회에서 평신도들의 역할을 강조하고, 교회가 고통받는 사람들의 현실에 주목하고 이를 개선하기 위해 적극적으로 나서야 한다는 입장을 채택한 것이다.

지학순은 제2차 바티칸공의회 기간 동안 로마에서 공부하면서 누구보다 공의회 정신에 깊이 공감하고 있었다. 그가 로마에서 돌아와 주교로 임명되면서 새로 탄생한 곳이 원주교구였다. 원주교구가 젊고 의욕적인 새 주교와 함께 '제2차 바티칸공의회 정신의 실험장'이 된 것은 당연한 수순이었다.[6] 지 주교는 원주교구에 부임하면서부터 '하느님의 백성 위에 군림하는 교회가 아니라 그 백성을 위해 봉사하는 교회'를 함께 만들어갈 참신한 인재들을 찾고 있었다. 지역사회에서 존경받는 가톨릭 신자 장일순과 장화순 형제야말로 맞춤한 인물이었다. 장화순이 원주교구의 주교좌 성당인 원동본당에서 '자립하는 교회, 평신도 중심의 교회'라는 사목 방침에 따라 자치위원회와 사목위원회 회장을 맡는 동안 형 장일순은 신자들에게 바티칸 공의회의 내용을 교육하는 일을 맡았다. 그리고 이들 곁에는 원주교구 기획실장 김영주가 있었다. 김영주는 일찍이 춘천시 공보실 사무관으로 있던 유능한 행정가였다. 일찌감치 능력을 인정받고 서울시청으로 전보 발령이 나 출세를 향해 한 걸음 앞으로 나아가려던 시점에서 장일순이 원주교구로 데려온 사람이었다. 김영주는 공무원이 되기 전에 장일순이 이사장으로 있던 대성고등학교에서 잠시 교사 생활을 하기도 했다.

김지하는 당시 원주교구에서 일하던 장일순의 생각을 두고 "가톨리시즘과 사회혁명을 결합시키고 신협이나 점진주의 안에 새 불씨를 지피려는" 구상과 전망이었다고 회고록에서 밝혔다.

"가톨릭센터 한 작은 방에 선생님과 젊은 그들이 모여 있었다. 10여 명이 될까? 책상 위에 당시 교황 바오로 6세의 《민족의 발전 촉진에 관한 회칙》을 놓고 공부하고 있었다. (……) 이것은 무엇일까? 그것을 알기 전에 이미 이것은 새로운 물결이요, 새로운 매혹이었다."[7)]

그리고 이런 새로운 흐름에 대해 "나는 우선 내 친구들 가운데 내가 가장 신뢰하던 벗 박재일 형과 의논했다"며 "자신의 질긴 설득과 박 형의 농촌 지향이 합쳐져" 박재일이 원주로 오게 되었다고 했다. 평소 박재일의 말이라면 팥으로 메주를 쑨다 해도 믿는다 할 정도로 그를 신뢰하던 사람이 김지하였다. 그가 말한 새로운 흐름이란 박정희 장기집권의 발판이 마련된 가운데 유신이라는 무시무시한 반동의 물결이 다가오던 국내 정치 상황과도 맞물려 있었다. 박재일이 원주로 내려가던 그해 9월, 공화당의 3선 개헌안이 국회에서 변칙 통과되었다.

가르치며 배우는
교사의 길

　사실 박재일은 장화순 교장 앞에서 면접을 볼 때부터 '과연 내가 교사로서 자질이 있을까' 걱정하고 있었다. 서울에서 날개가 꺾인 채 원주로 내려온 풋내기 교사에게 현실은 여전히 절망적이었다. 이런 상황에서도 초롱초롱한 눈망울로 자신을 바라보는 어린 학생들을 마주하면 어쩐지 몸에 맞지 않는 옷을 입고 있는 것 같았다. 사회를 개혁하겠다는 꿈이 좌절된 채 호구책을 찾아 현실에 타협하고 있는 것은 아닐까 하는 생각이 들기도 했다. 우울한 시절이었다. 이런 심정 때문인지 서울에서 친구들이 찾아오기라도 하면 학창 시절로 돌아간 듯 밤새 세상 이야기를 나누며 통음하는 일이 잦았다. 친구들이 전해주는 서울의 분위기 역시 갑갑했다. 박정희 정권의 철권통치가 나날이 도를 더해가고 있었기 때문이다. 더러 술이 덜 깬 상태로 출근을 할 때는 학생들 앞에 서는 일이 더 부끄러웠다.

이런 박재일을 다독이며 격려해준 것은 원주라는 작은 도시의 당산나무 같은 장일순이었다. 그는 치악산자락 봉산동에 있으면서도 세상을 멀리 또 훤히 내다보고 있었다. 장일순은 좀체 속내를 털어놓지 않는 박재일의 마음을 들여다보기라도 하는 것 같았다.

"가르치는 자와 배우는 자가 나뉘고 고정되어 있는 것이 아니라 선생이 학생이 되기도 하고 학생이 선생이 되기도 하는 거야. 서로가 서로에게 배우고 가르치는 관계지."

이십대부터 집안의 사재를 털어 학교를 세우고 후배들 교육에 헌신했던 장일순이 박재일에게 한 말이다. 그는 누구나 알아듣기 쉽고 재미있게 강의를 하는 타고난 교사이기도 했다.

장일순은 이 무렵 박재일에게 평생의 동지가 되는 이경국을 소개해주기도 했다.

"경국아, 진광학교 선생으로 새로 온 재일이다. 너하고 연배가 같으니 가깝게 지내라."

이경국은 남자다운 외모처럼 성격도 말투도 시원시원하고 호방한 성격이었다. 그는 그 무렵 원주 시내에서 건축재료상을 운영하고 있었다. 원주농업고등학교를 졸업하고 중앙대학교에 입학한 뒤 2학년 때인 1960년 4·19의 격랑 속으로 뛰어들었던 그였다. 이경국은 동기생 6명이 4·19 혁명의 가도에서 경찰들의 총탄에 희생된 이후 학업을 중단하고 고향으로 내려온 다음부터 줄곧 장일순을 형님이자 스승으로 모시고 있었다.

박재일과 이경국은 서로를 한눈에 알아보았다. 두 사내는 말보다는 술잔을 주고받으며 서로를 알아갔다. 두 사람은 처음 만난 그 자리에서 4홉들이 소주 6병을 비웠다. 술을 그렇게 마시고도 박재일은 한 치의 흐트러짐 없는 대화를 이어갔다. 동갑내기 친구는 그런 박재일에게 단박에 매료되었다.

당시 지학순 주교가 제2차 바티칸공의회 정신을 널리 전파하기 위해 장일순에게 손을 내민 것은 탁월한 선택이었다. 당시 지 주교는 공의회 문건을 세 사람 몫으로 준비해 자신과 장일순 그리고 원주교구 기획실장 김영주 등과 함께 공부했다. 장일순은 원주 가톨릭센타를 중심으로 스스로 배우고 익힌 것들을 열정적으로 가르쳤고, 박재일은 그의 성실한 학생이 되었다. 당시 장일순의 강의는 협동조합운동에 집중하고 있었다. 원주교구가 이성과 합리로 욕망을 제어하고 협동을 통해 더 나은 세상을 향해 나아갈 수 있다는 믿음으로 자립하는 교회로 나아가고 있었기 때문이다. 박재일은 진광중학교 수업을 마치고 나면 곧장 가톨릭센터 강의실로 달려가 공부에 몰두했다. 4·19에서 5·16으로 이어지던 혼란

스런 학창시절 강의실에서 미처 채우지 못한 학구열을 뒤늦게 불태우는 듯했다.

"당시 농촌에는 부락공동기금의 부정한 사용, 장리쌀, 고리사채 등이 성행하던 시절이라 서민들의 삶이 피폐하고 어려웠던 시절인데, 불신도 극심했었지. 이런 분위기 속에서 어려운 사람들끼리 십시일반으로 서로 돕고 자립하는 길을 모색하여 함께 살아보자는 협동조합의 정신에 매료되었어요."[8]

박재일은 서로 도우며 함께 살아가야 할 이웃들이 바로 자신의 제자와 그 가족들이라고 생각했다. 그래서 일과가 끝나면 반 아이들의 가정방문도 꾸준히 다녔다. 누구에게나 가난이 익숙한 시대였다. 도시락을 싸오지 못하는 아이들, 농사일로 잠이 부족해 수업시간이면 늘 조는 아이들, 지각이나 결석을 밥 먹듯 하는 아이들. 그들에게는 분명 그만한 사정이 있었다. 교사는 가르치기 전에 그런 사정들을 먼저 살펴야 했다. 가정방문을 해보면 정도의 차이가 있을 뿐 대부분 학생들은 형편이 말이 아니었다. 그래서 박재일은 소풍이나 운동회 같은 행사가 있으면 도시락을 싸오지 못하는 제자들 몫까지 꼬박꼬박 챙겼다.

박재일은 학교와 가톨릭센타를 오가며 교학상장敎學相長, 가르치는 이와 배우는 이가 서로 배우며 성장한다는 말에 공감하면서 차츰 새로운 꿈을 꾸게 되었다. 이제 원주에 내려올 때 가슴속에 남아 있던 일말의 패배적인 감정 같은 것도 대부분 해소되고 있었다.

박재일은 1970년 교사직을 사임했다. 진광학원 부설 협동교육연구소에 연구원으로 합류하기 위해서였다. 그는 이미 그해 2월부터 서울 협동교육연구원에서 전국의 자원지도자들을 대상으로 하는 21일간의 단기 지도자교육을 마친 뒤였다.

"내가 자청했어요. 교단에 계속 있는 것보다 신협 일이 내 일이라고 생각한 거야."

신용협동조합이라는
모험의 길

　협동교육연구소는 박재일이 교사 생활을 시작하던 1969년 10월에 문을 열었다. 장화순 교장이 소장을 맡은 연구소의 간사는 장일순의 셋째 동생 장상순이었다. 그는 서라벌예술대학에서 연극을 공부하고 원주로 내려와 지역 사회에서 극단을 꾸려 활발하게 활동하던 젊은 예술가였다. 원주에는 교회를 기반으로 사회운동의 새로운 그림을 그리겠다는 지학순 주교와 장일순의 곁으로 인재들이 모여들고 있었다. 어쩌면 박재일을 원주로 부른 뜻도 그 속에서 계획된 것인지도 모른다.

　지학순 주교는 원주교구의 기틀을 다지면서 포교보다 먼저 신용협동조합운동에 힘을 쏟았다. 가난한 교인들의 먹고사는 문제부터 해결하는 일이 급선무라고 판단했기 때문이다. 1969년, 우리나라 1인당 국민소득은 1,600달러에도 못 미쳤다. 게다가 강원도의 살림살이는 특히 더 궁벽했다. 천주교 학교 내에 협동교육연구소를 세운 것도 지역 주민들의 가난부터 해결해보자는 절박함 때문이었다. 협동교육연구소에서는 진광중학교 학생들에게 일주일에 한 시간씩 1년간의 신용협동조합에 대한 교육을 진행했다. 천주교에서 세운 학교에 채플 수업은 없고 대신 전교생이 '협동'이란 과목을 의무적으로 들어야 했다. 그러나 신협의 조합원으로 가입하는 것은 개인이 자유롭게 결정하게 했다.

    1970년 5월 15일 진광중학교 교사와 학생들이 참여하는 진광신협이 설립되었다. 협동조합에 대한 충분한 교육이 선행된 다음 신협을 세운 것이다. 진광신협은 학생 255명, 교직원 23명이 조합원으로 참여해 1계좌에 평균 300원씩을 출자해 총 자본금 3만 8,590원으로 출발했다. 창립총회 마당에 걸린 플래카드에는 "푼돈 모아 목돈 이뤄 우리 가난 몰아내자!"는 구호가 적혀 있었다. 진광신협은 학교 매점 운영과 학생 저축사업 외에도 형편이 어려운 조합원을 위한 대부사업도 펼쳤다. 조합원에게 돌아가는 배당은 은행 금리보다 높았고, 빌린 돈에 대한 이자는 더 낮았다. 신협이 학생뿐 아니라 교직원들의 살림에도 큰 보탬이 되었다. 특히 학생 저축은 은행에서 취급하지 않는 1원짜리까지 저축할 수 있도록 했는데, 진광신협에서 내건 슬로건이 "1원을 낭비하는 사람은 1원이 없음으로 어려움을 겪게 된다"였다. 당시 중학교에 입학해도 돈이 없어서 졸업을 하지 못하는 학생들이 많았는데, 진광중학교는 신협의 학자금 대출로 더 이상 그런 일이 벌어지지 않도록 했다. 객지에서 온 교사들은 학교 신협에서 하숙집을 얻는 데 필요한 돈을 빌리고, 집안에 전기를 끌어오거나 김장을 할 때 대출을 해가는 학부모도 있었다. 또한 신협에서 운영하는 매점에서는 학생들이 필요한 책과 간식 등을 공동구매해 값싸게 공급했다.

"다른 학교는 10원에 빵 두 개를 주고 4원을 남기는데, 진광은 같은 가격에 빵은 세 개씩 주고 1원을 남기는 식이니까 학생들이 제일 좋아하지요."

진광신협에 남다른 자부심을 가지고 있던 장화순 교장의 회고담이다. 자연히 매출이 늘어난 매점의 이익금은 한 학기가 끝날 때마다 조합원인 학생과 교사들의 배당금으로 돌아갔다. 조합 규모도 쑥쑥 자라나 5월에 출발한 출자금이 그해 연말에 98만 4,406원으로 25배 이상 늘었다. 이제 학생들이 부모를 설득해 학교 밖에서도 신용협동조합에 가입하게 만들었다. 이전에는 교사들이 참고서나 문제집을 선정하는 과정에서 시내 서점으로부터 뇌물을 받는 일이 관행처럼 굳어져왔지만 진광중학교에서는 아예 그런 일이 생길 여지가 없었다. 흔히 쓰이던 '선생질'이란 말에는 학부모 등쳐 먹는 사람이라거나 돈으로 학생을 차별하는 사람이라는 불신이 담겨 있었는데, 진광중학교에서는 교사에 대한 존경과 자부심이 남다를 수밖에 없었다.

신협은 민주주의의 산 교육장이기도 했다. 학생들이 교사와 똑같은 조합원 자격으로 조합원 총회에 참여해 직접 이사장을 선출할 수 있었기 때문이다. 5·16 쿠데타 이후 박정희가 지방자치제도를 전면 중단시켜서 시도지사는 물론 농협 조합장까지 임명제로 바뀐 상황이었다. 임명제 단체장들이 정권의 시녀 노릇을 할 수밖에 없는 구조에서 유일하게 조합원이 직접 선출권을 갖고 있는 민주적인 조직은 신용협동조합뿐이었다.

학생들은 겨울방학이 끝나고 새 학기가 시작되자 영어 선생님이 매점 옆에 딸린 좁은 사무실로 책상을 옮긴 모습을 보고 의아해했다. 그러나 박재일은 교단에 서는 것보다 신협에서 학생들을 만나는 것이 한결 즐거웠다. 수업시간에 생전 질문이라곤 하지 않던 학생이 신협 사무실로 찾아와서는 "선생님 제가 리어카 살 돈을 대출받을 수 있을까요?" 하고 말을 꺼내기도 했다. 리어카가 있으면 연탄 배달이라도 해서 당장 집안 식구들이 끼니 걱정은 덜 수 있을 것 같다는 제자를 보면서 박재일은 보람을 느꼈다. 비로소 자신이 제대로 된 교사의 길을 걷는 것 같았다.

"우리 조합의 목적은 어떻게 하면 넉넉하고 기쁘게 살 수 있는가를 학교에서 가르치자는 것입니다. 경제적 자유경쟁에 따른

필연적인 결과의 하나인 빈부격차를 같은 단위 조직 속에서부터 줄여 나감으로써 평등과 우애와 사랑이 넘치는, 그야말로 경제적 민주주의를 신협이라는 하나의 인격단체를 통하여 전국적으로 이루어보자는 것입니다."

당시 협동교육연구소 선배로 활동하던 장상순이 1973년 2월 《서울신문》과 인터뷰에서 진광신협에 대해 한 말이다. 신협을 '인격단체'로까지 표현한 것이 눈길을 끈다. 박재일이 교사에서 신협 활동가로 직업을 바꾸었지만 가르치면서 서로 배우는 삶의 태도는 크게 달라지지 않았다. 오히려 교실 밖에서 더 큰 배움의 장이 열리고 있었다. 이제 그는 학교 밖으로 나아가 농민들 속에서 몸을 부대끼며 일할 수 있었다. 원주로 내려올 때부터 박재일의 지향은 농민의 삶 속으로 깊이 들어가는 것이었다.

새로운 희망에 부푼 박재일을 보고 낙심한 것은 아내뿐이었다. 아내는 교사 월급이 넉넉하지는 않았어도 이제야 안정되게 가정을 꾸려갈 수 있다는 생각에 겨우 안도하고 있었다. 그런데 자신과 상의 한마디 없이 교사직을 내려놓은 남편이 야속했다. 식구가 늘어가는 데도 가장이란 사람은 여전히 허공에서 뜬구름을 좇는 것 같았다. 하지만 박재일은 비로소 자신이 단단히 땅에 발을 딛고 일어서는 기분이었다.

"아침에 도시락 하나 싸가지고 나가서 우선 시내버스 종점까지 가는 거야. 그리고 종점에서부터 시내 쪽으로 걸어오면서 사람들을 만나는 거지."9)

박재일이 원주 시내 북쪽으로 버스 종점이 있던 호저면 광격리로 출퇴근을 하다시피 하며 영산마을에 신협을 조직할 당시 이야기다. 그의 가방에는 도시락과 학교에서 직접 등사기로 밀어 만든 신협 홍보지가 들어 있었다. 주머니에는 집으로 돌아올 차비와 담배뿐이었지만 마음은 한결 넉넉해졌다. 매일 아침 정해진 길로만 등교하는 교사의 출근길은 안정된 미래를 보장할지 몰라도 날마다 새로운 길로 낯선 이들을 만나러 가는 신협 활동가의 길에는 모험이 있었다. 박재일은 인생의 어느 시기보다 자신감이 충만했다. 모험은 그 자체로 설레는 일이었다. 그의 하루는 들판 사이로 뻗어 있는 신작로를 따라 정처 없이 걷다가 모내기라도 하는 사람들을 만나면 바지를 걷어붙인 채 논으로 들어가고, 밭을 매는 사람들이 있으면 덥석 호미를 쥐고 거드는 식이었다. 그는 농민들과 새참을 나눠 먹고 막걸리도 얻어먹으면서 자연스럽게 신협에 대해 이야기를 나누기 시작했다.

박재일이 장상순과 함께 협동교육연구소에서 활동을 시작한 1970년에만 5월 진광신협, 8월 원성군 호저면 광격리 영광신협과 판부면 금대리 세교신협이 조직되었다. 영광신협은 가톨릭 신자들 39명이 6,600원의 출자금으로, 세교신협은 마을 주민 38명이

4,300원을 출자해 조합을 출범시켰다. 이중 특히 영광신협과 세교신협 창립에 박재일의 노고가 컸다. 당시에도 농협은 신용과 담보가 있는 이들에게나 대출을 해주는 사정이 지금과 별반 다르지 않아 형편이 어려운 사람들 대부분이 고리사채를 빌려 쓸 수밖에 없는 현실이었다. 신협은 협동의 힘으로 그런 사람들을 고리채의 악순환에서 벗어날 수 있게 해주었다. 혼자 힘으로는 리어카 살 돈도 마련하기 어렵지만 열 사람이 십시일반 힘을 모아 한 사람의 살길을 찾는 일은 어렵지 않았다. 박재일은 그런 모습들을 현장에서 생생하게 지켜보면서 새로운 사회를 향한 희망의 단초를 발견했다. 하루하루가 가슴 뛰는 나날이었다.

1972년 6월 마침내 강원도 내 12개 단위 조합이 모이는 한국신협연합회강원지구평의회가 꾸려졌다. 이 과정에서 박재일과 장상순이 현장에서 발로 뛰는 조직가였다면, 조합원들을 신협의 정신으로 담금질하는 탁월한 교사는 장일순의 몫이었다. 이러한 노력이 강원도 전 지역에 협동조합운동의 탄탄한 기반을 만들어 갔다.

'주여, 이 땅에 정의를!'

박재일은 1970년 1월 20일 김지하, 이창복 등과 함께 단구동 성당의 이영섭 신부에게 세례를 받았다. 이영섭 신부는 태백 탄광 지대에서 강원도 최초로 신용협동조합을 설립하고, 가톨릭노동청년회를 조직하는 등 제2차 바티칸공의회의 정신을 계승하고 앞장 선 사제 가운데 한 사람이다. 박재일의 세례명은 마태오다. 통상 부활절에 치르는 영세는 새 삶을 얻는 의미를 갖는다. 이제 그는 마태오라는 이름과 함께 교회의 일원으로 의무와 권리를 갖게 된 것이다. 대학에서 학생운동을 할 때는 어느 조직에도 선뜻 이름을 올린 일이 없던 박재일이었다. 그러나 이제는 가톨릭교회라는 거대한 조직의 일원이 되기로 마음을 정했다. 제2차 바티칸공의회의 철학은 그가 막연하게 꿈꾸던 이상적인 사회를 건설하는 데 맞춤한 것이었다. 학생 때는 젊은 혈기와 의협심에서 급변하는 시대상황에 휩쓸리듯 운동에 발을 담갔다면 원주에 와서야 비로소 준비된 지도자와 철학 그리고 신앙을 기반으로 한 견고한 조직을 만난 것이다. 박재일은 기꺼이 그 운동의 일원이 되기로 한다. 박재일이 마태오라는 세례명을 받은 것은 그런 역사적 소명에 자신의 인생을 바치겠다는 의미였을까. 마태오는 본래 세관의 세리로 일하던 레위라는 사람인데 부름을 받은 즉시 돈, 지위, 명예 모든 것을 버리고 예수를 따라나섰다.

1971년 10월 5일 저녁 7시 30분, 원주교구의 주교좌 성당인 원동성당에서 최초의 시국미사가 열렸다. 한 해 전 원주교구는 문화방송국의 허가권을 가지고 있던 5·16 장학회 박정희 사후 박정희의 '정'과 그의 부인 육영수의 '수'를 따와 정수장학회로 이름을 바꾸었다와 공동으로 원주가톨릭센터 안에 원주문화방송국을 설립했다. 그러나 5·16 장학회 측은 방송국 개국 1년이 지나도록 약속한 설립 자본금은커녕 세금 한 푼 내지 않고, 원주교구에서 출자한 돈을 방송국과 관련 없는 일에 유용하는 등 방만하게 경영하고 있었다. 이 때문에 원주교구는 박정희의 동서가 운영하던 5·16 장학회의 부정부패를 규탄하는 특별미사를 연 것이다. 군사정권의 서슬이 시퍼렇던 시절이었다. 원동성당 안에 스무 명 남짓한 원주교구의 사제들이 모두 한자리에 모였다. 성탄절이나 부활절 때보다 더 많은 신자들로 성당 안은 발

디딜 틈이 없었다.

"이제 권력만 믿고 부정만 일삼는 것을 당연하게 여기는 악과 불의의 표본 집단인 5·16 장학회와 이들을 비호하는 부패권력은 정의의 준엄한 심판을 받아야만 한다. 그리스도의 명령에 의해 이 땅에 정의가 살아 있음을 증명하기 위해 악과 부정의 무리를 무찌르기 위해 총궐기하자."[10]

미사가 끝나자마자 낭송된 부정부패 규탄 결의문에 따라 지학순 주교가 앞장선 1,500여 명의 신도들이 거리로 쏟아져 나왔다. "主여 이 땅에 正義를!" "부정부패 뿌리 뽑아 社會正義 이룩하자!" "부정부패 → 빈곤"이라고 쓴 플래카드들이 가을바람에 나부끼고 있었다. 주교관(主教冠)을 쓰고 지팡이를 짚은 지학순 주교와 신부, 수녀들의 뒤를 따르는 신도들의 표정은 비장했다. 미사보를 쓴 나이든 여성들까지 섞인 시위대를 보고 놀란 거리의 시민들도 하나둘 모여들었다. 원주라는 작은 도시에서 미처 경험해보지 못한 대규모 시위였다. 가장 놀란 것은 경찰들이었다. 결국 경찰서장이 사색이 되어 나타나 지 주교 앞에 무릎을 꿇었다.

"주교님, 저를 밟고 지나가주세요."

그 모습을 본 지 주교가 잠시 멈칫하더니 이내 불벼락 같은 호통을 내리쳤다.

"비켜라! 경찰관들 차렷! 뒤로 돌아!"

깜짝 놀란 경찰들이 얼떨결에 명령대로 뒤로 돌면서 대열이 우왕좌왕하기까지 했다. 이날 시위대는 경찰과 대치하다가 밤 9시 반이 넘어서야 다시 성당 안으로 되돌아왔다. 이후로 철야농성과 시국미사가 3일 동안이나 이어졌다. 밤이면 성당 안에 횃불이 지펴졌고, 박정희 정권의 실정에 대한 성토대회가 이어졌다. 결국 교회가 '사회정의를 위한 투쟁위원회'를 결성하기에 이르렀다.

1971년은 봄부터 이미 '10년 세도 썩은 정치, 못 살겠다 갈아보자' '논도 갈고 밭도 갈고 대통령도 갈아보자'는 선거 구호가 바람을 일으켰던 해였다. 그러나 결과적으로는 '이번이 마지막 출마'라며 읍소한 박정희가 갖은 부정한 방법을 동원하여 신민당 김대중 후보를 가까스로 누르고 대통령에 당선되었다. 곧이어 치러진 총선에서 공화당은 의석 3분의 2 확보에 실패했다. 대학가는 부정선거무효화투쟁을 시작으로 교련반대투쟁 등으로 정권에 맞서고 있었다. 서울에서 강제로 쫓겨난 철거민들이 들고 일어난 광주대단지사건, 인간 이하의 대접을 받다 용도 폐기된 북파공작원들이 서울로 가는 시내버스를 탈취해 총격전을 벌이다 잡힌 실미도사건 등이 일어난 것도 그해 여름이었다.

원주교구의 시국미사는 이러한 일련의 사회정치적 요구에 대해 교회가 마땅히 해야 할 응답을 한 것이었다. 단순히 원주문화방송 설립 과정에서 교회가 사기당한 것을 지켜내려는 일시적인 분노가 아니었다. 지학순 주교는 이미 한 해 전인 1970년 4월 28일, 서울 YMCA에서 열린 심포지엄에서 '종교인의 입장에서 본 삥땅'이라는 강연을 했다. 지 주교의 강연은 안젤라라는 버스 차장이 어머니의 치료비와 동생의 학비를 마련하기 위해 하루에 300원씩 삥땅을 하고 있던 자신의 행동이 죄가 되는지를 물어오자 '아니다'라고 답한 것이다. 당시 고향을 떠나 도시로 올라온 십대 소녀들이 새벽부터 밤까지 하루 18시간씩 버스 차장으로 일하면서 손에 쥐는 월급이 고작 4,800여 원이었다. 당시 쌀 40킬로그램은 2,880원이다.

"하루에 삼사백 원 삥땅 하는 것은 자기 권리를 주장하는 거예요. 기업주가 불합리하게 운영하는 책임을 여차장들이 질 수는 없어요."[11]

지 주교가 죄가 아니라고 못 박아 말한 것은 실로 놀라운 선언이었다. 이미 1961년 교황 요한 23세는 회칙 《어머니와 교사》에서 가톨릭 교회의 사명은 "무산자에게는 참을성을 설교하고 유산자에게는 너그러움을 찬양하는 일이 아니며 문제를 얼버무리지 않고 그 원인을 똑바로 규명하여 해결점을 정확히 제시하는 것"이라고 했다. 그럼에도 그해 겨울, '근로기준법을 준수하라' '우리는 기계가 아니다'라며 청년 노동자 전태일이 자신의 몸에 불을 지르는 사건이 벌어졌다. 한국 사회는 커다란 충격에 빠졌다. 스물두 살의 청계시장 재단사 전태일은 스스로 불의 십자가를 진 예수와 다름없었다. 원주교구의 시국미사는 이런 사회현실 속에서 자연스럽게 무르익은 저항의 결과였다.

이때 박재일은 어떤 역할을 하고 있었을까. 당시 원주교구 기획위원으로 일하고 있던 김지하는 회고록에 이렇게 적었다. "나와 기획실장, 박재일 형 등은 사제관에 틀어박혀 정보를 수집하고 중요한 판단이나 문건, 스케줄의 변동이나 우발적인 일 등에 대처하는 통제탑 기능을 했다"고.[12] 생전의 박재일은 이 사건에 대해 나이든 할머니 신자들이 한 치의 동요도 없이 철야기도를 하며 농성장을 지키고 있는 것을 보고 적잖이 놀랐다고 했다. 시국미사는 박재일이 새롭게 발을 담근 조직의 보이지 않는 힘에 대해 다시 생각하는 계기가 되었다. 이 무렵 박재일의 아내는 셋째 딸 소현을 낳아 식구가 다섯으로 늘어나 있었다.

농자성군을
모시며

　　1972년은 연거푸 터져 나온 충격적인 사건들이 역사에 굵은 흔적으로 기록되어 있다. 오죽하면 그해 연말 10대 뉴스를 소개한 《동아일보》의 기사 제목이 '충격의 홍수'였을까. 극한 대결로만 치닫던 남북관계는 깜짝쇼처럼 발표된 7·4 남북공동성명이 남북적십자회담으로 이어지면서 국민들을 놀라게 했다. 한편 기업들이 빌린 2,500억 원 규모 사채를 동결시키는 8·3 긴급재정명령으로 시장경제는 아수라장이 되었다. 그리고 마침내 10월 유신이 선포되었다. 어떻게 이런 사건들이 연이어 일어날 수 있을까 의아하지만, 영구집권을 향한 박정희의 욕망을 정점에 놓고 되짚어보면 모든 일들이 치밀하게 기획된 것임을 알 수 있다. 그런데 인간의 힘으로 예측도 조정도 할 수 없는 일마저 벌어졌다. 충격적인 뉴스가 홍수처럼 쏟아지던 그해 '진짜 홍수'가 이 땅을 강타한 것이다. 8월 18일과 19일 이틀 사이에 중부지방에 450밀리리터의 물 폭탄이 쏟아졌다. 하늘에 구멍이라도 뚫린 듯 양동이로 물을 들이붓는 것 같던 기록적인 폭우였다. 집중호우로 398명이 죽고 130명이 실종, 남한강 유역 크고 작은 마을들은 쑥대밭이 되었다. 피해가 심한 곳 대부분이 원주교구 관할의 농촌 마을이었다.

"모든 것이 없어졌습니다. 다행히 강당 제대는 남아 있어 미사는 봉헌할 수 있습니다. 지난 주일에는 그래도 교우들이 이 지역 자갈밭에 모여 주일 기도를 바치기도 했습니다. 목숨은 남았으니 걱정 없습니다." 당시 원주교구 주보인 〈들빛〉에 실린 단양 지역 영춘공소 회장의 이야기다. 목숨만 겨우 살아남은 사람들을 위해 교인들이 하나둘 움직이기 시작했다. 그러나 가난한 나라의 국민들끼리는 상부상조에도 한계가 있었다. 결국 지학순 주교가 팔을 걷어붙이고 국제 카리따스Caritas, 독일 사회복지 전담기구와 서독 미제레올Misereor, 독일 카톨릭 주교회의 자선기구에 도움을 청했고, 원주교구는 우리 돈으로 3억 6,000만 원 상당의 막대한 긴급구호자금을 받았다. 미제레올에서 보낸 돈은 서독 국민들이 내는 종교세의 일부로 다른 나라의 가난한 교회를 돕기 위해 조성된 기금이었다. 지 주교는 이때 남다른 결단을 하여 그 돈을 교회가 아닌 지역사회로 돌렸다. 원주교구와 강원, 충청북도 공무원, 교육과 언론 그리고 다른 종교 대표들까지 망라한 재해대책사업위원회를 조직하고 여기에 내놓은 것이다. "교회는 이해관계로 장바닥 같은 성전이 아니며 신앙을 강요하거나 돈과 그것을 바꾸는 집단이 될 수도 없다"는 것이 지 주교의 신념이었기 때문이다.[13] 그는 한국전쟁 때 교회가 밀가루를 나눠주면서 신앙을 팔던 모습을 직접 목도했다. 지 주교는 가난한 수재민들을 '밀가루 신자'로 만들지 않겠다는 확고한 뜻이 있었다. 그의 신념에 힘을 실어주고 사업을 구체화하는 일을 원주교구의 장일순·장화순 형제와 김영주 등이 도왔다. 또 그들과 호흡을 맞춘 젊은 그룹에 박재일과 장상순, 김지하, 이경국 등 원주교구청년회가 있었다. 훗날 1970, 80년대 민주화운동의 상징이 된 '원주캠프'라고 불리게 되는 진영이 갖춰진 것은 이즈음이라고 할 수 있다.

원주캠프에서는 재해대책사업위원회를 꾸리기 전부터 건국대학교 부설 농업문제종합연구소, 고려대학교 부설 노동문제연구소, 한국가톨릭농민회본부 등에서 전문가를 초빙해 외국에서 온 지원금을 어떻게 사용할 것인지 열띤 토론을 펼쳤다. 이전까지 교회가 주도한 신협 운동은 가난한 사람들이 십시일반 모은 종자돈으로 스스로 먹고 살 길을 찾아가도록 돕는 자립운동이었다. 신협이 사람들 스스로 협동조합에 출자해 돈을 모으게 하는 일이 우선이라면, 재해대책사업에는 막대한 구호자금을 어떻게 잘 운용

할 것인가가 사업의 관건이었다. 박재일은 그 무렵 재해대책사업의 자문단으로 참여한 건국대부설 농업문제종합연구소 김병태 교수와 함께 여주부터 한강을 따라 거슬러 올라가며 수해 지역 상황을 조사했다. 충북 단양면 영춘에 이르니 면소재지 전체가 집이며 논밭이 모두 강물에 휩쓸려버려 마을이 풍비박산이 나 있었다. 전쟁이 끝나갈 무렵 아버지 손을 잡고 돌아간 고향 따스내의 황폐한 풍경들이 떠올랐다. 마을의 장정들은 망연자실한 채로 일을 손에서 놓은 채 술만 마시고 있었다. 폐허가 된 마을에 들어선 낯선 외지인을 보고 술냄새를 풍기는 청년들이 다가와 다짜고짜 시비부터 걸었다.

"당신들 뭐야? 어디서 온 사람들이야?"

마을에 도움을 주기 위해 찾아왔다는 말에 청년들은 역정부터 냈다.

"필요 없으니 나가! 썩 꺼지라구!"

박재일은 날이 선 그들의 마음부터 누그러뜨려야겠다고 생각했다. 분노는 깊은 상처에서 온다는 것을 잘 알고 있었다. 그는 청년들 곁에 털썩 주저앉으며 담배부터 권했다. 수해로 길이 끊긴 마을까지 온종일 걸어오느라 박재일도 몹시 지쳐 있었다. 담배를 나누어 피우자 청년들은 묻지 않아도 속내를 드러내기 시작했다.

"그냥도 너무 힘들고 외로워요. 하지만 사람들이 몰려와서

적선하듯 시혜를 베푸는 건 죽기보다 싫소, 우린 거지가 아니요."

구호품을 싣고 와 기념사진이나 찍으면서 마을 사람들의 정신을 피폐하게 만드는 일이라면 필요 없다는 이야기였다. 그들의 쓴소리는 죽비였다. 박재일은 수재민들로부터 장차 어떻게 사업을 꾸려나가야 할지를 제대로 배웠다. 이렇게 생생한 현장의 목소리들을 귀담아 들으면서부터 재해대책사업에서 '절대 공짜로 주지 말자'는 원칙이 세워지게 되었다.

"자기가 수해를 당한 곳에서 농토든 주택이든 스스로 필요한 일을 찾아라, 그러면 그 대가를 쌀로 일당을 넉넉하게 주어 떳떳하게 받아가게 하자는 거지요. 어려운 사람들이 자립하는 데 몸뿐 아니라 정신도 스스로 일어나도록 돕는 일을 시작한 거예요."

박재일의 말이다. 그는 1973년 1월 1일부터 원주교구 재해대책사업위원회 집행위원이자 지도부장으로 수해복구사업에 참여했다. 당시 재해대책사업위원회의 구성을 보면 지학순 주교를 위원장으로 한 중앙위원회에 신부와 목사, 언론사, 학교, 강원도와 충청북도 공무원 등이 다양하게 참여하고 있었다. 중앙위의 결정을 집행할 단위로 집행위원회가 꾸려지고 집행위원장은 원주교구 기획실장이던 김영주가 맡았다. 박재일은 남한강 유역 농촌지역의 지원사업 책임을 맡았다.

이제 협동교육연구소를 중심으로 펼쳐지던 원주교구의 신협

운동은 재해대책사업위원회 수해복구사업을 계기로 농촌지역의 부락개발운동으로 한 단계 나아가게 되었다. 이는 그 무렵 정부에서 주도하던 새마을운동과는 근본부터 다른 방식이었다. 새마을 가꾸기 사업은 과잉생산된 시멘트의 재고 처리를 정부가 나서서 해결해주고자 시작되었다. 당시 쌍용양회의 사주였던 민주공화당 재정위원장 김성곤의 요청으로 정부가 막대한 양의 시멘트를 사들였고, 한 부락에 288포씩 3만여 부락에 무상 제공한 것이 마을길을 포장하고, 초가집을 시멘트 기와집으로 바꾸는 새마을운동이 된 것이다.[14] 이후 박정희는 단순히 새마을 가꾸기가 아니라 '근면 자조 협동'을 강조하는 민족성개조운동으로까지 무슨 전투를 치르듯 새마을운동을 밀어붙였다. 박정희에게 농민들은 "긴 겨울철의 농한기에 아무 하는 일 없이 나태와 안일에 빠져 음주나 도박으로 소일하는 퇴폐적인"[15] 존재들이며 정신을 개조해야 할 대상이었다. 그러나 원주캠프의 생각은 달랐다. 수해복구 사업에서 '하늘은 스스로 돕는 자를 돕는다'는 원칙을 세웠지만, 이들은 근본적으로 농민이 '가장 존엄한 하늘'이라고 생각했다. 지 주교와 함께 원주캠프를 이끌던 장일순은 상담원들에게 '농자성군農者聖君'을 모시라는 표현을 즐겨 사용했다. 재해대책사업위원회에서 실무자들의 직책을 새마을지도자처럼 '지도자'나 '지도원'이 아닌 '상담원'으로 부른 것도 같은 맥락이었다. 상담원의 역할은 농자성군을 가르치고 지도하는 대상이 아니라 함께 머리를 맞대고 의논해야 하는 필드 워커field worker임을 분명히 한 것이다.[16] 당시 김인성, 이우근, 이한규, 김현식, 홍고광, 이경국, 정인재, 장상순, 김헌일, 김상범, 박양혁 등이 박재일과 함께 상담원으로 일했다.

재해대책사업위원회 활동은 수해를 입은 3개 도 13개 시군에서 87개 읍면 부락을 대상으로 1973년부터 1979년 말까지 계속되었다. 사업은 1단계 식량지원사업을 시작으로 전답복구, 부락개발, 지역개발사업 순으로 전개되는데 박재일은 재해대책사업위원회 출범 때부터 참여해 1975년 사업2부장이자 상담원으로, 1979년부터는 사업부장으로 활동했다.

진광중학교나 협동교육연구소 시절과 달리 재해대책사업위원회의 사업 영역은 강원도 밖으로까지 확장되었다. 연일 출장이 이어졌다. 어떤 때는 일주일에서 열흘씩 여러 마을을 도는 일과가 이어지기도 했다. 출장에서 돌아와도 가톨릭센터에서 상담원 회의와 교육이 며칠씩 계속되었다. 아내와 딸은 박재일의 얼굴을 제대로 보기도 힘든 시절이었다.

"한 달에 열흘에서 보름은 출장이고 돌아오면 밤새 교육하고 회의하는 게 일상이니 집에서 내 별명이 하숙생이었지. 아내가 없었으면 가정이 유지되기 어려웠을 거야."

어쩌다 박재일이 겨우 집에 들러 보면 올망졸망 어린 다섯

자매를 품은 아내가 둥지의 어미 새처럼 혼자 집을 지키고 있었다. 박재일이 재해대책사업위원회 활동을 시작한 이듬해인 1974년 넷째 딸 현선이, 1979년에는 막내딸 주희가 태어나 어느덧 그는 딸 다섯의 아버지가 되었다.

농민이 농사의
주인이 되게 하자

"무척 진지한 사람이었는데 그게 참 매력이었어요. 나는 전국적으로 많은 사람을 만나고 다니며 지도자감을 찾고 있던 때라 가슴에 와 닿는 사람을 보니 반가워서 바로 포섭했어요."

한국가톨릭농민회 초대 회장을 지낸 전 국회의원 이길재가 회고하는 박재일의 첫인상이다. 그는 1973년 원주교구 재해대책사업위원회를 찾아갔을 때 박재일을 처음 만났다. 이길재는 자신의 입장에서 가톨릭농민회에 박재일을 '포섭'한 것이라고 했는데, 그런 의도였다면 결과는 성공적이었다.

1966년 창립한 가톨릭농촌청년회는 1972년부터 가톨릭농민회로 이름을 바꾸면서 본격적인 활동을 시작했는데, 이듬해 원주교구 관할 농촌 지역에 수해가 발생하자 전국 조직 차원에서 도움을 주려고 원주를 방문한 길이었다. 그런데 결과적으로는 재해대책사업위원회의 경험이 가톨릭농민회운동에도 큰 도움을 주었다. 《가톨릭농민회 30년사》는 당시 원주교구의 재해대책사업에 대해 "이제까지 없었던 농민 스스로의 민주적, 협동적 경험에 의한 농촌개발의 가능성을 제시해주었다"[17] 고 평가한다.

당시 가톨릭농민회의 전국 본부 직원들은 재해대책사업위원회의 실무자들과 함께 수해가 일어난 지역의 피해상황을 조사하며 긴밀하게 연대하고 있었다. 박재일은 이 과정에서 이길재의 권유로 1974년 2월 5일 가톨릭농민회에 가입했다. 그리고 이듬해에 바로 제7차 전국대의원총회에서 전국연합회 부회장에 선출될 정도로 회원들 사이에서 신망이 높았다. 박재일의 진중한 태도뿐 아니라 재해대책사업 현장을 발로 누비면서 풍부한 사례를 수집하고 조직을 다져온 실천가로서의 면모를 다들 높이 평가하고 있었기 때문이다.

실제로 1975년 박재일이 가톨릭농민회 전국본부 부회장을 맡은 해부터 실시한 쌀 생산비조사사업은 우리 사회에 큰 반향을 일으켰다. 가톨릭농민회 회원들을 대상으로 정부 수매 가격이 과연 제대로 생산비를 보장하고 있는지 실제로 알아보자고 시작한 일이었는데, 이 사업은 농민회의 주요 활동 과제가 되었다. 첫해는 전국 8개 도 26개 농가를 대상으로 일반 벼와 통일벼 재배 농가를 나누어 조사했다. 조사에 앞서 조사원들에 대한 사전 교육을 원주 가톨릭센터에서 진행했는데, 이곳에서 농민들은 스스로 농사일의 주인이 되는 방법을 차근차근 배워나갔다. 조사원들은 각자 한 해 동안 벼농사에 쓰는 비용을 매월 조사 집계표에 모으고 추수가 끝난 다음 합계를 냈다. 가톨릭농민회는 이러한 현장조사를 근거로 1975년도 10월 28일 그해 쌀 생산비를 발표했다. 당시 쌀 한 가마니 80킬로그램 기준으로 통일벼의 경우 2만 4,335원, 일반 벼는 2만 7,639원이 나왔는데, 여기에 적정 이윤을 보탠다면 최소 통일벼 2만 8,727원 일반 벼는 3만 2,614원이 적정 생산비라는 계산이 나왔다. 당시 정부는 통일벼와 일반 벼 구분 없이 수매가를 1만 9,500원으로 정해놓고 있을 때였다. 쌀농사를 지을수록 농민들이 어떻게 손해를 보고 있는지가 명확하게 드러난 것이다. 정부가 수매하는 것은 전체 쌀 생산량의 일부분이어서 농민들은 실제로는 이보다 더 낮은 가격으로 시중에 쌀을 팔아야 했다. 그만큼 손해는 더 커질 수밖에 없었다. 가톨릭농민회의 쌀 생산비조사사업은 농업경제학을 전공한 전문가들의 도움을 받아 과학적인 데이터를 산출했기 때문에 정부로서는 반박할 여지가 없었다.

"구체적으로 조사해서 모든 걸 드러내니 교회와 농민들이 농민회 활동을 신뢰하게 되었어요. 데모만 하는 단체가 아니구나 생각한 거죠. 그전까지 자기 농사를 지으면서 제대로 생산비 계산을 해본 농민들이 없었어요."

박재일의 말이다. 그 무렵 가톨릭농민회 안에서 독재정권에 맞서는 것만으로는 우리 삶이 근본적으로 달라지기 어렵다는 생각이 공유되고 있었다. 쌀 생산비조사도 농민을 살리기 위한 구체적인 방법을 찾기 위해 시작한 사업이었다. 버스 안내양의 '삥땅은 죄가 아니고 생존권을 지키기 위한 노동자의 정당한 요구'라고 선언한 지학순 주교의 생각, 장일순과 원주캠프의 현장 활동가 그중에서도 박재일과 가톨릭농민회가 머리를 맞대고 도달해 있던 시대정신이 차츰 새로운 방향으로 눈길을 돌리고 있었다.

쌀 생산비조사사업으로 가톨릭농민회에 대한 교회와 신자들의 신뢰가 대단히 높아졌다. 5명씩 회원을 모으는 농민회 분회 조직 사업도 추진력을 얻었다. 박재일은 이를 기반으로 재해대책사업위원회 활동을 하면서 만나는 수해 지역 농민들을 공소 중심으로 분회를 꾸리며 농민회 조직을 키워나갔다. 그 결과 마침내 1976년 2월 6일에는 가톨릭농민회의 강원지구연합회가 꾸려진다. 강원지구연합회 초대 회장은 박재일이 진광중학교 교사 시절 행정실에서 근무하던 김상범이 맡았다. 그는 대성고등학교 학생회장을 지낸 장일순의 제자이기도 했는데, 박재일과 재해대책사업위원회 상담원으로 활동하면서 가톨릭농민회에 입회한 상태였다.

"가톨릭농민회는 예수 그리스도를 따라 하느님의 믿음으로 깨어나는 농민들이 '스스로' '함께' 농민 자신과 사회를 누룩처럼 변혁시켜감으로써, 농민구원, 겨레구원, 인류구원을 지향하는 생활공동체운동이다. 농민 스스로의 단결과 협력으로 농민권익을 옹호하고 인간적 발전을 도모하며, 사회정의 실현을 통한 농촌사회의 복음화와 인류공동체의 발전에 기여함을 목적으로 한다."[18] 가톨릭농민회 강원지구연합회가 창립하면서 밝힌 설립 목적이다. 원주교구가 일관되게 추구하고 있던 가치가 어떻게 농민들 속으로 퍼져가고 있는지 짐작할 수 있는 내용이다. 그러나 가톨릭농민회가 '농민 스스로' 권익을 찾는 일은 농협을 통해 농촌 사회를 장악하고 지배하려는 정부 정책과 사사건건 부딪칠 수밖에 없었다.

    박재일이 가톨릭농민회 활동을 시작한 1974년은 특히 정치사회적으로 견디기 힘든 시절이었다. 4월에는 유신독재 철폐를 외치며 박정희 정권에 맞선 학생들이 민청학련사건이란 이름으로 대거 구속되었다. 7월에는 원주교구의 수장인 지학순 주교가 민청학련사건의 배후로 지목돼 구속 수감되는 초유의 사태까지 벌어졌다. 더구나 박재일을 원주로 불렀던 친구 김지하는 이 사건으로 사형을 선고받았다. 원주는 의도하지 않아도 박정희 정권의 대척점에서 민주화운동의 태풍을 생성시키는 핵이 되어 있었다. 박재일은 이미 삼십대 중반이었다. 말수가 적고 평소 묵묵히 상대의 이야기를 들어주던 그였지만 원주캠프가 민청학련사건에 휘말렸을 때는 가슴속에 활화산처럼 끓어오르는 분노를 주체하기 어려웠다.

이경국에 따르면 박재일은 그즈음 공식적인 모임이 끝나고 둘만 있을 때에는 종종 가슴속에 맺힌 응어리를 표출했다고 한다. 친구들이 모이면 으레 독한 술을 가슴에 털어 넣으며 '긴 밤 지새'던 시절이 오랫동안 이어졌다. 원주캠프의 일원이었던 서울대학교 후배 김민기가 작사 작곡한 〈아침이슬〉은 당시 그들의 마음을 달래고 울분을 씻어주는 노래였다. 그런 어느 날이었다. 그날도 술에 취해 아침이슬을 부르며 같이 울고 웃었는데, 집으로 돌아가는 길에 비틀거리며 몸을 가누지 못하던 박재일이 갑자기 담벼락을 발로 걷어차며 냅다 고함을 질렀다.

"박정희! 이 개새끼야!"

생전 남을 욕하는 소리라고 해본 적이 없던 친구였기에 이경국에겐 그 모습이 잊히지 않았다.

딸의 아버지,
아버지의 아들

박재일은 현장의 활동가들끼리 서로의 직책을 따져 부르지 않고 '형제'라고 부르는 것을 좋아했다. 교회 안에서 서로를 형제자매라 부르는 게 자연스러운데 유독 박재일이 형제라고 부르면 더 다정다감하게 들렸다는 사람들이 많다. 굵은 저음으로 형제를 부르는 박재일의 음성에는 묘한 울림이 느껴질 정도였다. 정작 피를 나눈 친형과는 어려서부터 떨어져 지낸 시간이 많아 살가운 정을 느낄 기회가 없었던 그였다. 교회 공동체 안에서 그리스도의 피와 살을 나누어 먹는 사람들은 서로 형제와 자매가 된다고 생각하는데 박재일은 정말로 식구가 늘어나는 기분이었다.

박재일이 가톨릭농민회 전국연합회 부회장으로 선출된 1975년, 단구동 성당에서 그의 세 딸이 합동 세례를 받았다. 그는 아이들에게 집 밖에서 새로운 형제와 자매를 얻는 기쁨을 누리게 하고 싶었다. 이로써 첫째 순원은 엘리사벳, 정아는 데레사, 소현은 마리아가 되었다. 딸들의 첫 이름은 모두 아내가 지었지만 하느님의 자식으로 새 이름을 얻도록 이끈 것은 아버지였다. 당시 세례를 받은 딸들은 각각 초등학교 3학년과 7살 그리고 5살이었고, 갓 돌을 넘긴 넷째 딸은 아직 아내 품에 안겨 있었다. 아내는 그 뒤로도 한참 뒤 막내 주희를 낳고 난 뒤에야 세례를 받았다. 박재일은 종교 문제에 대해 아내 스스로 결단할 때까지 어떤 강요도 하지 않았다.

평소 박재일의 딸들은 아버지와 함께 성당에 가는 것을 소풍처럼 좋아했다.

"하얀색 옷을 입고 미사 보를 쓰고 엄마 아빠 손을 잡고 성당에 들어가는데 만나는 어른들마다 우리를 쓰다듬어주셨어요."

그즈음 맏딸 순원이 기억하는 풍경이다. 단구동 성당 입구의 희고 커다란 성모상 앞에 모여 있던 어른들이 모두 그의 아버지를 반갑게 맞이하고 있었다. 순원은 사람들 속에 둘러싸인 키가 큰 아버지의 유쾌하고 활달한 모습이 낯설었다. 집에서는 통 얼굴을 보기 힘들고 말수도 적은 아버지였다. 어쩌다 긴 출장에서 돌아와 집에서 잠시 쉴 때도 아버지는 말없이 책만 읽곤 했다. 맏이에게 그런 아버지가 왠지 어려울 수밖에 없었다. 아버지가 학교를 그만둔 뒤에는 무슨 일을 하는지조차 모를 때였다. 하지만 성당에서 만나는 어른들마다 박재일의 딸이라고 환대하는 것을 보며 막연히 '우리 아버지는 좋은 사람이구나' 하고 느꼈다.

딸들이 세례를 받던 그해 초겨울, 고향 영덕에서 박재일의 아버지가 위독하다는 기별이 왔다. 온 가족이 함께 따스내에 내려가 병문안을 하고 돌아오던 기차 안에서, 흔들리는 차창 밖으로 빈 들판만 바라보던 박재일이 하염없이 눈물을 흘렸다. 어지간한 일에는 놀라거나 꿈쩍도 하지 않던 그였다. 그리고 얼마 지나지 않아 박재일의 아버지가 세상을 떠났다. 1975년 11월 26일이었다. 그의 아버지 박근찬은 예순네 살을 일기로 생을 마감했다. 늦둥이 막내아들이 서른일곱 살이 되던 해였다. 박재일은 장례식을 치르기 위해 처자식을 이끌고 다시 고향으로 향했다. 따스내는 원주에서 중앙선 철도를 따라 소백산을 뚫고 내려가는 먼 길이었다. 중앙선 철도는 1942년 제2차 세계대전이 한창일 때 전 구간이 개통되었다. 어린 박재일의 뽕나무 놀이터가 유린당하고 밥그릇과 놋숟가락을 빼앗기던 그 무렵이다. 따스내로 가려면 경주가 종착역이던 중앙선 철도에서 내려 다시 포항을 지나 북쪽으로 올라가야 했다.

박재일의 아버지가 세상을 떠난 그해에는 포항에서부터 출발한 버스가 장사 읍내를 거쳐 따스내까지 운행을 시작했다. 바데산에 가로막힌 궁벽한 산골 마을이 비로소 버스가 들어오는 번듯한 동네가 된 것이다. 따스내에 버스가 다니게 된 것은 바로 한 해 전 남산도로의 장사·사암 구간이 완공되었기 때문에 가능한 일이었다. 남산도로는 영덕군 남정면과 달산면을 동서로 잇는 길로 따스내 사람들의 오랜 숙원 사업이었다. 아버지는 박재일이 원주 치악산 아래 정착한 1969년부터 남산도로추진위원장을 맡았다. 전란으로 따스내가 잿더미가 된 뒤에 마을에 새로 집을 지으며 학교를 세우는 데 앞장섰던 아버지에게는 남은 과제가 길이었다. 바데산을 넘는 길, 젊은 시절부터 산 너머 다른 세상을 동경하던 아버지의 꿈이 거기 있었다.

박재일은 아버지가 평생 일하던 따스내의 논밭 위에 천막을 치고 문상객을 맞았다. 가을걷이를 끝낸 들판은 아버지 없는 세상처럼 막막했다. 해마다 바데산 달바위 북쪽에서부터 마을로 내려오던 단풍의 붉은 향연도 모두 사라지고 산은 텅 비어 있었다. 빈 들판에서는 까마귀 떼가 같이 울었다. 멀리서 모여든 조문객들 때문에 사암리 입구부터 발 디딜 틈이 없었다. 박재일은 아버지가 만든 길 위로 상여를 이끌고 나아갔다. 평생 농부로 산 아버지의 아들이 가톨릭농민회에서 농민들의 생존권을 지키기 위해 처음으로 쌀 생산비조사사업을 성공적으로 마친 직후였다. 여덟 살에 생모를 잃은 박재일로서는 이제 아버지마저 세상을 떠났으니 피를 나는 부모를 모두 여읜 것이다. 부모와 사별해야 비로소 온전히 어른이 된다고 했던가.

장례를 치른 이듬해 봄, 장사에서 사암리로 가는 봉전1리 125-1번지 도로변에 박근찬의 공덕비가 세워졌다. 마을의 숙원사업이던 길이 뚫리기 시작한 것에 감사하는 마음으로 인근 6개 마을 주민들이 십시일반 뜻을 모아 비를 세운 것이다. 남정 달산 간 도로 전구간이 개통된 것은 박근찬의 아들들이 모두 세상을 떠나고 난 뒤인 2013년이었다.

농민이 관을 이긴
첫 승리

　　박재일은 재해대책사업위원회와 가톨릭농민회 활동을 병행하면서 더욱 바빠졌다. 이전에는 원주교구 내 수해 지역을 대상으로만 움직였지만 가톨릭농민회 전국연합회 활동을 시작하면서부터는 농민이 있는 곳이라면 전국 어디로든 가야 했다. 대학에서 지리학과 학생으로 미처 배우지 못한 우리 국토의 실상을 온몸으로 배우는 것 같았다. 특히 1976년에는 가톨릭농민회가 창립 10년을 맞이한 해로 구미에 있던 사무실이 대전으로 이전하고 전국연합회 조직도 확대되었다. 첫해 전국 26개 농가에서 시작한 쌀 생산비조사사업도 이듬해 111개 농가로 대폭 확대될 정도로 농민들의 호응이 높아지면서 몸이 여러 개라도 모자랄 정도로 바쁜 일상이 계속되었다.

"우리는 회의가 참 많았는데, 당일에 끝나는 법이 없었어요. 완행열차를 타고 마산, 구미, 원주 등 전국에서 온 사람들이 모이니 늘 회의는 밤늦게까지 하고 끝나면 같이 술 마시고 같이 자고 일어나서 또 회의하고 그랬죠."

박재일의 말이다. 당시 부산대학교 운동권 학생으로 민청학련 사건으로 구속되었다가 형집행정지로 막 풀려난 이병철이 원주에 왔다가 그를 처음 만난 기억도 흥미롭다. 이병철은 1975년 늦은 가을 친구를 따라 가톨릭센터를 찾았다가 가톨릭농민회의 쌀 생산비조사사업을 처음 접하게 되었다. 원주 가톨릭센터는 전국 각지에서 찾아오는 사회운동 관련 인사들의 사랑방 같은 곳이었다. 전국에서 모여든 젊은이들이 2층에서 함께 술을 마시며 시국에 대한 울분을 토로하며 왁자하게 떠들고 있었다. 밤늦은 시간까지 그 열기는 식을 줄 몰랐는데 자정을 훌쩍 넘겨 겨우 회의를 마친 박재일이 아래층에서 올라왔다. 이병철은 박재일이 들어오자 이제 그만 조용히 하고 자리를 정리하라는 잔소리를 할 줄 알고 내심 벼르고 있었다. 징역에서 막 풀려난 그는 가슴속에 건드리기만 하면 폭발할 것 같은 화약덩어리가 있었다. 그런데 학생운동 경력으로 보더라도 까마득한 선배인 박재일의 태도는 전혀 딴판이었다.

"나도 이제 좀 놀아볼까."

박재일은 이렇게 말하며 후배들 곁에 앉았다. 만면에 웃음을 머금은 그의 얼굴을 보고 이병철은 깜짝 놀랐다. 박재일에게는 운동가연하는 이들에게 흔히 있을 법한 어떤 권위의식 같은 것을 전혀 느낄 수 없었다. 그들은 그날 밤새 술잔을 기울이며 세상 돌아가는 이야기를 나누었다. 박재일은 주로 후배 이야기를 묵묵히 듣는 쪽이었다. 하지만 그런 태도가 분위기를 무겁게 하는 것은 아니었다. 그는 술자리의 흥을 돋우는 데도 막힘이 없었다. 특히 농민들과 함께 어울리는 자리라면 언제든 가슴을 활짝 열어젖혔다.

"사랑이 깊으면 얼마나 깊어/ 여섯 자 이 내 몸이 헤어나지 못하나/ 하루의 품삯은 열두 냥인데/ 우리 님 보는 데는 스무 냥이라"는 노래를 선창하면 모두가 일어나 "엥헤이 엥헤야 엥헤이 엥헤야" 하는 후렴구를 따라 부르며 춤을 추기도 했다. 이 노래는 1963년 KBS의 라디오 드라마 〈열두 냥짜리 인생〉의 주제가인데, 박재일은 술자리 흥이 달아오르면 이 노래를 곧잘 불렀다.

"우리 사회가 이렇게 된 데는 기성세대의 책임이 있다고 생각하던 때였다. 그런 내 생각이 편협되고 오만했다는 것을 일깨워 준 첫 사람, 그 사람이 재일 형이었다."

이병철의 말이다. 그는 아침에 일어나자마자 자신보다 열한 살 많은 박재일을 형님이라 부르겠다 선언하고 그를 따라 '묻지도 따지지도 않고' 가톨릭농민회에 입회했다.

박재일이 농민운동에 몸담고 있던 그 시절에는 술이 밥이고 보약이었다. 남성 중심이던 가톨릭농민회 운동의 특성일 수도 있고, 유신 치하에서 울분을 토로할 길이 없던 이들이 술로 소통하며 서로를 위로하던 탓도 있을 것이다. 젊은 시절 그에게 술은 사람과 사람을 이어주는 '미디어'였고, 조직을 끈끈하게 만드는 방편이기도 했다.

박재일은 어린 시절 할아버지 농주 심부름을 하면서부터 일찌감치 술맛을 배웠다. 그의 부친이 술을 입에도 대지 못한 것과는 딴판이었다. 고등학교와 대학 시절에는 밥 대신 농주로 배를 채우는 일이 많았다. 당시 농주는 양조장에서 만든 쌀 막걸리를 주전자로 받아오는 것이었다. 그런데 1964년부터 정부가 쌀 부족을 이유로 쌀 막걸리 제조를 금지시켰다. 이때부터 밀가루와 옥수수 등을 섞은 막걸리가 등장했다. 또한 같은 해 소주에도 고구마류 외 다른 양곡을 사용하지 못하게 했다. 그때부터 쌀로 만든 전통 증류식 소주 대신 주정에 물을 섞는 희석식 소주 시장이 열렸다. 박재일이 1965년에 결혼했으니 그 이후에 마신 술의 대부분은 희석식 소주였다. 1924년 처음 나온 진로소주의 알코올 도수가 35도에서 30도로 낮아진 것도 희석식소주가 처음 만들어진 1965년이고, 이후 1973년부터는 25도로 대폭 낮아졌다. 박재일은 그런 소주를 지금처럼 작은 병이 아니라 1.8리터짜리 '됫병'으로 마셨다.

1976년 소주 됫병 한 병 가격은 440원이었다. 그런데 그해 가을 소주의 주원료인 고구마 때문에 사단이 벌어졌다. 당시 생산되는 고구마 대부분이 주정의 원료로 쓰였기 때문에 농가에서는 고구마를 수확하자마자 보관용으로 얇게 썰어서 말린 이른바 '빼깽이'로 만드는 게 일반적이었다. 주정을 만드는 고구마가 생고구마의 경우 가마당 1,000원, 건조 가공한 것은 1,300원이었다. 그런데 그해 봄 함평군 농협은 농민들에게 고구마를 심을 때부터 시중보다 비싼 값으로 생고구마를 전량 수매하겠다고 약속했다. 이를 철썩 같이 믿고 농협 수매만 기다리고 있던 농민들에게 날벼락이 떨어진 것이다. 빼깽이 가공 작업 대신 생고구마 채 자루에 담아 길가에 쌓아놓고 기다렸는데, 농협은 약속과 달리 그해 생산량의 40퍼센트만 수매한 것이다. 날은 추워지고 길가에 쌓아놓고 있던 고구마 부대에 서리가 내리면서 썩은 내가 나기 시작했다. 고구마 풍년으로 잔뜩 기대에 부풀었던 농민들의 속은 고구마보다 먼저 까맣게 썩어들어갔다.

결국 가톨릭농민회 광주전남연합회에서 피해보상대책위원회를 꾸리고 문제 해결에 나섰다. 이때 광주전남연합회 총무가 이후 13대 국회위원이 된 서경원이고 그의 고향이 함평군이었다. 우리 농민운동사에 유명한 기록으로 남은 '함평고구마사건'은 이렇게 전개되었다. 그러나 농협은 가톨릭농민회를 통해 피해 보상을 요구하는 농가들을 일일이 찾아다니며 탄압과 회유를 계속했고, 두 해가 지나도록 보상을 하지 않았다. 결국 1978년 4월 24일 전국의 가톨릭농민회가 힘을 모아 광주북동천주교회에서 특별기도회를 열었다. 기도회를 마치고 가두시위에 나섰던 농민들은 성당으로 돌아와 단식농성을 시작했다. 그리고 8일간의 끈질긴 단식 농성 끝에 결국 농협의 항복을 받아냈다. 전국에서 모인 농민회 회원들이 한참 못자리를 만들고 농사일에 분주할 시기에 성당에 드러누워 곡기를 끊고 결사적으로 저항한 끝에 이룬 눈물겨운 승리였다. 농성 지도부였던 박재일은 내내 북동성당 안에 머물렀다. 그는 성당 안에서 굶고 있는 농민 형제들을 보며 대학 시절 문리대 교정에서 단식을 하다 들것에 실려 나가던 젊은 날의 파리한 친구들을 떠올렸다. 그로부터 10여 년이 더 흐른 뒤에 박재일은 농민들의 생존권을 위해 싸우는 단식농성장에 있었다. 그의 곁에 있는 사람들은 뜨거운 태양 아래 노동으로 단련된 이들이었다.

"가톨릭농민회에서 특별기도회를 열고 시위에 나선 것은 원주에서 싸우던 방식을 그대로 적용한 거지. 우리가 그때 8일을 제대로 굶었어요. 단식 3, 4일 만에 실려 나가는 친구들이 생기니까 성당 안에서 사람들이 굶어죽고 있다는 소식이 퍼지면서 전라도 전체에 비상이 걸린 거지."

박재일의 말이다. 이때 관의 끈질긴 회유와 탄압을 이겨내고 끝까지 남은 159개 농가에서 받은 보상금은 309만 원이었다. 햇수로는 3년, 기간만 1년 7개월이 걸린 지난한 싸움 끝에 받아낸 돈이 고작 그것뿐이었다. 그런데 정작 이 사건으로 인해 밝혀진 농협의 비리는 '단군 이래 최대 부정 사건'으로 불리는 어마어마한 규모였다. 감사원의 감사 결과 농협 직원들이 주정회사와 짜고 농민들의 고구마 수매자금을 유용한 것이 무려 80억 원에 이르렀던 것이다.

해방 이후 '민이 관을 이긴 최초의 사건'이라는 평가를 받은 함평고구마피해보상운동에 대해 박재일은 "가톨릭농민회에 대한 회원들의 신뢰, 그리고 농민들 스스로 해결한 일에 대단한 용기가 생긴 계기가 되었다"고 했다. 아니나 다를까 이듬해에는 안동교구의 농민들이 썩은 감자 씨앗을 불하받은 데 항의해 보다 적극적인 피해보상운동에 나섰다. 농민들은 승리의 경험을 딛고 다시 한 걸음 앞으로 나아가고 있었다.

생명에 대한 각성, 운동의 새로운 길

"두만강 푸른 물에 노 젖는 뱃사공/ 흘러간 그 옛날에 내님을 싣고/ 떠나던 그 배는 어디로 갔오/ 그리운 내 님이여, 그리운 내 님이여/ 언제나 오려나……" 1976년 8월 가톨릭농민회 분회장 연수를 마친 농민 지도자들이 울먹이며 김정구의 노래 〈눈물 젖은 두만강〉을 부르고 있었다. 박재일은 자신이 태어나던 해인 1938년에 발표된 이 노래의 의미를 알고 있었을까. 두만강 건너편은 윤동주의 고향 용정 땅, 일제에 저항해 싸우던 이들의 한이 서린 곳으로 떠나간 님은 독립투사를 상징한다. 그 노래가 남의 논에 농약을 대신 쳐주다가 논두렁에 쓰러져 죽은 소작농을 추도하는 자리에 울려 퍼진 것이다. 소작농은 가톨릭농민회 익산군 황둔분회장이었는데 품삯을 두 배나 주는 위험한 일을 하다가 변을 당했다. 이제껏 유신정권의 탄압에 맞서 힘겹게 싸워 왔던 이들이 동료를 위해 부른 조가는 독립투사를 떠나보내는 것과 다르지 않았다. 농민을 수탈하고 탄압하는 정권의 행태는 일제의 그것과 별반 다르지 않음을 이미 뼈저리게 느끼고 있었기 때문이다. 독립운동 하듯 농민의 생존권을 지키기 위해 싸워온 이들이었다. 농민운동가들은 힘없는 소작농의 죽음 앞에서 어찌할 바를 몰랐다.

"쌀 생산비조사사업을 시작한 것도 농민이 살자고 한 일인데, 이렇게 농사짓다가는 우리가 먼저 죽겠다. 이대로 보고만 있어서 되겠느냐!"

"우리는 농민을 수탈하는 권력에 맞서 싸우고 있는데 정작 땅에서 지력을 빼앗고 똑같이 생명을 수탈하는 일을 하는 것 아닌가……"

이런 목소리들이 쏟아져 나오기 시작한 것이다. 분배 정의를 실현하자고 시작한 농민회 활동이 결과적으로 '독약이 든 농산물을 가지고 골고루 잘 나누어 먹자'는 꼴이 된 것은 아닌지. 눈물 젖은 두만강을 목 놓아 부르던 이들 사이에서 통렬한 자기반성이 일어난 것이다.

농약중독으로 인해 생명의 위협을 느끼는 일은 이제 더 이상 남의 일이 아니었다. 그해 6월 9일자 《경향신문》의 '農藥中毒'이란 제목의 기사를 보면 "우리나라 농약사용량을 보면 65년 2,955톤이던 것이 70년에 9,143톤, 75년에는 2만 559톤으로 10년 동안 7배가량 늘어났고 이중 독성이 강한 살충제만 해도 65년 390톤이었던 것이 75년에 5,041톤으로 12배나 늘어났다"고 경고하고 있었다.

농약 사고로 분회장을 잃은 1976년 가을에는 유례없는 대풍년을 맞이했다. 그해 우리나라가 쌀 자급 분기점으로 삼은 3,000만 섬에서 621만 섬이 남았다. 쌀 자급을 넘어 과잉을 걱정하기 시작한 첫해가 된 것이다. 이를 계기로 정부는 이듬해 새해 첫날부터 1969년부터 절미운동의 일환으로 시행해오던 '무미일'과 '분식일' 제도를 폐지시킨다.

쌀 자급 달성이라는 오랜 염원을 푼 공로는 들판에서 땀 흘린 농민이 아니라 '통일벼'라는 다수확 신품종에게 돌아갔다. 실제로 쌀 자급은 정부가 새로운 종자를 개발하고 군사작전 하듯 증산운동을 벌여온 결과였다. 통일벼가 처음 시범 재배되기 시작한 것은 1971년인데, 이듬해부터 농촌지도사를 통해 마을 별로 통일벼 재배 면적이 강제로 할당되면서 농민들과 마찰이 끊이지 않았다. 일반 모를 심은 모판을 엎어버리는 등 통일벼 심기는 거의 반강제적으로 이루어졌다. 농민들이 통일벼가 밥맛이 떨어져 외면하는 것도 한 이유였지만 무엇보다 비료와 농약을 많이 써야 하는 고투입 농법 때문에 힘이 부쳤다. 필리핀에서 도입한 원종자를 우리 풍토에 맞게 개량했다고 하지만 통일벼로 계속 농사를 지으려면 생산비가 늘어나고 땅은 황폐해지는 악순환이 계속 될 수밖에 없었다. 녹색혁명의 주역이라 일컬은 다수확신품종이란 결국 오랜 세월 이 땅의 기후와 조응하며 자라온 토종볍씨들을 몰아내고, 화학비료와 농약을 생산하는 다국적기업들의 배를 불려주는 방식으로 우리 농업의 판을 재편한 것이기도 했다. 재해대책사업위원회와 가톨릭농민회를 통해 농민들의 생생한 목소리를 듣는 현장에 있던 박재일은 그 고충을 누구보다 잘 알고 있었다.

결국 박재일은 장일순과 원주캠프를 중심으로 지금까지 민주화운동의 연장선상에서 이끌어왔던 농민운동에 대해 새로운 방향을 모색하게 되었다. 농약중독 사고로 동료를 잃은 이듬해인 1977년, 가톨릭농민회는 농약과 화학비료로 유지되던 농사의 대안으로 미생물을 활용한 효소농법을 보급하기 시작했다. 원주에서도 1978년 2월 재해대책사업위원회에서 실시한 쌀 생산비조사원 교육에 가톨릭농민회 전북연합회 소속 농민 전자석을 초청해 효소농법에 대한 강의를 열고, 이후 지속적인 교육을 확대해 나갔다. 1981년에는 전자석의 책《생명의 농업−죽음의 농법에서 삶의 농법으로》를 비매품으로 만들어 보급하기도 했다.

"농약과 비료를 마구 뿌리고 도시산업화를 꾀하는 것을 보니 이 강토 전체가 황폐화되겠더라구요. 환경도 살고 우리도 살자는 방향으로 가지 않으면 안 되겠더군요."

장일순이 1991년 3월 21일자《시사저널》여운연 기자와 대담에서 박재일과 함께 1977년부터 운동의 방향을 전환했다고 회고하면서 한 말이다.

"사회, 사물들 속에 있는 상생의 관계를 기초로 세계를 보면서 지금까지와는 다른 세계를 보게 된 것이지요. 그다음부터는 사회적으로 어떻게 이런 시각에 기초한 관계를 형성해 나갈 것인가에 대하여 고민하기 시작했어요."

박재일의 말이다. 그도 그때가 근본적인 변화가 필요하다고 깨닫게 된 시점이라고 했다. 여기서 말하는 다른 세계는 무엇일까. 그것은 바로 생명의 세계관이다. 이는 당시 세계적으로 확산되기 시작한 자연보호사상과도 연결된다. 1972년 로마클럽Club of Rome 연구보고서《성장의 한계The Limit to Growth》가 국제사회에 커다란 반향을 일으키며 세계 경제의 고속 성장이 인류의 미래를 위협할 수 있다는 문제 제기를 시작했다. 또 같은 해 스톡홀름에서 '하나밖에 없는 지구'라는 명제로 열린 유엔 인간환경회의에서도 산업화에 따른 환경 파괴에 대한 반성이 시작된다. 그러나 당장 식량 부족 등의 문제를 해결하지 못한 저개발 국가에는 먼 나라 이야기처럼 들렸고, 우리나라도 마찬가지였다.

그렇다면 왜 하필 1977년일까. 그해 연초부터 '아름다운 내

강산 맑고 푸르고 깨끗하게'라는 슬로건과 함께 자연보호운동이 대대적으로 일어났다. 2월 이대환경문제연구소에서 '화학비료 농약 쓰는 일반농사 쌀의 중금속 오염 가중 퇴비 쓰는 자연농보다 수은 2배 납 14배'(1977년 2월 3일자 동아일보)라는 발표를 한 것도 주목할 만하다. 이는 1974년부터 민통선 안 농지에서 일반농사와 무공해 자연농 농사를 구별해 경작하고 수확한 현미에서 검출한 중금속의 양을 비교한 결과였다. 아이러니하게도 단일 규모로는 세계 최대 비료공장인 여수남해화학공단이 문을 연 것도 1977년이었다. 고상돈이 한국인 최초로 세계 최고봉 에베레스트를 등정해 온 나라가 떠들썩했던 해에 일어난 일이었다. 유신 정권은 수출 100억 달러 목표를 초과 달성했다고 대대적인 선전에 나섰고, 특별한 자연재해가 없었던 그해에 농사도 14년 만의 대풍이었다. 급기야 정부는 인도네시아에 쌀 7만 톤을 대여하는 협정을 맺는가 하면 그동안 금지되었던 쌀 막걸리 제조를 허가하기까지 했다. 배고픔을 면하고 우리도 이제 살만해졌다는 분위기로 사회 전체가 한껏 고양돼 있을 때, 선각자들은 대량생산이 가져온 풍요의 그늘을 응시한 것이다. 생명운동의 맹아기인 1977년의 전환은 그런 토양 위에서 이루어졌다.

'생명의 세계관과 협동적 생존의 확장'

1979년 9월 원주교구의 재해대사업위원회 활동은 사회개발위원회로 개편된다. 1972년 남한강 수해복구를 위해 지원된 미제레올의 무상원조에서 출발한 재해대책사업들이 일단락되는 시점에서 원주교구 내 새로운 조직이 꾸려진 것이다. 박재일은 재해대책사업위원회 당시 상담원으로 일하던 동료들과 함께 사회개발위원회 실무자로 활동을 계속한다. 그러면서 1982년 가톨릭농민회 전국 회장으로 선임되면서부터는 업무 분담이 필요해지자 사회개발위원회 기획부에서 주로 교육, 홍보, 문화, 조사 업무 등의 자문 역할을 맡았다. 이 시기는 박재일 개인뿐 아니라 원주캠프 전체가 몹시 어려워진 시기이면서 한편으로는 대내외적인 위기를 극복하며 생명운동으로 본격적인 방향전환을 하던 때다. 이렇게 된 배경에는 박정희 사망 이후 등장한 신군부에 의해 가톨릭농민회와 원주캠프에 대한 탄압이 본격화된 것이 중요한 이유였다.

'서울의 봄'으로 불리던 민주화의 열기가 전국적으로 끓어오르던 시기, 강원도 정선군에 있던 국내 최대의 민영탄광인 동원탄좌 사북영업소의 광부와 가족 등 6,000여 명이 어용노조의 부정선거 무효와 임금 인상을 요구하며 총파업에 돌입하는 사건이 벌어졌다. 신군부는 사북항쟁의 배후로 재해대책사업위원회와 사회개발위원회에서 광산 지역을 지원하던 원주캠프의 인물들을 지목했다. 실제로 시위 주동자 가운데 원주에서 노동자 교육을 받고 의식화 된 조합원들이 다수 있었다. 더구나 12·12 직전에 열린 서울 'YWCA 위장결혼식' 집회에 원주의 활동가들이 여럿 참석했는데, 이때 사회개발위원회의 광산담당 부장이던 이경국과 농촌담당 상담원 정인재 등이 잡혀가 합동수사본부에서 고문을 당한 뒤 풀려났다. 당시 신군부는 지 주교를 빨갱이로 몰며 원주캠프의 제반 활동들을 집중 추궁하고 있었다. 당시 박재일도 위장결혼식에 참석했다가 한동안 원주 집으로 돌아가지 못하고 숨어 지내야 했다.

"12·12 이후 원주가 굉장한 위험에 처했지. 장 선생님이 당장 부딪히기만 해서는 문제가 해결될 수 없다고 생각했어. 신군부가 원주를 주시한다는 정보가 전해지는 가운데 선생님은 '전두환이도 사랑하라'라고 말하기까지 했으니까."

박재일이 회고한 당시 원주캠프의 분위기다. 스스로를 지키려면 유연한 전술이 필요했을 수도 있고 한편으로는 전두환을 미워하기보다 환자처럼 측은하게 봐야 한다는 측면에서 생각하면 그 말을 이해 못할 바도 아니었다. 원주캠프는 그런 위협적인 분위기 속에서 광주항쟁과 맞닥뜨리고 있었다.

박재일은 광주항쟁 이전에도 한동안 집을 비우다가 불쑥불쑥 나타나는 경우가 많았다. 워낙 지방으로 출장을 많이 다니기도 했지만, 함평고구마사건 때처럼 아예 농성장에서 사는 일도 다반사였다. 그러나 아내와 어린 딸들은 가장이 수배자의 신분으로 어디선가 숨어 지내고 있을 때도 정확한 내막을 알지 못했다. 박재일이 아내에게 자신이 하는 일에 대해 일절 입을 열지 않던 시절이었다. 차라리 모르는 것이 아내를 위하는 길이라고 생각했을 것이다. 그러나 종종 집안에 형사가 드나들고 동태를 살피는 것을 지켜보아온 맏딸은 늘 아버지의 안위가 걱정되었다. 박재일도 그 무렵 아내와 맏이에게는 늘 말조심하라는 당부를 하기도 했다.

"아버지는 자주 어디론가 사라지셨어요. 엄마는 불안하면 우리를 붙들고 우시니까 저는 학교에서도 늘 식구들이 걱정돼서 담 너머로 지켜볼 수밖에 없었어요."

박순원의 말이다. 그 무렵 원주시 개운동에 있던 박재일의 집은 순원이 다니던 상지여중 후문에서 마당이 들여다보일 정도로 가까운 거리에 있었다. 단구동에 있던 진광중학교 관사에서 살림을 시작한 이후 처음으로 마련한 방 세 칸짜리 집이었다. 일곱 식구가 사는 집이지만 여전히 어려운 살림 때문에 방 한 칸은 세를 놓아야 하는 형편이었다. 박순원은 어느 날인가 한 달 가까이 소식을 모르던 아버지가 하얀색 모시 한복을 입고 돌아온 것을 학교 담장 너머로 보고는 혼자 눈물을 흘린 적도 있었다. 아버지가 엄마와 이야기하고 있는 모습을 먼발치에서 발견하고는 '아, 우리 아버지가 살아 돌아오셨구나' 하는 안도감에 울음이 터져 나온 것이다. 감옥에 있을 때 얻은 박재일의 첫딸은 정치상황에 따라 아버지의 생사를 걱정할 정도로 불안한 사춘기를 보내고 있었다.

그즈음 맏딸의 기억 속에는 술에 취해 울부짖던 아버지의 모습도 생생하게 남아 있다. 박재일이 밤늦게 취해 집으로 돌아오는 날이면 서늘한 공기 속으로 "아 으악새~" 하는 노랫소리가 울려 퍼졌다. 속이 상한 엄마는 맏이를 깨워 밖으로 내보내며 얼른 아버지를 모시고 들어오라고 시켰다. 대문 밖 어둠 속으로 나아가보면 커다란 그림자 둘이서 비틀거리며 다가오고 있었다.

"순원이 왔니? 아빠 모시고 가거라."

장일순이었다. 순원은 아버지를 먼저 집안으로 모시고 다시 종종걸음으로 달려 나와 장일순을 배웅했다. 개운동 박재일의 집에서 봉천을 건너야 봉산동 장일순의 집이 있었다.

"아빠가 많이 힘들다. 네가 위로해드려라."

장일순은 순원에게 얼른 들어가라며 손을 흔들고 어둠 속으로 멀어져갔다. 아들만 삼형제를 두어서인지 평소에도 박재일의 딸들을 각별히 예뻐해주던 어른이었다. 중학생의 눈으로 바라본 1980년은 가슴속 울화를 술로 달래면서 비틀거리는 서로를 부축해 컴컴한 어둠 속으로 묵묵히 걸어가던 어른들의 뒷모습으로 오래 기억에 남았다.

원주캠프는 신군부의 출현으로 적잖은 충격에 휩싸였다. 그러나 광주에서 벌어진 무자비한 살육은 역설적으로 생명의 문제를 근본적으로 파고드는 계기가 되었다. 박재일은 이즈음 원주캠프의 변화에 대해 이렇게 설명했다.

"농민운동을 해보니까 이제 민주화는 되는데 정작 마을이 다 깨지는 거야. 사람이 땅과 관계를 맺는 게 아니라 기계가 다 하고, 농약 뿌리고…… 민주화가 안 됐을 때는 농민이 품종 선택도 못한다고 해서 거기에만 신경을 썼는데 그게 아니었다. 그래서 방법을 찾아낸 것이 '이게 가치관의 문제이고 문명의 문제구나. 인간이 생태계의 일부다. 인간의 필요대로 재단하는 것이 아니구나'라는 생각이었다. 지하도 감옥에서 나와서 일성이 '생명이다!'였다. 우리는 밖에서, 지하는 자기 생명이 끊기느냐 아니냐 하는 기나긴 독방생활에서 함께 '생명'을 본 것이다."[19]

김지하는 민청학련 사건으로 구속돼 사형을 선고받고 무기로 감형 되었다가 석방되었는데 풀려난 지 한 달도 안 돼 다시 구속되기를 반복, 결국 박정희가 죽고 난 다음 1980년 말에야 완전히 풀려나왔다.

"우리는 장 선생님을 중심으로 새로운 공부를 시작했다. 그것이 또한 동학과 생명론이었다. 원주캠프는 겉으로 보아 전혀 다름이 없었고 사회개발위원회 활동도 여전했지만 내실은 이미 그 중심이 바뀌어버렸다. 차원 변화였다."[20]

김지하의 말이다.

'죽임의 시대'를 살아가는 이들이 비로소 '생명'에 눈을 뜨는 과정은 저마다 발원지가 다른 여러 갈래의 실개천들이 하나의 강물로 합쳐지는 것처럼 곳곳에서 동시에 진행됐다. 1981년 말 봉산동에 있는 원주교구 교육원에서 열린 '생명사상 세미나'는 원주캠프의 이러한 모색을 외부로 알리는 첫 번째 시도였다. 장일순의 제안에 따라 박재일과 김지하가 기획한 이 세미나에는 황인성, 나상기, 제정구, 정호경 신부 등 기독교와 가톨릭을 아우른 진보적인 인사들이 여럿 참여했는데, 이 자리에서 운동노선을 둘러싸고 팽팽한 의견 대립이 있었다. 당시 박재일이 사회를 맡았는데 원주캠프에서 새롭게 제시한 '생명'이라는 화두가 '5공화국 타도'를 외치는 민중운동 진영의 투쟁을 모호하게 만든다는 비판이 거

세게 쏟아져 나왔다. 선명한 적대감이 요구되는 시기에 '생명'이란 말 자체가 개량적인 태도로 받아들여진 것이다. 그러나 원주캠프는 이런 비난에 굴하지 않았다. 생명을 화두로 한 새로운 모색은 하루아침에 이루어진 것이 아니었고, 관념적인 탁상공론에서 얻어진 것은 더더욱 아니었기 때문이다. 그것은 지난 재해대책사업으로부터 출발한 사회개발위원회 활동 전반에 대한 평가와 향후 대책을 모색하는 지난하고 치열한 논의를 거친 조직적 총화의 결과였다.

"사회개발위원회 활동을 종료하기 2년 전부터 지난 사업에 대한 평가와 반성을 하면서, 우리 활동이 활력을 잃고 농촌도 생명력을 잃어간다는 문제 제기가 있었어요. 이 문제에 답을 찾고자 줄기차게 토론을 계속했어요."

당시 박재일과 사회개발위원회에서 함께 활동했던 김상범의 말이다. 그리고 마침내 원주캠프는 1982년 초 일명 '원주보고서'로 불리는 〈생명의 세계관 확립과 협동적 생존의 확장〉이라는 문건을 발표한다. 이 보고서의 대표 집필은 1982년부터 2년간 사회개발위원회 기획부원으로 일하고 있던 김지하가 맡았다.

"죽음의 먹구름이 온 세계를 뒤덮고 있다"는 비감한 문장으로 시작하는 원주보고서는 "인류를 비롯한 전생명계는 언제 닥쳐올지 모르는 비명횡사의 가능성에 떨고 있다"는 시대 진단으로부터 출발한다. 이는 '자본주의와 사회주의체제 모두 자연을 개발의 대상으로 삼으면서 대량생산과 대량소비를 특징으로 하는 산업문명의 위기가 나타났다'는 철저한 자기반성으로부터 출발한 것이다. 이로부터 새로운 운동은 '생명존중과 협동적 삶'의 실천으로 나아가야 한다는 목표를 제시한다. 여기서 말하는 생명의 세계관이란 경인敬人·경천敬天·경물敬物로 대표되는 해월의 동학사상에서, 협동적 생존이란 협동조합 방식에서 해답을 찾은 것이었다. 이 문건은 장차 1989년 발표되는 '한살림선언'의 씨앗이 되었다.

일본과 대만에서
협동조합을 배우다

사랑하는 아내에게!

대만에서도 일정이 오늘로서 끝나고 내일 오전에 일본으로 떠납니다. 그동안 많은 아이들 뒷바라지하느라고 고생이 많지요. 원체 짧은 기간 내에 많은 것을 보고, 배우려니 고되기가 말할 수 없지만 건강만은 자신 있습니다. 그간 HongKong이나 대만 등지에서 방문하거나 차창을 통해 본 것 중에 어떤 것은 당신과 아이들 모두 함께 보았으면 하는 것이 한두 가지가 아닙니다. 나 혼자만 보기에는 너무 죄스러운 바도 많습니다. 현선, 소현, 정아, 순원이 학교에 잘 다니고 건강하지요. 모두들 밝게, 고생 많은 엄마를 잘 협력하리라 믿습니다.

주희는 잘 놀고 있는지요. 주희의 재롱, 아이들 그리고 당신 모두 보고 싶군요. 어제는 대만 동해안 화련이란 곳에서 파리외방선교회 성당에서 아침 7시에 미사를 중국말로 드렸습니다. 미사 중에 우리집의 평화와 무사도 마음속으로 기원했습니다……

- 1981년 6월 8일 대만 Taipei에서 당신의 재일 씀.

박재일은 신혼 초 감옥에서 검열도장이 찍힌 채로 주고받던 봉함엽서 이후로 거의 15년 만에 다시 아내에게 편지를 썼다. 감옥에서 쓴 서울대학생 박재일의 편지는 한자에 현학적인 수사가 많았는데, 오랜 시간 농민과 함께 생활한 그는 글도 담담하고 편안해졌다. 그는 아내뿐 아니라 글을 읽을 수 있는 네 딸들 앞으로도 여행지의 정취가 느껴지는 사진엽서들을 자주 띄웠다. 막내딸 주희는 막 걸음마를 시작한 두 살이었고 딸 다섯의 아버지인 박재일은 어느덧 마흔세 살이 되었다.

1981년 5월 30일 사회개발위원회의 농촌소비조합육성사업으로[21] 진행한 해외선진지 연수단의 일원으로 생애 첫 해외 방문 길에 올랐다. 그는 여전히 공안기관의 감시를 받는 요주의 인물이었기에 출국 전부터 어려움을 겪었다. 결국 지학순 주교가 손을 써서 겨우 홍콩행 비행기에 오를 수 있었다. 박재일과 함께 연수단에 참가한 사람은 사회개발위원회의 김영주 사무국장, 상담원 김상범, 김헌일, 이경국, 박양혁과 원주밝음신협의 최희웅 그리고 가톨릭농민회에서 국제 업무와 여성부장을 맡고 있던 독일인 한마리아_{독일 이름 마리아 세일러, 뮌헨농대를 졸업하고 1965년 처음 한국에 온 이후부터 1994년까지 국내 농촌운동과 신협운동의 어머니 역할을 계속했다. 1999년 농업인의 날에는 농민 운동에 헌신한 공으로 산업포장을 받기도 했다} 등이었다. 연수단은 홍콩과 대만, 일본의 협동조합 관련 지역과 단체들을 20일간 방문했다. 이때 연수단이 보고 들은 것들은 이후 광산과 농촌지역에서 소비조합운동을 적극적으로 펼쳐나가는 자양이 되었다.

    박재일은 재해대책사업위원회 농촌담당 상담원 시절, 광산지역 책임을 맡고 있던 이경국과 의기투합해 광산지역 소비조합과 농촌 지역 농산물 직거래의 물꼬를 튼 경험이 있었다. 물가가 비싼 광산 지역 소비자들에게 박재일이 관계를 맺고 있던 지역 농민들이 재배한 김장 채소를 시중보다 싸게 공급한 것이 그 출발이었다. 농산물직거래는 광산지역 소비자뿐만 아니라 농민들에게도 매우 유용한 방식이었다. 그렇게 시작한 직거래가 이후 여러 곳에서 진행되었다. 하지만 농산물 공급이 불안정하고 품질이나 판매대금 지불 과정의 불협화음 등으로 크고 작은 문제가 생겨 그 이상 활성화되지는 못했다. 박재일은 그런 경험을 바탕으로 일본의 생활클럽 같은 생활협동조합의 직거래사업을 눈여겨보니 비로소 해답을 찾은 느낌이었다.

"우리는 농민들이 열심히 생산을 해도 판로가 없으니 제값도 못 받고, 시장에 헐값에 내다 팔면서 어려움을 겪는데, 일본은 생활협동조합에서 판로를 보장하고 도시 소비자들이 공동구입을 하면서 사회 운동도 하고 있는 게 부러웠어요. 우린 농민들끼리 생산 협동은 되는데 안정적으로 소비해 주는 곳이 없는 게 제일 안타까웠거든요. 일본처럼 소비자와 생산자가 마음을 모으면 길이 보이겠구나 생각했어요."

박재일이 당시 연수단에서 보고 배운 것을 회고하며 한 말이다. 특히 그는 '쓰고 버리는 시대를 생각하는 모임'을 만든 스치다 다카시木追田助의 강의를 들으며 큰 감명을 받았다. 교토대학 금속공학 교수였던 스치다 다카시는 1970년대 초, 석유파동을 겪으면서 지하 광물자원에 의존하는 현대 공업사회의 한계를 깨닫고 1973년 쓰고 버리는 시대를 생각하는 모임이라는 생협을 만들어 환경운동가로 거듭 난 사람이다. 다음은 이 모임에서 1976년 제정한 농산물 취급 방향 중 일부분이다.

"우리들이 편리하고 풍부하다는 이유만으로 아무런 생각 없이 쓰고 버리는 일회용 소비를 하면 할수록 그것을 유지하기 위해 공업은 비대해지고, 자원의 낭비와 환경 파괴는 확대되어 농업은 더욱 황폐화되어 갈 수밖에 없다. 이러한 현상을 걱정한다면 우리들이 안전한 농산물을 안정적으로 확보하려 하기 이전에 먼저 자기 자신의 삶의 방식과 사고방식을 진지하게 근본적으로 고쳐야 할 필요가 있지 않을까? (……) 우리들이 할 수 있는 일이 있다면 바로 시작하여야 한다."[22]

쓰고 버리는 시대를 생각하는 모임은 "농산물의 생산, 공급, 소비에 있어 새로운 흐름을 형성"하려면 "생산자와 소비자 사이에 깊은 신뢰를 기초로 한 긴밀한 협력"이 필요하다고 보았다. "소비자의 기쁨을 즐거워하는 생산자, 생산자의 기쁨을 자기 기쁨으로 여기는 소비자와의 결속 및 상부상조"만이 "안전한 농산물의 안정적인 공급이 실현"될 수 있는 길이라는 것이 이들의 생각이었다.

박재일은 첫 번째 해외 연수를 다녀온 이듬해, 1982년 2월 14일 제 13차 가톨릭농민회 총회에서 6대 회장으로 선출되었다. 신군부의 서슬이 퍼렇던 시절, 가톨릭농민회가 가장 큰 시련을 맞이한 시기에 대표자가 된 것이다.

"농업이 보호되고 농민의 인간적 존엄성과 생산자로서의 권익이 실현되는 것이 농촌사회의 복음화와 사회정의 구현이라는 평소의 소신 때문에 이 부름에 응하였습니다."

박재일은 당시 이렇게 당선 인사를 했다. 그러나 농민운동이 단지 독재 정권을 상대로 농민의 권익을 옹호하는 투쟁만으로 끝나는 것이라고는 생각하지 않았다. 그는 박정희 군부 독재 정권과 맞서 싸우며 건설한 농민회가 또다시 신군부의 탄압으로 고사 위기에 처하게 되자 조직을 꿋꿋하게 지켜내는 것은 물론, 새로운 꿈을 향해 한발 앞으로 나아가기 시작했다. 그의 가슴속에는 이미 일본 생협에서 영감을 얻은 희망의 씨앗이 자라고 있었다. 박재일이 가톨릭농민회 회장을 맡으면서 같은 해 원주에서 정리한 〈생명의 세계관 확립과 협동적 생존의 확장〉이라는 보고서가 이병철, 정성헌, 이상국 등의 농민회 지도자들 사이에서 공유되었다. 이는 우리 농민 운동에서 새로운 방향을 모색하는 중요한 계기였다. 그리고 마침내 1984년 12월, 원주교구 사회사업국 사회개발부가 추진한 '한국농민지도자 일본유기농업연수시찰단'을 통해 농민운동에도 일대 전환이 일어난다.

박재일은 가톨릭농민회 회장이자 사회개발부 농촌부장으로 22명의 농민지도자들로 구성된 연수단을 이끌고 치바현의 미요시 마을과 도쿄 초후시 등을 방문해 유기 농산물의 생산과 출하 현장을 살펴보았다. 또한 요노시의 사이타마현민공제생협, 도쿄 세타가야구의 생활클럽생협, 스이타시 센리야마생협 등을 방문했다.

이때 연수단은 여러 농촌의 유기농산물 생산지와 생협 단체들을 돌아보면서 일본 유기농업과 생협 운동의 역사와 현황, 특징 등에 대한 전문가 강의를 10여 차례나 들었다. 교육에 참가한 강사 대부분은 일본 생협의 임원과 생협에서 활발하게 활동하고 있는 도쿄대학, 고베대학, 교토세이카대학 교수들이 주축이었다. 이들은 대개 1960년대 그리고 1970년 초반까지 이어진 일본 학생운동의 주역들이었다. 박재일뿐만 아니라 연수에 참가한 가톨릭농민회 지도자 상당수가 1960~70년대 한일회담반대투쟁부터 3선개헌, 유신반대 운동들을 함께해온 사람들이다보니 연수단원과 일본 생협 지도자들 사이에는 남다른 유대감이 있었다. 굴욕적인 한일회담에 반대해 싸우다가 일제 때 독립 운동가들이 갇혀 있던 서대문형무소에서 청춘의 한 시절을 보낸 박재일은 일본인 운동가들과 함께 어울리며 농민가를 목청껏 부르기도 했다.

"'안전한 식품을 구해 먹는 모임'을 이끄는 고베대학 야스다 시게루(保田茂) 교수[23)]의 유기농업연구회 활동을 보며 눈이 뒤집힐 정도로 깜짝 놀랐어요. 우리도 이들처럼 하면 도시와 농촌이 상생할 수 있겠구나 하는 자신감을 갖게 되었어요."

박재일의 말이다.

또 무소유공동체인 야마기시회(山岸會) 본부에서는 닭을 생명체로 존중하며 자유롭게 풀어 기르는 양계 방식을 보면서 깊은 감명을 받았다. 이 방식은 나중에 한살림 유정란 생산지의 모델이 되었다. 공동체 전체가 닭뿐만 아니라 돼지, 소와 함께 살며 순환농업을 통해 사람과 가축이 공생하는 모습은 박재일과 함께 간 일행들에게도 충격을 주고 한편으로는 희망을 심어주었다.

"과거에 우리가 감히 생각도 못하던 걸 봤죠. 야마기시회에서 같이 생활하면서 그분들 하는 이야기를 들을 때 자꾸 우리 생각만 가지고 들으니까 참말 그럴까 하는 생각이 들었어요."[24]

당시 영춘신협 이사로 연수단에 참가했던 남원식의 말이다. 그는 박재일이 재해대책위원회 상담원으로 수해복구지원사업을 시작할 때 물난리가 난 단양군 영춘면에서 만난 농민으로 원주교구와 함께 성장한 농민지도자였다. 남원식은 지역 내 사회개발사업으로 공동 소유의 토지에서 공동 생산한 쌀을 가을걷이 이후 각자의 노동량만큼 나누어 갖는 협업농장을 운영한 경험이 있었다. 그가 주도적으로 참여한 밤수동 협업농장은 초창기 원주교구의 사회개발사업의 모범 사례였다.[25]

가톨릭농민회는 일본 유기농업 연수를 마치고 돌아온 뒤, 농민 지도자 그룹 간의 역할분담을 논의했다. 전두환 군사정권 하에서 지속적인 정치투쟁을 이끌어 가기 위해 전국농민회총연맹 건설에 힘을 쏟기로 한 이들과 생명공동체운동에 기반한 협동조합운동에 매진하는 생명운동 그룹으로 역할이 나뉜 것이다. 이때 박재일과 함께 일본 연수단에 참여한 횡성 공근신협의 정현수, 원성 신림신협 최재규, 여주대신신협 경근호, 사회개발부의 농촌상담원이던 임광호 등의 농민지도자들 대부분이 이후 한살림의 생산자가 된다.

유기농운동과
소비자협동조합이 만나다

    박재일은 농민지도자들과 함께 일본에서 보고 배운 것들을 막연한 바람이 아닌 현실로 만들기 위한 구체적인 준비에 들어갔다. 이는 가톨릭농민회뿐만 아니라 사회개발위원회의 새로운 사업 방향이었다. 이전까지 농촌과 광산지역에서 추진해온 소비조합운동은 생필품의 유통마진을 줄여 공산품을 값싸게 공급하는 창구 역할을 했다. 농사에 필요한 농자재나 공산품을 비싸게 사다 쓰던 농민이나 교통이 불편한 강원도 산간 오지 주민들에게는 경제적으로 매우 유용한 것이었다. 특히 광산지역의 경우는 원주 시내에 비해 세 배 가까이 물가가 비쌌는데 광부들에게 가장 필요한 작업용 장화와 고무신뿐만 아니라 소주 등을 서울에서 도매로 사다 3분의 1가격으로 판매하니 소비조합의 인기가 대단했다. 이런 소비조합은 1970년대 정부 주도의 새마을운동의 일환으로 추진된 새마을 구판장 사업과 외양으로는 크게 다르지 않았는데, 시간이 흐르면서 점차 대량생산된 기업의 공산품이 값싸게 농촌으로 흘러 들어가도록 하는 파이프라인 역할을 하게 되었다. 그런데 농촌 지역에서 생산한 농산물은 여전히 제값을 받지 못하고 있는 상황에서 농민의 생활 속으로 물밀 듯이 밀려들어오는 공산품을 보면서 과연 이대로 괜찮은가하는 반성이 일기 시작한 것이다. 더구나 농촌소비조합은 농협에서 운영하는 대형 구판장에 규모나 시스템 면에서 밀려나 점차 활력을 잃어가고 있었다. 대기업에서 생산한 공산품들의 경우 농촌의 규모가 작은 소비조합에는 아예 물품 공급을 해주지도 않았기 때문이다.

박재일은 1984년 12월 두 번째 일본 연수를 마치고 돌아온 직후, 원주지역에서 유기농업과 농산물직거래사업에 기반한 새로운 형태의 소비조합을 만들기로 뜻있는 사람들과 함께 마음을 모았다. 비로소 기존의 소비조합운동이 유기농업운동과 결합해 새로운 생활협동조합으로 나아가는 단초가 열리기 시작한 것이다.

"원주소협을 만들 때 가톨릭농민회가 없었으면 아무래도 짝짝이로 갈 수밖에 없었을 거예요. 그전에 생산자와 소비자의 직거래 활동이 아주 없었던 게 아니잖아요. 그런데 그 개념이 다르죠. 생산자와 소비자의 만남이 서로의 이익을 추구하기 위해 만나느냐, 서로 어떤 도움을 주기 위해서 만나느냐……"[26]

박재일과 일본 유기농업 연수단에 참가했던 정현수의 말이다. 새로운 협동조합은 원주교구의 가톨릭농민회 회원들이 주축이 되어, 제천 백운면의 쌀과 봉양읍 학산리의 채소, 횡성군 공근면의 유정란과 김장 배추 등을 공급하기로 하고 생산자 조직이 꾸려지기 시작했다. 문제는 어렵게 유기농업을 시작하는 생산자들과 함께 신뢰를 쌓아갈 소비자를 조직하는 일이었다. 박재일은 우선 일본 연수에서 가장 인상적이었던 도쿄생활클럽의 소규모 반班조직을 통한 계약 주문과 공동 구입 방식을 적용해 무점포 소비조합을 열기로 했다.

원주교구의 각 본당 내 소그룹과 밝음신협 임직원들을 중심으로 소규모 반조직을 구성하기로 하고, 이듬해인 1985년 5월 18일 21명의 발기인이 처음 모여 원주 소비조합 창립 준비에 착수했다. 박재일은 이 모임에서 발기인 대표로 선출되었고 이후 무점포소비조합 운동의 취지에 대해 주변에 널리 알려나가기 시작했다.

"최근의 온산공단 집단발병사태 등은 공해에 대한 우리의 무관심에 일대 경종을 울려주었습니다. 일상적인 환경, 특히 식생활 주변의 환경이 안전함과는 점점 더 멀어지고 있으며, 불안이 고조되고 있는 가운데 우리가 먹는 음식물이 과연 안전한가 하는 의구심이 점차 현실로 드러나고 있습니다. 전 시민운동으로 전개해야 할 우리의 소비자협동조합은 점포를 가지고 온갖 물건을 진열해 놓고 파는 것이 아니라 필요한 물건을 직접 생산자와 거래하는 무점포 방식으로 하는 게 어떤가 하는 의논이 진행돼 오다가 이렇게 발기인 모임을 갖게 되었습니다. 단순히 점포를 가지지 않는 것이 중요한 것이 아니라 취급해야 할 품목과 질, 양도 직접 결정하고 함께 공동구입하는 것이 중요합니다."

당시 발기인대회에서 박재일이 원주소비자협동조합의 취지를 설명한 내용이다.

사회개발부는 원주에서 시작하는 무점포 소비조합을 향후 도시소비조합의 모델로 키워나간다는 목표 아래 원주교구 내 여성연합회, 본당부녀회뿐만 아니라 신자가 아닌 시민들까지 함께 하는 소비자협동조합을 준비했다. '직접 장을 보는 사람, 이 운동의 주체는 주부들이다!' 사회개발부의 새로운 사업은 주부들이 무점포소비조합의 주체가 되는, 생활 속에서 뿌리내리는 운동으로 방향을 정하게 된다.

6월 1일에는 가톨릭센터에서 박재일과 함께 일본 연수를 다녀온 이경국, 제자이자 동료인 임광호가 무점포소비자협동조합에 대해 소개하는 교육을 진행했다. 임광호는 박재일이 진광중학교에 처음 부임했을 때 담임을 맡았던 학생으로, 뒤에 경북대학교에 진학했다가 학생운동 때문에 제적당한 후 재해대책사업위원회 상담원으로 일하면서 다시 만났다. 그는 이후 원주소비자협동조합의 첫 번째 실무자로 일하며 조직의 기틀을 다졌고 나중에는 한살림 생산자가 되었다. 당시 교육에 참가한 사람은 모두 85명이었는데, 이들 가운데 조합 설립에 동의한 사람은 53명이었다. 이후 창립총회에서 실제 조합원으로 가입한 사람은 47명이었다. 미약해 보이지만 척박한 토양에 뿌려진 귀한 씨앗들이었다. 당시 원주소비조합의 조합원 가입 번호를 보면 1번 김영주, 2번 박재일, 3번 박양혁…… 등 재해대책위원회부터 사회개발 사업을 함께해온 원주의 활동가들이 먼저 팔을 걷어붙이고 시작한 일이었음을 알 수 있다.

마침내 1985년 6월 24일, 원주소비자협동조합이 공식 출범했다.원주소비자협동조합은 1990년 원주한살림으로 명칭을 변경한다. 박재일은 창립총회에서 원주소비자협동조합 초대 이사장으로 선출되었고, 부이사장은 신문자, 이사로는 장만자, 김숙자, 이긍래, 이경국, 박준길 등이 함께했다. 당시 조합의 가입비는 1,000원, 출자금은 10,000원이었다. 원주소비자협동조합은 원동성당 맞은편 가톨릭센터 건물에 있는 반지하 공간을 무상으로 빌려서 47명의 조합원들이 사전 주문한 유기농산물을 직거래하는 형태로 첫걸음을 뗐다. 출발부터 성당 부녀회원들이 큰 힘이 되었다. 박재일의 아내도 세례를 받은 이후 천주교회 안에서 열심히 활동하고 있었다.

"첫해 농약 안 친 배추로 김장을 한다고 성당에 모인 사람들이 잔뜩 기대를 하고 있다가 실망이 컸어요. 벌레 구멍이 숭숭 뚫리고 포기도 작아서 볼품이 없었으니까요. 그래도 배추가 참 맛있었어요."

박재일은 원주소비자협동조합에서 처음 공급한 횡성군 공근면의 김장 채소를 떠올릴 때면 거칠고 투박했던 배추의 맛이 혀끝에서 되살아난다고 했다. 어떻게 눈에 보이는 것만 가지고 그 배추의 가치를 따질 수 있겠는가. 맛이란 눈과 혀로만 느끼는 감각 이전에 의식이 먼저 작용한 결과라는 것을 처음 실감하게 해준 김치였다. 이전까지는 어디서 누가 어떻게 기른 것인지도 모르고, 아내가 해주는 대로 받아먹기만 했던 그였다. 그러나 이 배추를 기른 것은 그와 함께 새로운 꿈을 꾸기 시작한 농민들의 땀과 용기였다. 그들은 배추만 크게 잘 길러서 시장에서 비싼 값을 받겠다는 것이 아니라 농약을 치지 않는 대신 땅을 살려서 사람뿐 아니라 벌레와 새들과도 나누어 먹는 생명의 농사를 짓겠다는 어려운 각오를 한 사람들이었다.

그렇게 만든 첫 번째 김장 김치가 땅속에서 숙성되기를 기다릴 무렵, 박재일은 다시 새로운 구상을 펼치기 시작했다. 무점포소비조합이 가톨릭 신자들을 중심으로 한 농산물직거래운동을 겨우 시작했지만 원주라는 지역은 워낙 시장 규모가 작았다. 유기농산물을 통해 생명공동체운동을 지향한다는 목표를 분명히 한 이상 우리나라에서 가장 큰 소비 시장인 서울에 농산물직판장을 개설해야 할 필요성을 절감한 것이다.

'그래, 서울로 가자!'

박재일은 1985년 11월 미제레올에 원주교구 사회개발부 이름으로 '농산물직거래 및 농산물직판장 운영사업'이라는 새로운 프로젝트를 신청했다. 서울에 직판장을 설치하고 원주교구 내 농촌 부락에서 생산한 농산물을 직거래하면서 서울 지역 소비자 조직을 새롭게 만드는 데 필요한 자금을 요청한 것이다. 사실 이전까지 박재일이 박봉이나마 아내 손에 꼬박꼬박 월급봉투를 건네줄 수 있었던 것은 원주교구에서 진행한 모든 사업들이 독일의 미제레올이나 네델란드 세베모Cebemo, 지금은 Cordaid로 개칭 등의 외부지원으로 인건비를 충당할 수 있었기 때문이다. 그런데 1980년대에 들어서면서부터 한국의 경제발전상이 알려지면서 외국의 지원단체들은 원주교구에 대해 이제 스스로 자립할 필요가 있다며 사업비의 25~30퍼센트를 직접 부담하도록 요구했다. 그러나 아직 자립 기반이 약한 원주교구는 교회 밖에서 추진하는 사회개발사업까지 지원할 여력이 없었다. 이런 상황에서 1980년부터 1차 농촌소비조합육성사업과 2차 계속사업을 지원했던 세베모에서 1984년에 새롭게 신청한 농촌소비조합확장사업이라는 3차 프로젝트를 반려했다.27) 이는 사회개발위원회 활동에 막대한 타격을 주었다. 설상가상으로 미제레올에 제안한 새로운 프로젝트 역시 독일로부터 어떠한 답변도 없는 상태였다.

결국 박재일은 원주소비자협동조합이 꾸려진 이듬해인 1986년 1월, 동료 상담원이던 이경국, 김상범 등과 함께 사회개발부를 그만둘 수밖에 없었다. 이는 1983년 사회개발위원회가 원주교구의 사회사업국 사회개발부로 개편되면서부터 이미 예견된 일이기도 했다. 박재일보다 먼저 위원장이던 김영주를 필두로 여러 상담원들이 차례로 사표를 냈고, 그는 기존에 진행하고 있던 사업들을 마무리하느라 남아 있었다. 이제는 사회운동가로서 원주교구라는 울타리 밖으로 나와 홀로서기를 시작해야 할 때가 된 것이다.

그러나 재해대책사업위원회부터 사회개발위원회까지 오랜 시간 교회의 지원 속에서 사회정의를 위해 일해 온 상담원들은 당장 일자리를 잃고 스스로 호구책을 마련해야 하는 등 현실적인 어려움에 부딪혔다. 특히 다섯 딸을 부양해야 하는 박재일의 사정은 더욱 곤란했다. 그는 사회개발부를 그만두면서부터 일정한 소득이 끊겨버렸다. 물론 이전에도 월급 받은 대로 아내에게 온전히 다 가져다주지는 못했다. 때문에 아내는 크고 작은 부업을 늘 손에서 놓지 못했다.

"무슨 봉급이나 많이 받았겠어요? 여기 쪼금 줬어요. 간신히. 그냥 딴 데 공무원들 3분의 1 줬다고 할까, 그 양반들이 그렇게 살아나왔어요. (……) 장일순 선생님이 서울대학 나온 사람들, 둘 빼고는 다 붙들어 온 거지. 붙들어 와서 이렇게 좋은 사업 하고, 이렇게 우리 불쌍한 사람, 모르는 사람, 깨우치자는 애기를 하는데, 이 양반들 배웠다는 사람들이 참 '좋다' 그래서 우리도 좋다고 같이한 거여. 같이 농촌운동 하자고."28)

1973년 남한강 유역 수해 때 큰 피해를 본 경기도 여주군 대신면 양촌리 주민으로 재해대책위원회를 만나면서 새로운 세상에 눈이 뜨였다는 경근호의 말이다. 그는 대신신협 이사장으로 1979년 3월 창립된 농촌소비조합협의회 초대 회장을 역임하는 등 원주교구 활동가들과 오랜 기간 함께했다. 박재일이 수해로 길이 끊어진 마을까지 온종일 걸어서 찾아오던 재해대책위원회 상담원 시절부터, 그를 믿고 마을에서 계약 재배한 배추를 태백의 광부들과 직거래하는 일까지를 함께했던 사람이다.

평소 어렵거나 힘든 이야기를 잘 하지 않는 박재일도 사회개발부를 그만둔 이후 생활에 대해서는 이렇게 말했다.

"원주에서 처음 이사장을 맡아서 참 힘들었어요. 괜히 시작했구나 하는 생각도 많이 했어요. 나야 운동이란 시간과 노력을 먹고 자라는 거니까 힘들 수밖에 없다고 각오한 일이지만 아내한테는 너무 미안했어요."

'두드려라
그러면 열릴 것이다'

박재일은 생계 방편을 찾아 이긍래, 선종원 등과 함께 원주 기독병원 앞에 식당을 차리기로 했다. 1986년 봄이었다. 오랫동안 원주캠프의 사랑방 역할을 하던 덕수칼국수 집을 운영했던 이긍래의 경험을 믿고, 세 남자가 의기투합해 시작한 국밥집 이름은 천하태평이었다. 그런데 한창 개업 준비로 바쁜 와중에 박재일이 돌연 네덜란드 ISS Institute of Social Studies 연구소 초청으로 출국하게 된다. 이것이 그의 인생에 다시 한 번 극적인 전환점이 되었다. 박재일의 네덜란드 행은 에라스무스대학의 ISS 특별인권프로그램 Special Human rights에 참가하는 것이 목적이었지만, 오랜 시간 현장에서 쉴 새 없이 앞만 보고 달려온 그에게 외국에서 머리를 좀 식히고 오라는 배려의 뜻도 있었다. 하지만 그의 갑작스런 출국 때문에 아내는 집안 살림은 물론 남편 대신 식당 일까지 떠맡아야 해서 이만저만 고생이 아니었다. 천하태평이란 밥집 간판마저도 아내 이옥련에게는 멀리 떠나 있는 남편의 속없는 마음처럼 여겨지기도 했다.

한편 박재일의 네델란드 행도 순탄치는 않았다. 원주교구 사회개발부 소속일 때처럼 이번에도 지학순 주교가 신원보증을 해주고 나서야 겨우 출국할 수 있었다. 결국 박재일은 다른 참가자들보다 이틀이나 늦게 도착했는데, 연구소 내 기숙사가 다 차서 세미나 기간 내내 혼자 근처 민박집에서 출퇴근을 해야 했다. 첫날 숙소에 도착한 시각은 금요일 저녁, 이미 상점들이 문을 닫아 저녁은커녕 빵 한 조각 살 수가 없었다. 헤이그의 첫날밤은 아내가 보따리 속에 챙겨준 미숫가루로 허기진 배를 채워야 했다. 한국과 달리 이미 주 5일 근무가 정착된 곳이어서 주말에도 사정은 마찬가지였다. 3일을 내리 미숫가루만으로 버티다 월요일 아침 연구소에 도착해서 겨우 제대로 된 첫 식사를 하고 보니 빵이 그렇게 맛있을 수 없었다.

여보! 무척 힘이 들지요? 요 몇 달 사이 당신에게 너무 많은 정신과 육체의 충격이 있었으리라 생각됩니다. 넉넉지 못하지만 당신의 그 촘촘한 생활 꾸릴 계획 덕택으로 집안 일 모든 것 잊어버리고 하고 싶고 해야 할 일에만 전념할 수 있었던 것 깊이깊이 고마우면서도 또한 그것을 일시에 흔들리게 된 것 몹시 미안하오. (……) 어쩌면 당신에게 무거운 멍에만 지우는 것이 나 아닌가 하는 생각이 자주자주 뭉클거리고 있습니다. 어떻게 이렇게 돼버리지 않으면 안 되는 것 또한 내가 살아온 삶에서 연유된 것이라 생각합니다. 원채 얽히고설킨 지난 삶을 정리하고 그것 위에서 앞으로의 삶을 시작하려니 더욱더 무리가 오고 당신에겐 더 큰 무거운 짐을 지키게 하고 있습니다. 분명히 새 장을 열어가고 새 삶을 시작해 봅시다.

아이들은 모두 어떻고, 식당은 어떻소, 그리고 당신 건강은? 나 비록 지각생이지만, 언어가 통하지 않아서 답답한 경우는 많지만, 능력 미치는 한에 열심히 노력하고 있소……

- 1986년 5월 4일 헤이그에서 재일 드림.

미국 인디언 원주민 운동가와 필리핀, 타이, 남아프리카공화국 등 19개국에서 모인 사회운동가들이 참가한 세미나는 그해 4월 21일부터 6월 13일까지 열렸다. 튤립이 만개한 화려한 계절이었다. 그는 눈길 닿는 곳마다 펼쳐지는 아름다운 풍경들 앞에서 한국에서 고생하고 있을 아내와 어린 딸들의 얼굴이 눈에 밟혔다.

박재일은 기간 내내 말이 제대로 통하지 않아 어려움을 겪었다. 네덜란드에 가면 고종의 밀사로 만국평화회의에 참석했다 순국한 이준 열사 흔적을 찾아가보겠다고 결심했는데, 만나는 사람들마다 헤이그가 어디냐고 묻다가 허탈하게 웃은 일도 있었다. 그가 도착한 곳이 바로 헤이그였는데 '허그'라는 현지 발음을 알아듣지 못해서 생긴 에피소드였다. 영어 실력이 뛰어나다면 다른 나라의 사례들에 대해 훨씬 깊이 이해할 수 있었을 텐데 하는 아쉬움도 컸다. 한국에서 잠시나마 영어교사를 했다는 것은 별 도움이 되지 못했다. 중학교 때 영어 사전을 한 페이지씩 잘라서 가지고 다니면서 책 한 권을 통째로 외우는 식으로 공부했던 그였지만 이미 먼 과거의 일이었다. 맏딸 순원이가 중학생이 되었을 때도 자신이 했던 방법 그대로 '사전을 외워두면 고등학교에 가서 공부가 편해진다'고 권해보았지만, 부모의 낡은 방식을 오롯이 따르는 자식은 없었다. 그게 가능하다고 믿는 것 자체가 어리석은 일일지도 모른다. 세상은 빠르게 변하고 있었다. 그럼에도 변하지 않는 것은 분명 있었다. 박재일은 언어의 장벽보다 비슷한 생각을 가진 사람들끼리 통하는 정서적 유대의 힘이 더 크다는 것만큼은 금세 실감할 수 있었다.

공식적인 연수 프로그램을 마치고 나서는 15일간 배낭여행을 시작했다. 박재일은 마흔여덟 살이 되어 비로소 생애 처음으로 자유로운 여행자가 된 것이다. 외국에 나가는 일이 쉽지 않은 시절이라 보름가량 귀국을 늦춘 채 독일 등을 여행하기로 아내에게 양해를 구한 상태였다. 유럽 지도 하나만 들고서 잠은 숙박비를 아끼기 위해 기차에서 해결했고, 식사도 빵과 버터, 치즈 등을 사서 먹다보니 돈도 별로 들지 않았다. 그는 지리학과 출신답게 낯선 지역에 대한 호기심도 많았고, 평소 어떤 음식이든 거부감 없이 잘 먹어서 여행에 별 어려움이 없었다. 다만 간간이 전해오는 고국의 암담한 정치상황 때문에 마음이 무거웠다. 어린 딸들을 집에 두고 혼자 식당 일을 거드는 아내의 수고와 외로움도 말이 아니었다. 눈에 넣어도 아프지 않을 어린 막내딸이 언니들과 찬밥을 먹는다는 아내의 편지에는 가슴이 먹먹했다. 하지만 그는 잠시나마 눈을 질끈 감기로 했다.

  더구나 ISS 프로그램이 끝나갈 무렵 그는 원주교구에 고무적인 성과를 얻어냈다. 연수를 끝내기 하루 전인 6월 12일 세베모를 방문한 박재일은 기존에 반려된 농촌소비조합확장사업에 대해 설명하고 긍정적으로 재검토하겠다는 답변을 받아낸 것이다. 세베모는 한국 측에서 약속한 대부금 상환이 계획대로 이루어지지 않은 점 등을 이유로 계속 지원을 중단하고 있었다.[29] 박재일은 비록 개인 자격으로 방문했고 영어도 능숙하지 않았지만 그동안 사회개발위원회의 사업성과와 함께 한국의 급변한 정치 상황 때문에 1982년부터 제대로 활동하기 어려웠던 이유들에 대해 차근차근 설명했다. 다행스럽게도 사업 신청을 반려했던 담당자가 퇴사한 상태에서 새로 한국 관련 업무를 맡게 된 신임자가 박재일의 열정적인 설명에 좋은 인상을 받았다. 한국에 대한 정보가 거의 없던 그는 비로소 소비자협동조합에 대한 법적 지원이 없는 상태에서 국내 소규모 농촌 소비조합들이 겪고 있는 어려움과 활동가들의 헌신적인 노력에 대해 이해하게 되었다. 딱딱한 서류로만 주고받던 내용들이 서로 얼굴을 맞대고 대화하면서 궁금증이 해소되고 오해도 풀리게 된 것이다. 박재일은 세베모 측으로부터 빠른 시일 내에 한국으로 공식 답변을 보내겠다는 약속을 듣고 홀가분하게 네덜란드를 떠날 수 있었다. 원주에 있는 동료들이 기뻐할 묵직한 선물보따리를 마련한 기분이었다.

그런데 선물은 거기에서 그치지 않았다. 뜻밖의 더 큰 선물은 엉뚱한 곳에서 우연처럼 나타났다. 박재일이 헤이그를 떠나 네덜란드와 독일 경계에 있는 도시들을 여행할 때였다. 길 위에서 '아헨'이란 표지판이 그의 눈에 들어온 것이다. 아헨은 재해대책사업부터 사회개발위원회까지 그가 10여 년 넘게 몸담았던 원주교구의 제반 프로젝트 대부분을 지원해 준 미제레올이 있는 도시였다. 박재일은 주저 없이 아헨으로 발걸음을 돌렸다. 사회개발부에서 자신이 마지막으로 기안한 사업을 묻어둔 채 떠나야 했던 것이 내내 안타까웠던 그였다. '그동안 우리를 지원해 준 사람들한테 고맙다는 인사도 하고 여태 연락이 없던 이유나 물어보자.' 박재일은 그렇게 무작정 미제레올 본부를 찾아간 것이다. 당시 독일에서 만난 학창시절 친구인 박대원이 박재일과 동행해 통역을 맡아 주었다. 미제레올에서는 느닷없이 한국에서 찾아온 박재일을 보고 당황했다. 하지만 그 덕분에 당시 지원금 지급 담당자의 인사이동 때 기안 서류가 누락된 것을 발견하게 되었다.

"미안합니다. 인수인계가 제대로 안 된 걸 몰랐습니다. 돌아가서 기다리시면 곧 연락을 주겠습니다."

박재일로 하여금 사회개발부 활동을 정리할 수밖에 없게 만든 이유로는 너무 허무한 결론이었다. 그가 무모하다 싶게 미제레올을 찾아가 문을 두드리지 않았다면 이유조차 알 수 없는 상태로 사라질 운명에 처했던 일이었다.

"문을 두드리라 그러면 너희에게 열릴 것이니, 구하는 이마다 얻을 것이요 찾는 이가 찾을 것이요 두드리는 이에게 열릴 것이니라"는 마태오가 전한 복음의 한 구절이다. 박재일의 세례명이기도 한 마태오는 '신의 선물'이란 뜻이었다. 세베모 방문은 네덜란드 연수 프로그램 안에서 자연스럽게 이루어진 일이었지만 미제레올 방문은 예정에 없던 것이었다. 정말 뜻밖의 선물이었을까. 역사학자 E. H. 카는 "필연은 우연의 옷을 입고 나타난다"고 했다. 박재일이 헤이그에 도착하자마자 아내에게 쓴 편지대로 "분명히 새 장을 열어가고 새 삶을 시작해 봅시다"라고 했던 약속이 그저 빈말이 되지 않았다.

4부

사람과 자연,
도시와 농촌이 한살림

:1986~

도시와 농촌이
함께 살자

박재일은 한국으로 돌아왔다. 떠날 때와는 사뭇 다른 기분이었다. 미제레올에서는 박재일이 귀국도 하기 전에 원주교구로 농산물직거래·직판장운영사업의 지원 결정을 알려왔다. 그러나 실제로 자금이 집행되기까지는 우여곡절이 많았다. 미제레올의 지원금은 원주교구를 통해 집행해야 하는데 교구청에서 더 이상 사회개발과 관련된 사업을 계속할 수 없었기 때문이다. 사회개발위원회는 이미 해산했고 남아 있는 활동가들도 없었다. 김영주는 신용협동조합연합회 연수원장으로, 이경국도 신협중앙회 부회장으로 이직해 원주를 떠난 뒤였다. 이때 박재일을 도운 것은 최기식 신부였다. 최기식 신부는 광주항쟁 직후 원주로 피신한 김현장과 부산 미문화원 방화 사건을 일으킨 문부식과 김은숙 등을 보호한

일 때문에 구속되었다가 풀려난 이후 원주교구 사회사업국의 책임을 맡고 있었다. 1980년 이후 원주교구는 더 이상 사회문제에 직접 개입하기보다 사회복지사업에 집중하면서 사회개발위원회를 교구 사회사업국으로 변경했다.[30]

"교구청은 더 이상 이 일을 할 수 없어요. 이제부터는 나를 통해 미제레올에 보고만 하고 박재일 씨가 맡아서 진행해요."

이전까지 지학순 주교의 결재로 이루어지던 재해대책사업위원회 활동이나 사회개발사업과 달리 새롭게 시작하는 '농산물직거래·직판장운영사업' 프로젝트는 최기식 신부가 코디네이터가 되고, 박재일이 독자적으로 책임지게 된 것이다.

박재일로서는 원주교구 소속 직원으로 사회개발사업에 임할 때보다 훨씬 무거운 책임을 떠안아야 했다. 하지만 보다 자율적으로 사업을 벌일 수 있다는 점에서 기대도 높았다. 이제 원주교구라는 울타리를 벗어나는 진짜 모험이 시작되는 셈이었다. 미제레올은 서울 지역 '농산물직거래·직판장' 프로젝트에 필요한 전체 경비의 75퍼센트를 3년간 지원하기로 했다. 박재일은 1986년 11월 미제레올로부터 1차년도 첫 번째 지원금이 들어오자 가족들을 원주에 남겨 둔 채 혼자 서울로 향했다.

물론 그는 완전히 혼자는 아니었다. 원주에 내려가 있는 동안에도 전국의 가톨릭농민회 형제들, 고락을 함께한 7~80년대 민주화 운동을 함께한 동지들과 늘 연대하고 있었기 때문이다. 쌀가게 개업에 필요한 준비는 친구 김정남의 고종사촌인 서용식과 거농이라는 곡물상을 하던 최상순이 결합해 거들어 주었다. 박재일은 이제부터 본격적으로 '사람을 낚는 어부'가 되어야 했다.

사람을 찾는 일과 함께 사무실 겸 가게 터를 구하는 것도 급선무였다. 서울에서는 원주처럼 성당에서 무상으로 공간을 내주는 곳을 기대할 수 없었다. 며칠 발품을 팔아 동대문구 제기동 1120번지에 맞춤한 상점을 세 얻었다. 청량리에서 원주를 오가기도 좋은 위치이면서 근처에 경동시장이 있어 여러 모로 편리했다. 작은 상가 건물 1층에 20평 남짓한 공간이었다. 작은 방이 하나 딸려 있어서 필요할 때는 잠을 잘 수도 있었다.

가게를 얻고 개업 준비를 위해 뛰어다니던 그 무렵이었다. 1호선 전동차가 종로5가역을 막 출발할 즈음, 분주한 인파 속에 이리저리 떠밀리며 생각이 복잡했던 박재일의 머릿속에서 '한살림'이란 단어가 불현듯 떠올랐다. 요 며칠 그는 온통 새로 문을 여는 가게 이름에 대한 생각뿐이었다.

'그래, 한이야! 도시와 농촌이 한집 살림하듯 서로 도우며 살자! 한살림!'

마음에 쏙 드는 이름이었다. 제기동역 지하철 역사 계단을 올라오는 데 막혀 있던 것이 뻥 뚫린 것처럼 후련했다.

"선생님, 가게 이름을 한살림농산이라고 하려고요."

"한살림! 그것 참 좋은 이름이다. 한이라는 말, 정말 대단한 거야."

원주의 장일순도 한살림이라는 말을 크게 반겼다.

한살림, 박재일은 '함께 산다'는 그 말의 의미에 개인적으로도 뭉클한 감정을 느꼈다. 원주에 두고 온 가족들 때문에 항상 마음이 무거웠기 때문이다. 하루라도 빨리 새로운 사업을 안정시키고 식구들과 모여 살게 되기를 바랐지만 사정이 여의치 않았다.

"역사란 산 자의 것. 정말 용기 있는 자들만이 진정한 역사의 창조자이며 소유자인 것이라 믿습니다. 아빠! 저 열심히 살겠습니다. 수많은 난관과 장벽들이 가로놓일지라도, 결코 인생이란 장밋빛 환상이 아님을 인식하며 쓰러지지 않고 당당히 헤쳐 나가겠습니다. 언제부터인지 모르지만 삶에 집요한 애정을 느끼며, 고통까지도 사랑할 수 있는 느긋함과 배짱도 생기고 있어요. (……) 아빠! 언제나 존경하고 사랑하는 아빠! 무사히 돌아오시길 주님께 기도하겠습니다."

- 1986년 6월 3일 네덜란드로 박재일에게 보낸 박순원의 편지 중에서

박재일은 네덜란드에 있을 때 대학생인 맏딸이 보낸 편지를 떠올렸다. 딸이 편지에 쓴 '살겠습니다'라는 말이 예사롭게 들리지 않던 시절이었다. 1986년은 봄부터 서울대학교의 김세진·이재호를 필두로 대학생들의 분신과 투신자살이 이어지고 있었다. 생명을 던져 철벽같은 군부독재에 균열을 내려는 안타까운 몸부림이었다. 딸과 동시대를 사는 젊은이들에게 박재일이 당장 해줄 수 있는 것은 '함께 살자'는 말뿐이었다. 그것은 당부라기보다 스스로에게 하는 다짐이기도 했다. 어떻게든 암담한 죽임의 시대를 넘어서 '살아야' 한다고 그는 다짐했다.

두 돌이 겨우 지난 첫딸아이 하나를 데리고 서울을 떠났던 그가 다섯 딸의 아버지가 되어 다시 돌아왔다. 그도 어느덧 마흔아홉 살이었다. 원주로 내려갈 때처럼 한 치 앞이 보이지 않기는 마찬가지였다. 원주에서는 그나마 같이 살자고 손을 내밀어주던 스승과 친구가 있었다. 17년 만에 다시 돌아온 서울은 훨씬 더 크고 복잡해졌다. 어디에서부터 어떻게 시작해야 할까. 달리 정해진 길도 없었다. 루쉰도 '본래 땅 위에는 길이 없었다. 걸어가는 사람이 많아지면 그것이 곧 길이 된다'고 했다. 박재일은 누구도 간 적 없는 곳을 향해 얼마나 긴 호흡으로 인내하며 가야 할지 가늠할 수 없었다.

1986년 12월 4일, 드디어 '한살림농산'이 문을 열었다. 겉보기에 여느 동네 평범한 쌀가게와 다를 게 없었다. 그러나 개소식 풍경은 예사롭지 않았다. 제일 먼저 원주에서 올라온 최기식 신부가 가게 구석구석 성수를 뿌리며 축성을 해주었다. 장일순과 해직 교수였던 리영희, 가톨릭농민회의 이길재, 노동운동가 김규벽 등 여느 쌀가게 개소식과는 어울리지 않을 것 같은 면면들이 한 자리에 모여 축하하고 있었다. 그러나 누구보다 기뻐한 것은 한살림농산에 쌀을 대기로 한 농민이었다.

"공해문제만 이야기해도 불순한 사람 취급을 하던 그 시절에, 농약문제의 심각성을 생각하고 우리 쌀을 사 먹을 사람을 찾는다는 것이 그렇게 쉽게 되는 일이었던가? 나 혼자 그 일을 해내야 한다는 것은 역부족이었다. 그렇게 고생하던 중에 함께 농민운동을 하던 박재일 회장님이 '이제 서울에 입성하게 되었다'며 기쁨과 함께 결의에 찬 말을 하실 때의 모습이 지금도 생생하다. 1986년이 저물어 갈 무렵이었다. 그렇게도 어렵사리 농사지은 귀중한 내 쌀이 농약을 친 쌀과 똑같이 취급되어 팔려나가다가 비로소 그 쌀을 필요로 하는 한살림이 생긴 일이 얼마나 기쁘고 반갑던지……"31)

충북 음성 성미마을의 최재두가 훗날 한살림 소식지에 그때를 회상하며 쓴 글이다.

한살림을
시작하며

오늘의 세상은 너무나 많은 물건을 대량으로 만들고 써버립니다. 많고 높고 빠르면 좋고, 편리하면 더욱 좋은 것으로 생각하고 있습니다. 이처럼 좋은 듯 보이는 것이 우리로 하여금 안심하고 믿고 도우며 건강하고 만족스런 삶을 살게 하고 있는지요?

숨 쉬는 공기나, 마시는 물이, 농사짓는 땅이 살아 있는 제 모습을 잃어 갈 때 우리의 삶은 어떻게 될까요? 만듦이 있어야 쓸 수가 있고, 씀이 있어야 만듦이 필요하고 계속되지요. 원래 생산과 소비, 생산자와 소비자는 떨어질 수 없는 사이요, 서로를 필요로 하고 돕는 사이인데, 현실은 서로 갈등하는 사이가 되어버렸어요.

소비자는 누가 어떻게 만들어내고 생산자는 누가 어떻게 쓰는지 알 수가 없게 되었습니다. 그래서 우리는 더욱 서로를 믿지 못하게 되었습니다. 건강과 생명을 유지시켜 주는 음식물(먹을거리)을 생산하는 농업의 경우, 농민은 자기가 생산한 것을, 어디서 누가 먹는지 또 사는 형편은 어떠한지, 반대로 소비자는 자기가 먹는 것을 누가 어떻게 만들고 또 사는 형편은 어떠한지 알 수 없습니다.

농약과 화학비료를 치는 양이 해마다 늘어만 가고, 물은 오염되고 땅은 토박해지고 생명력을 잃어가고 있지요. 농민은 농약중독으로 고통당하고 농산물은 독극물에 오염되어 먹는 사람의 건강과 생명을 위협하고 있습니다. 어디를 가나 농약, 방부제, 착색제, 각종 식품첨가제로 뒤범벅된 식품이 범람하는 속에서, 가족의 건강과 생명을 지키기 위해 건강한 식탁을 꾸며야 할 어머니들은 어느 것 하나 믿을 수 없어서 불안합니다.

정말 안심하고 건강한 식품을 구해 먹을 수가 없을까요? 땅과 사람, 물건과 물건, 사람과 사람 사이가 갈라지고 못 믿는 사이가 되는 삶이 살림의 삶일까요, 죽임의 삶일까요? 또한 농산물 값이 내려가면 농민은 울고 소비자는 좋아하고, 농산물 값이 올라가면 소비자는 울고 농민은 좋아합니다. 이처럼 다른 이의 아픔이 나의 기쁨이 되는 삶이 옳은 삶일까요? 특히, 농산물은 유통과정이 너무 복잡하고 여러 손을 거치기 때문에 값, 품질, 수량 등이 조작되는 경우가 많습니다. 억울하지 않고 믿고 나누며 사는 길은 없을까요?

땅도 살리고 자신도 살고 소비자의 건강과 생명을 보호하려고 퇴비를 하고 김을 매고 땀 흘리며 정성들여 농사짓는 농민도 있고, 그런 농산물을 고대하는 소비자도 많습니다. 다만, 서로 만나지 못하고 믿지 못하지요. 가족이나 친한 사람에게 줄 것은 정성들여 만들지요. 받는 사람 또한 고마워하지요. 생산자와 소비자가 서로 만나게 되고 친한 사이가 된다면, 정성과 고마움이 나누어지지 않을까요?

한살림은 생산자와 소비자들을 만나게 하고 친한 사이가 되도록 하여, 생산자는 소비자의 생명을 보호하고 소비자는 생산자의 생활을 보장하는 사이가 되는 일을 하고자 합니다. 또한 농산물의 유통단계를 줄여서 과다한 유통마진을 줄이는 직거래활동을 펼쳐서 농산물의 품질이나 수량을 믿을 수 있도록 하고 적절한 가격으로 생산자와 소비자 모두에게 이익이 되는 일을 하고자 합니다. 그래서 땅도 살리고 건강하고 안전한 농산물이 생산되고 서로가 믿고 돕는 관계가 되고 모두의 건강과 생명이 보호될 수 있는 일을 하고자 합니다.

이 일은 한두 사람이 해서 될 일이 아닙니다. 여러 사람이 더불어 해야 가능합니다. 생산자와 소비자가 함께해야 가능합니다. 이 한살림운동에 많은 분들의 이해와 성원과 참여를 고대합니다. 이 운동은 많은 농민단체, 소비자단체가 협력하고 천주교 원주교구^{지학순 주교}가 뒷받침하여 시작하게 되었습니다.

- 1987년 정초에, 살림꾼 박재일 드림.

한살림농산이 문을 열면서 세상에 처음 내놓은 홍보 문건 〈한살림을 시작하면서〉에 박재일이 같은 제목으로 쓴 글이다. 이것은 그가 1985년 원주소비조합이 출범할 때 썼던 '소비자협동조합을 하는 이유'라는 글과 크게 다르지 않은 내용이다. 다만, 소비자협동조합에 한살림이라는 말이 더해진 점, 원주라는 작은 도시에서 서울이라는 광활한 무대로 전국을 향해 큰 포부를 밝히고 있는 것이 달랐다. 이로써 한살림은 생명을 살리는 농업을 근간으로 생산자와 소비자가 함께 참여하는 새로운 운동이 시작되었음을 세상에 공표한 것이다. 〈한살림을 시작하면서〉의 표지에는 "생산자는 소비자의 생명을 책임지고 소비자는 생산자의 생활을 책임진다"는 말이 쓰여 있었다. 사람들의 가슴을 뛰게 하는 말이었다.

한살림농산은 개인의 영리를 목적으로 운영하는 사업체도 아니고, 생산자와 소비자 중 어느 한쪽의 이익만 대변하는 유통조직을 만든 것도 아니었다. 이전에 있던 소비자협동조합의 구판장들과도 성격이 달랐다. 박재일이 농산물직거래를 통한 새로운 생명운동을 쌀가게라는 형식에서 출발한 것도 나름 이유가 있었다. 우선 원주와 달리 의지할 곳 없는 막막한 서울 한복판에서 신뢰를 쌓아갈 근거지가 필요했다. 그리고 누구나 밥을 먹어야 살 수 있기 때문에 생활의 근본이고 농업의 뿌리인 쌀로부터 출발하자는 생각이었다.

한살림농산에서 처음 취급한 농산물은 단출했다. 쌀과 달걀 그리고 참기름과 들기름, 메주 정도가 다였다. 무농약 현미와 백미는 충북 음성군 대소면 성미마을과 안성군 금광면 내유리에서 온 것을 20킬로그램에 2만 4,500원, 40킬로그램 4만 9,000원에 각각 판매했다. 중요한 것은 이 가격은 생산자와 소비자가 미리 약속한 것이고 연중 변하지 않는다는 점이었다. 대신 일반 쌀 중에서 밥맛이 좋다는 여주와 안성산 '아끼바리' 백미를 함께 취급했는데 이는 시세에 따라 가격이 달라졌다. 일반 쌀의 경우는 첫해 40킬로그램 기준으로 여주산 4만 원 안성산은 3만 8,000원씩 받았다.

당시 소비자들에게 경기미의 인기가 높았는데 시중에 워낙 원산지를 속여서 파는 것들이 많았다. 이 때문에 일반 쌀도 믿을 수 있는 물품을 공급해 신뢰를 쌓는 것이 중요하다 싶어 일부러 들여놓은 것이다.

"한살림농산의 생각에 공감하지만 상대적으로 값이 비싸서 무농약 쌀을 살 수 없는 소비자들이 많아요. 생산자들도 마찬가지예요. 당장 유기농을 시작하지 못해도 장차 한살림과 함께할 수 있게 우리가 먼저 손을 내밀어야 해요."

박재일의 말이다. 밥상의 근간인 쌀부터 당시 쌀가게의 슬로건이던 '신뢰와 건강을 생각하는 한살림'에 부합해야 한다는 게 그의 생각이었다. 쌀은 남녀노소 지위고하를 막론하고 만인이 평등하게 먹어야 하는 생존의 기본재였다. 그밖에 원주소비자협동조합에 공급하던 공근의 유정란을 한 판에 3,000원, 메주 1말은 1만 3,000원씩 연중 일정한 가격으로 공급했다. 또 원주소비자협동조합에서 생산하는 참기름과 들기름은 각각 6,500원과 3,000원에 팔았는데, 이것은 원재료를 수급하는 시세에 따라 가격 변동이 있었다.

한살림농산에서 농산물의 가격을 결정하는 데 가장 중요한 원칙은 생산자가 내년에도 자신의 소신대로 농사를 계속해 나갈 수 있도록 생산비를 보장하는 것이었다. 이 점은 이후 한살림물품

정책에서 일관되게 유지하는 중요한 원칙이 되었다. 그것은 박재일이 가톨릭농민회에서 오랜 기간 쌀 생산비 조사사업을 함께해 오면서 농민과 했던 약속이었다. 정부가 농민들의 생산비 보장을 손 놓고 있다면 우리라도 나서자는 것이 박재일과 한살림의 생각이었다.

충북 음성에서 무농약 쌀을 재배하는 성미마을은 가톨릭농민회 회원이던 최재영, 최재명 형제가 1978년부터 일체의 농약을 치지 않고 벼를 재배하면서부터 메뚜기가 되살아난 마을이었다. 스스로 농약 중독으로 쓰러진 경험을 딛고 일어선 최재영은 '총알보다 무서운 것이 농약공해'라는 신념으로 제초제를 쓰지 않고 일일이 손으로 피를 뽑으며 남보다 몇 곱절 힘들게 벼농사를 짓고 있었다. 메뚜기와 미꾸라지가 살아난 논을 지켜낸 농부가 용기를 잃지 않고 계속 농사를 지을 수 있도록 돕는 것, 박재일은 그것이 도시 소비자들이 농민과 함께 농사를 짓는 방식이라고 믿었다. 성미마을 농민들은 이후 한살림과의 약속에 힘입어 벼농사에서 김매기의 수고를 획기적으로 덜어준 우렁이농법을 처음 시작하는 등 우리나라 유기농업 기술을 발전시켜나가는 선구자가 되었다.

한살림농산에서 박재일의 하루 일과는 출근과 함께 가게 한쪽 구석에서 석발기를 돌려 쌀에 섞인 돌과 뉘를 골라내는 것으로 시작했다. 부지런히 작업을 해도 대략 한 가마의 쌀을 골라내는

데 족히 한 시간은 걸렸다. 어떤 날은 쌀에서 돌을 골라내 놓고도 주문이 한 건도 없어서 소포장한 쌀 포대를 손으로 뒤적여 뉘라도 없는지 다시 한 번 살피는 일을 반복했다. 꼼꼼하고 정갈한 성격 때문에 박재일의 손길 닿는 곳은 어디든 표시가 났다. 한동안은 주문 전화가 걸려오면 직원들과 환호성을 지르며 쌀 한 말 계란 한 판이라도 서울 시내 어디든 배달을 해주었다. 공급 업무를 전담하는 이들이 있었지만 나중에 일손이 바빠지면서 박재일도 직접 쌀을 배달했다. 가게 근처 단골로 이용하던 밥집에 쌀을 대는 것은 아예 그의 몫이었다. 그는 밥집에서도 특유의 친화력을 발휘해 가게 주인부터 한살림농산의 손님으로 만들었다. 한살림농산은 앉아서 손님이 오기를 기다리는 곳이 아니었다. 박재일이 스승으로 모시던 장일순은 동냥으로 하루를 살아야 하는 거지에게 거리의 행인이 하느님이듯, 가게 주인에게는 찾아오는 모든 손님이 하느님임을 잊지 말라는 당부를 했다. 박재일은 언제 어디서 누구를 만나든 밥을 먹는 모든 사람이 한살림운동을 함께해야 할 하느님이고 한 식구라고 생각했다.

이후 1987년 6월 항쟁으로 긴장이 높아가던 시기에는 '이 엄중한 시국에 생명운동이라니, 우선 정치권력부터 바꾸는 게 중요하지 않냐'는 질문들이 한살림농산 앞에도 쏟아졌다. 박재일은 최루탄과 화염병이 난무하던 6월의 거리로 나아가 시위대에 참여하기는 했다. 하지만 저녁이면 돌아와 내일이면 또 누군가의 밥상에 오르게 될 쌀에서 돌과 뉘를 고르는 일을 하루도 거르지 않았다. 그러면서 다짐했다. '권력이 교체된 뒤에도 모든 사람들은 변함없이 밥을 먹어야만 살 수 있다. 그러나 건강한 밥상을 차릴 수 있게 준비하는 일은 하루아침에 이루어지지 않는다.'

쌀 팔고 계란 팔며 행복한 사람들

대학 졸업을 앞두고 있던 윤희진은 졸업시험을 마치자마자 신촌에서 제기동으로 가는 버스에 올라탔다. 한살림농산에 면접을 보기 위해서였다. 쌀가게가 문을 연 지 보름 남짓 지난 1986년 12월 22일이었다. 그는 학창시절 기독학생연합회에서 김지하의 《밥》이나 녹색당을 소개하는 《생태학》 등의 책을 읽으며 세미나를 하던 생태문제 동아리 활동을 해왔다.

"한국에서 제일 훌륭한 농민운동가가 직거래운동하는 쌀집을 만드는 데 너도 같이 해볼래?"라는 동아리 선배의 말만 믿고 박재일을 찾아가는 길이었다. 버스에서 내려 정릉 천변을 따라 두어 정거장을 더 걸어가는 동안 도대체 그 농민운동가는 어떤 모습일까 상상해보았다. 죽창을 든 농민군의 우락부락한 얼굴밖에 떠올리지 못하는 자신의 상상력이 빈약한 게 아닌가 싶어 피식 웃음이 나왔다. 사실 그동안 자신이 활동하던 동아리는 그 무렵 계급이나 민족문제를 수로 이야기하는 일반적인 학생운동 그룹과 많이 달랐다. 치열한 학내 분위기에서 '생명'이나 '생태' 가치를 말하는 것에 대해 개량주의라고 비판을 하는 이들도 적잖았다.

당시 대학가 벽화 같은 데 등장하는 죽창 든 농민군을 상상하던 윤희진의 기대와 달리 '한살림농산' 간판 앞에는 말쑥한 차림의 사내가 조용히 비질을 하고 있었다. 고요한 산중 절집에 옮겨놓아도 어울릴 것 같은 정갈한 모습이었다. 비질을 끝낸 박재일이 가게 앞에 한참을 서 있던 윤희진을 먼저 알아보았다. 박재일의 눈에도 단발머리에 수수하고 꾸밈이 없는 윤희진이 마치 고등학교에 재학 중인 둘째 딸처럼 앳돼 보였다.

한살림농산 사무실에는 전화기가 놓인 책상 두 개와 철제 의자 그리고 앵글로 짠 선반에 계란과 참기름병 그리고 석발기 옆에 놓인 쌀 포대, 앉은뱅이저울 등이 전부였다. 다른 직원들은 모두 배달을 나가고, 박재일 혼자 사무실을 지키고 있다고 했다.

"우리 농업을 살리는 일을 도시에서 해보려고 하는데 어때 같이 해볼래?"

윤희진은 비질을 하고 있던 그의 모습을 보고 이미 마음을 정한 상태였다.

"네!"

두말없이 다음 날부터 출근하겠다고 약속했다. 그리고 자취방으로 돌아가는 길에 곧바로 제주도에 있는 엄마에게 전화를 걸었다.

"엄마, 내가 정말 좋은 분을 만나서 함께 일하게 됐어."

그런 윤희진에게 자신 있게 한살림농산을 소개한 선배는, 원주교구에서 박재일과 오랜 시간 함께 일했던 김영주의 둘째 아들 김기섭이었다.[32] 윤희진은 면접을 본 다음 날부터 한살림농산에서 전화 주문과 장부 정리 같은 일을 시작했다. 그는 한살림농산의 첫 번째 여성 살림꾼이었다. 따로 직책이 없이 서로를 평등하게 살림꾼이라 부르기로 했다. 그가 하는 일들 대부분은 고등학교만 졸업한 학생들도 능히 해낼 만한 것이었다. 제주도에서 농사를 짓는 부모님이 서울로 유학을 보낼 정도로 기대를 받던 윤희진은 그 무렵 학교에서 배운 지식들에 대해 회의하고 있었다. 쌀가게로 출근한 뒤로는 학벌이며 대학졸업장이 얼마나 공허한 것인가 더욱 절절하게 느끼고 있었다. 특히 일일이 손으로 적는 회계 장부를 정리할 때면 진땀을 뺐다. 번번이 계산이 틀려서 혼자 눈물을 흘리는 일도 많았다. 또 생산지에서 쌀이 올라오면 남자 직원들과 함께 트럭에서 가게 안으로 쌀자루를 날라야 했다. 뿐만 아니라 근처 경동시장에 가서 동태를 사다가 찌개를 끓이고 공급 과정에서 깨지거나 남는 유정란을 모아 계란말이 같은 반찬을 만드는 일도 윤희진이 나서서 했다. 누가 시켜서 억지로 하는 게 아니었다. 아버지 같은 박재일이나 다른 실무자들 역시 그와 같이 자취를 하는 처지여서 한 끼라도 따뜻한 밥을 나누어 먹는 게 좋겠다 싶어 자청한 일이었다. 이해득실을 따지는 눈으로는 이해할 수 없는 일들을 기꺼운 마음으로 해낸 씩씩한 직원 하나만 보아도 한살림농산이 단순한 쌀가게가 아니었다는 것을 알 수 있다.

"한살림이란 이름이 너무 좋았어요. 이름 자체가 단순하면서도 실천적으로 다가와 감동을 주었어요."

윤희진은 누군가 왜 이렇게 힘든 일을 하게 됐느냐고 물으면 또랑또랑한 목소리로 대답했다. '고작 쌀 팔고 계란 파는 일'을 하려고 그렇게 힘들게 공부했느냐는 질문은 사실 한살림농산의 큰살림꾼 박재일에 비하면 오히려 우스운 이야기로 들렸다.

윤희진이 결합하고 두 달여쯤 뒤에 시간이 지났을 때, 이상국도 출근을 시작했다. 이상국은 1976년 박재일이 가톨릭농민회 홍보부장으로 발탁했던 후배였다. 학창시절부터 영남대학교 농촌문제연구회에서 농촌 현실 개선을 위해 노력하던 이상국은 박재일에게 후배라기보다 농민 운동의 오랜 동지였다.

"상국아, 고향으로 귀농하는 것도 좋지만 예수가 어디 고향에서 환영받았냐? 다른 곳도 좀 가보면서 살 만한 곳이 어딜지 돌아보는 셈 치고 와서 도와다오."

　　박재일은 가톨릭농민회에 사표를 내놓고 무조건 고향으로 내려가겠다는 이상국을 그렇게 붙잡았다. 이상국은 가톨릭농민회에서 3년 넘게 사표 수리를 해주지 않자 이번에는 단단히 벼르고 있었다. 1976년 한 달에 쌀 닷 말로 시작한 월급이 1년에 한 말씩 오르는 가톨릭농민회 활동가 생활을 10년이나 버텨온 그였다. 5·18 직후에는 보안사 분실에 끌려가 고문과 매타작을 당하기도 했던 그가 이제는 어머니 곁에서 직접 농사를 지으며 현장 속 농민운동을 하고 싶다고 했다. 박재일은 그 마음을 모르는 바가 아니었다. 이상국은 11남매의 장남이었고, 그의 아내는 대구에서 교사 생활을 하다 혼자 아이를 키우느라 학교까지 그만 두고 월부 책장사와 보험 영업으로 생계를 꾸려가고 있었다.

　　"서울에는 한 달에 반만 출근하고 나머지는 생산지 돌아다니면서 사람들 만나고 그러면 안 되겠나."

　　"그래, 상국아. 네가 아니면 누가 하겠나. 우리도 도울게."

　　곁에서 이길재와 조희부가 박재일을 적극 거들었다. 두 사람 모두 한살림농산이 문을 열기 전부터 함께 머리를 맞대고 의논하던, 말하자면 사실상의 이사회 역할을 하고 있었다. 나중에 한살림 유정란 생산지인 눈비산마을의 대표가 되는 조희부는 박재일이 재해대책위원회에서 일할 때부터 충북농촌개발회에서 농민운동을 함께했다. 그는 괴산지역에서 생산한 고추를 도시의 신협과 직거래 하면서 큰돈을 떼인 경험도 있었다. 때문에 박재일이 시작하는 사업에 대해 누구보다 걱정이 앞섰다.

"나도 처음엔 힘들다고 많이 말렸다. 하지만 재일 형 고집 알지? 한번 하겠다면 물속으로라도 걸어갈 사람 아니냐. 네가 아니면 누가 도와주겠나."

조희부는 한 달 전쯤 박재일과 함께 충북 음성의 성미마을로 최재영을 만나러 갔던 이야기도 들려주었다.

"혼자 힘들게 농약 안 치고 농사짓는데 누구 하나 알아주는 사람이 있나. 우리가 팔아보겠다고 하니 그렇게 좋아하더라. 여태 우리가 농민들 고생한 거 제값 받게 하자고 싸우지 않았냐."

이미 가톨릭농민회에서 생명공동체운동을 펼쳐나가기로 마음을 모았던 이들은 누군가는 맨발로라도 먼저 가시밭길로 나아가야 한다고 생각했다. 하지만 줄곧 농민회에서만 뼈가 굵은 후배가 이제라도 가정을 돌보고 싶다는데 '차비라도 벌 요량으로 도와 달라'는 부탁은 차마 못 할 소리였다. 그랬던 이상국이 박재일을 믿고 덜컥 서울로 올라온 것이었다.

이상국이 나타나자 박재일의 얼굴에 함박웃음이 번졌다. 그는 한시름 놓았다는 표정으로 대뜸 새로 만드는 한살림 소식지의 교정지부터 내밀었다. 한살림농산을 처음 소개한 〈한살림을 시작하면서〉는 박재일이 혼자 원고를 쓰느라 고생한 것을 당시 공해추방운동연합 공동의장을 맡고 있던 최열이 편집과 인쇄 제작 등을 도와주었다. 그러나 이후 소식지를 정기적으로 발행하는 일은 여간 걱정이 아니었다. 한살림농산이 단순히 쌀을 사고파는 가게가 아니라 생산자와 소비자를 만나게 하는 운동의 교두보가 되려면 무엇보다 서로의 마음을 나누는 소식지의 역할이 중요했기 때문이다.

"이거 빨리 인쇄소 넘겨야 한다. 상국아 부탁한다."

이상국은 박재일의 표정을 보고 웃음부터 나왔다. 가톨릭농민회 시절에도 그랬다. 오늘 밤 안에 성명서를 만들어서 내일 집회에 뿌리는 식의 급박한 일처리가 불가피했다. 밤낮없이 전국을 돌아다니며 전투적으로 일해온 사람들이었다. 박재일은 눈을 동그랗게 뜨고 놀라는 이상국을 보고는 한 술 더 떴다.

"온 김에 참기름이랑 들기름에 붙일 상표도 하나 만들고 가라. 저게 맨날 바뀌어서 애먹는다."

박재일은 똑같은 소주병에 색인표만 붙여놓은 기름병을 가리키며 빙그레 웃었다. 지학순 주교가 축성한 원주소비자협동조합의 기름틀에서 조합원들이 직접 짜낸 참기름과 들기름이었다. 참기름이란 말이 진짜라는 뜻인데도 굳이 '진짜 참기름'이라고 강조해야 할 만큼 시중에 가짜가 판을 치던 시절이었다.

"형님! 이래 일을 쌓아놓고 한 달에 반만 근무하란 말입니까?"

결국 이상국은 인사차 올라온 첫날부터 일감을 싸들고 대구로 내려가야 했다. 돌아가는 길에는 일부러 제기동에서 서울역까지 하염없이 걸었다. 생각이 많을 수밖에 없었다. '재일이 형한테 코가 꿰였구나.' 하지만 박재일이라면 아무리 험한 길이라도 어디든 함께 갈 수 있겠다는 엄두가 났다. 누구보다 믿고 의지해온 그가 동분서주하고 있는 모습을 외면할 수도 없었다. 사실 가정 형편을 보면 아직 어린 두 딸을 둔 자신에 비해 박재일의 어깨는 곱절은 더 무거운 상황이었다. 가톨릭농민회 회장까지 지낸 박재일이 초라한 쌀가게를 열고 신념에 차서 이야기 하는 것이 '보통 용기 있는 사람이 아니면 할 수 없는 일'이다 싶었다. 솔직히 '이게 되겠나!' 하는 의구심도 없지 않았다. 그러나 박재일에게는 시대정신에 대한 통찰, 시대와 민중들의 요구는 언젠가는 이루어진다는 무모한 확신 같은 게 있었다. 인생 자체를 그렇게 살아온 사람이니, 이상국은 믿고 따를 수밖에 없었다.

사실 이상국은 쌀가게에 들르는 순간부터 이미 한살림 일을 시작하고 있었다. 그는 서울역까지 걸어가는 내내 거리의 간판들을 유심히 살펴보면서 '돈은 적게 들면서 한살림을 눈에 잘 띄게 할 방법이 뭘까' 고민하고 있는 자신을 인식했다. 그로부터 3일 뒤 이상국은 한살림의 첫 번째 소식지와 상표를 만들어 가지고 상경했다. 첫날은 체면치레로 결혼식 때 딱 한 번 입었던 양복까지 차려입고 왔지만 이번에는 아예 짐 가방까지 꾸리고 편한 작업복 차림이었다. 박재일은 무척 기뻐했다. 가톨릭농민회 시절부터 줄곧 생명농업과 농적 가치를 중심에 둔 훌륭한 소식지를 만들어 온 이상국은 그의 기대를 저버리지 않았다. 참기름과 들기름 병에 붙이게 될 한살림의 첫 번째 상표에는 '생산자는 소비자의 생명을 책임지고 소비자는 생산자의 생활을 책임지는 한살림'이라고 적혀 있었다.

박재일의 손을 잡는 것이 가시밭길을 함께 걷는 길임을 이상국은 각오하고 있었다. 하지만 한살림농산이 한동안 고전을 면치 못할 때의 답답함이란 이루 말할 수가 없었다. 미제레올로부터 받는 지원금은 전체 경비의 75퍼센트이고 나머지 25퍼센트는 자부담이 원칙이었는데, 그것도 3개월에 한 번씩 프로젝트 수행 결과 보고서를 독일로 보내 승인이 떨어져야 다음 지원금이 나오는 식이었다. 그렇다보니 처음에는 생산자들로부터 물품을 들여놓을 돈이 없어서 백방으로 뛰어다니기까지 했다. 박재일이 창립 멤버로 참여했던 원주 밝음신협으로부터 신용대출을 알아보았으나 그마저 어렵다는 통보를 받았을 때, 이상국은 개탄했다. "아, 우리 형님 신용이 이거 밖에 안 됩니까." 사실 박재일은 나이 오십이다 되도록 가톨릭교회에서 받던 월급 외에 달리 돈 버는 일이라고는 해본 적도 없던 사람이었다.

두 사람은 생산지를 수소문하기 위해 지방을 돌아다니다 밤늦게 돌아올 때면 서울역 뒤편에서 술을 마시며 서로의 속내를 털어놓는 일도 가끔 있었다.

"상국아, 이래 가지고 우리 되겠나?"

"형님, 세상을 바꿔보겠다고 시작한 일이잖아요. 저기 종근당 좀 보세요. 우리 저기보다 딱 1년만 더 해보고서 그만두던가 합시다."

충정로에 우뚝한 빌딩을 사옥으로 세워놓고 있던 제약회사의 광고탑에는 '종근당 34년'이라는 글귀가 서울역에서도 한눈에 보였다.

아파트는
한집살림이다

1988년 1월, 고등학교 3학년이던 둘째 딸 정아의 대학 입학시험이 끝나자 1년여 넘게 떨어져 살던 가족들이 드디어 한집에 모여 살게 됐다. 서울 한복판에 아파트 한 채를 마련하기 위해 제기동 가게 근처 단독주택 2층에 얻었던 셋방과 원주 개운동 마당 있는 집을 모두 처분하고도, 그동안 어렵사리 모아온 적금통장들을 모두 깨야 했다. 전에 살던 집 주인의 대출금을 인계받는 조건으로 급매로 나온 싼 집을 덜컥 계약했는데, 아내는 이삿짐을 푼 뒤에도 한동안 잠을 이루지 못했다. 서울 하늘 아래 집 한 채를 겨우 마련했지만 수중에 돈이 한 푼도 남아 있지 않은 것이 불안했다. 언제 또 남편 월급이 끊어질지 모른다는 걱정 때문이었다.

"여보, 너무 걱정 하지 마. 어떻게든 잘 될 거야. 이제 우리

한데 모여 살게 됐잖아. 앞으로는 좋은 일만 생각하자고."

박재일은 아내를 다독였다. 하지만 그는 가정 경제를 꾸려가는 데에는 여전히 무심했다. 사실 이제껏 자신이 가져다주는 박봉만으로 어떻게 아내 혼자 아이 다섯을 반듯하게 건사해 왔는지 신기하기도 했다. 그저 알뜰한 아내가 고맙고 대견할 뿐 달리 할 말이 없었다. 아내는 한숨을 내쉬면서 '그래, 매일 밥이라도 같이 먹는 걸 감사하자'며 스스로를 달랬다. 혼자 제기동으로 올라간 뒤로는 한 달에 한 번 겨우 얼굴을 보기도 힘들던 남편이었다. 어쩌다 밤늦게 야간열차에 몸을 싣고 원주로 내려올 때면 피곤에 찌든 남편의 허름한 행색을 보고 화가 나기도 했다. 물론 원주에 있을 때도 한집에 살면서 얼굴 맞대고 있는 것보다 밖으로 나돌던 시간이 훨씬 많던 사람이었다. 어느 해인가 성모회 식구들과 주교관으로 세배를 하러 가서는 지학순 주교 앞에서 하소연을 하기도 했다.

"어, 박재일 각시야. 어서 와."

지학순 주교가 이옥련의 손을 덥석 잡으며 반가워했다.

"그래, 자네 재일이한테 뭐 원하는 거 없어?"

이옥련은 곧이곧대로 말했다.

"아이고, 주교님. 매일 출장만 가고 밤이고 낮이고 집에는 통 없어요. 어떻게 그런 것 좀 시정 안 될까요?"

그러나 지 주교로부터 돌아온 대답은 기가 막혔다.

"에이, 사내자식이 집구석에 가만히 있으면 뭐 하나? 재일이가 대한민국 제일인 남자야!"

남편이 원주교구에서 일하는 동안은 도대체 무슨 일을 벌이고 다니는지 통 알 수도 없었다. 종종 집으로 경찰이 드나들기도 했지만, 주교님과 함께하는 일이니 하느님이 뒤를 봐주시리라 믿으며 기도만 할 뿐이었다. 그런 상황에서 갑자기 원주를 떠나 서울로 돌아간다고 했을 때, 이옥련은 이제 좀 형편이 나아질까 기대 아닌 기대도 했었다. 원주에서 동고동락했던 다른 사람들처럼 남편도 서울에 가면 뭔가 나은 일자리가 있지 않을까 생각했기 때문이다. 그런데 박재일은 제기동에 쌀가게를 차린 것이다. "아니, 학교 다닐 때 그렇게 머리가 좋던 우리 재일이가 서울 가서 쌀 팔고 계란 팔고 있냐"는 시어머니의 푸념을 도맡아 듣는 것도 힘겨웠다. 친척들을 만나도 뭐라고 설명할 말이 마땅치 않았다. 어느 날인가는 시어머니의 지청구를 못 견디고 "어무이, 그게 뭐 그리 창피한 일입니까. 우리 사는 데 가장 기본적인 거 살린다고 아범이 애쓰고 있는데." 이렇게 말대꾸를 한 적도 있었다. 하지만 남편에 대한 서운함이 다 가신 것은 아니었다.

잠실역 인근에 덜컥 집을 구한 것은 "아이들이 다섯이나 되니 어느 학교에 갈지 모르니까 무조건 서울을 순환하는 전철 2호선 주변에 집을 사라"고 한 친구들 때문이었다. 박재일은 1988년 1월에 이 집으로 이사한 뒤 2010년 8월까지 그곳에서만 살다가 세상을 떠났다. 서울에 올라온 이후 줄곧 한집에서만 산 것이다. 그는 마당이 있는 집으로 이사를 하고 싶어 했지만 그 집을 둥지처럼 지키며 아이들을 건사하겠다는 아내의 의지가 워낙 완강했기 때문에 그곳을 떠나지는 못했다.

시골에서 올라온 딸들은 난생 처음 겪는 고층 아파트 생활이 낯설고 서먹했다. 당시 원주에는 5층짜리 주상복합 건물이 딱 하나뿐이었다. 고등학교에 다니던 둘째 딸마저 선생님으로부터 "서울은 아파트라는 게 있는데 옆집도 모르고 서로를 호수로 부르고 물도 사 먹는다"는 이야기를 듣고 그런 데서 어떻게 살까 걱정부터 했다. 매연 때문에 한동안 가족들이 힘들어 했는데 아이들 모두 차멀미가 심했다. 엘리베이터에 적응하는 데도 꽤 시간이 걸렸다. 그럼에도 아내와 아이들 모두 새로운 환경에 정을 붙이고 안정을 찾아가고 있었다. 무엇보다 부엌 옆에 딸린 쪽방까지 방이 네 개나 있어서 일곱 식구가 생활하기에도 맞춤했다. 원주에서는 방 세 칸짜리 집에 살면서도 늘 방 한 칸은 따로 세를 놓아야 했다. 맏이가 부엌에 딸린 가장 좁은 방으로 독립을 하고, 둘째와 셋째 그리고 넷째와 다섯째가 함께 방을 쓰면서 비교적 만족스러운 서울살이가 시작되었다.

그러나 일찍 서울살이를 겪어본 박재일에게도 마당 없는 상자 같은 아파트가 여간 낯설지 않았다. 원주에서는 비록 좁지만 마당에 꽃과 나무를 가꾸는 재미가 있었다. 거기 비하면 아파트는 감옥과 다를 바 없었다. 결국 책을 읽거나 책장의 먼지를 닦고 번번이 책 정리를 다시 하는 것밖에 그가 집안에서 달리 할 수 있는 일이 없었다. 그렇지 않으면 베란다에서 담배를 태우며 먼 하늘을 바라보는 게 전부였다. 하지만 시간이 지날수록 14층짜리 '건물 한 동에 100여 집 넘게 벽을 맞대고 살고 있는 아파트야말로 커다란 한집살림이 아닌가' 하는 생각이 들었다.

'우리가 지구 위에서 대지와 공기와 물을 공유하며 모든 생명체와 한집살림을 하는 것처럼 아파트는 벽이며 천장 그리고 바닥을 이웃과 함께 쓰고 있구나' 하고 마음을 달리 먹으니 답답하고 삭막한 구조와 풍경마저 정겹게 느껴졌다. 아파트는 한살림공동체를 꾸리는 데도 안성맞춤이었다. '이 넓은 서울엔 사람은 많은데 진짜 이웃이 없구나!' 하고 탄식하던 그에게 새로운 희망이 보이기 시작한 것이다. 우리가 먼저 이웃을 만들면 행복은 저절로 따라오겠다 싶었다. 박재일은 장미아파트에 둥지를 튼 이후, 아내가 팔을 걷어붙이고 한살림운동에 앞장서는 모습을 보면서도 자신의 생각이 틀리지 않았음을 확인했다.

"여보, 오늘 13층에 성당 다니는 분이 있다고 해서 내가 무작정 찾아갔어요."

아내는 경비실에 물어 천주교 교우의 집이라는 십자가 표시만 보고 벨을 눌렀다고 했다. 그렇게 인사를 나누고 나서는 덜컥 성당 모임 반장까지 맡았다고 해서 그를 놀라게 했다.

"이 집 팔고 간 사람이 반장이었다고 새로 온 사람이 그 자리도 맡으라지 뭐예요."

아내는 마지못해 일을 떠맡았다 했지만 싫지 않은 눈치였다. 집안 식구들 중에서 가장 늦게 세례를 받을 정도로 종교 문제에도 고집이 센 사람이었다. 하지만 일단 결심이 선 뒤부터는 누구보다 열심이었다. 아내는 새로운 교우들을 중심으로 적극적으로 사람을 사귀기 시작하더니 오래지 않아 같은 아파트 단지에서만 50여 가구 넘게 한살림 회원을 조직해냈다. 사실 이옥련은 처음에는 어떻게든 조합원을 늘려서 남편의 어려움을 덜어주어야겠다고 시작한 일이었다. 하지만 시간이 지날수록 한살림 덕분에 사람 사는 재미에 흠뻑 빠져든 자신을 발견하며 흐뭇했다.

"여보, 이제야 고백하는데 이사 오고 얼마 안 되어서 성당에서 전화가 왔었어요. 원주교구 신부님이 연락하셔서 우리 형편이 너무 어렵다고 도와주라 하셨대요. 내가 고맙지만 마음만 받겠다고 거절했어요."

자존심 강한 아내는 그때부터 더욱 기를 쓰고 한살림 조합원

늘리기에 앞장섰다고 고백 아닌 고백을 했다. 조합원이 늘어간다고 보험회사 영업사원처럼 수당이 생기거나 남편 월급이 올라가는 일이 아닌데도 아내는 점점 더 재미있고 신이 난다고 했다. 비로소 박재일은 아내와도 함께 손을 맞잡고 한길을 가게 된 것이다. '그래, 한살림은 이런 거지!' 그는 이전까지는 행여 마음 약한 아내가 상처를 입을까 걱정해 밖에서 일어나는 일들에 대해 일체 입 밖에 내지 않았다. 원주에 사는 동안은 무슨 일을 하든지 정보기관에서 현미경으로 관찰하듯 들여다보고 있었기 때문에 아예 가족들에게는 알리지 않는 게 낫겠다 싶은 생각도 있었다. 그런 면에서 한살림운동은 이전까지 해오던 사회운동과는 생각도 풀어가는 방식도 달랐다. 누구에게 맞서 싸우고 저항하는 것만이 운동이 아니었다. 생활하는 사람들이 삶의 현장에서 협력하며 무엇인가를 일궈가는 새로운 차원의 운동이 펼쳐지고 있었다. 운동의 주역도 지사풍의 운동가들이 아니라 땅에 발 딛고 살아가는 이웃들, 농민과 주부들인 점도 새로웠다.

더디 가도 바른 길로,
함께 가자

도시와 농촌이 함께 살아가는 한살림운동이 지속가능하려면 어떤 조직의 틀을 선택할 것인가. 또 농업 살림을 근본으로 삼는 생산과 소비의 관계는 무엇일까. 한살림농산이 미제레올에서 3년 동안 지원을 받는 '농산물직거래·직판장운영사업'의 시행기관이라면 이를 기반으로 한살림운동을 지속적으로 펼쳐나갈 새로운 방법을 찾아야 했다. 한살림농산이 일정 궤도에 오르자 박재일의 고민이 한층 깊어졌다. '한살림농산을 이대로 사업체로 키워낼 것인가 아니면 생활협동운동의 밑거름이 되게 할 것인가.' 일본은 이미 20년 가까이 소비자 공동구매 운동을 중심으로 생활협동조합을 운영하고 있었다. 도쿄를 중심으로 활동하는 '대지를 지키는 모임'은 유기농 먹을거리 직거래운동을 통해 자국 농업을 지키고 생태환경을 보존하면서 소비자들의 건강도 지키는 것을 목표로 삼은 점은 한살림이 추구하는 가치와 흡사했지만 외형은 주식회사 형태였다.

'내가 살아온 방식이 협동의 경험밖에 없다. 생활자들이 자기 삶을 살리는 일을 해보자.'

결국 박재일의 선택은 시장에서의 경쟁이 아니라 '협동'이었다. 그는 원주에서 오랜 시간 공을 들여 온 것처럼 서울에도 협동조합을 결성하기로 했다. 어떻게든 협동의 원리에 따라 한살림농산의 소유를 공공화하고 운영을 민주적으로 하겠다는 것이 그의 생각이었다. 이런 생각에서 마침내 서울에서 한살림공동체소비자협동조합이 탄생하게 된다.

박재일은 우선 이화여대 이효재 교수를 위원장으로 선임해 협동조합 준비위원회를 꾸렸다. 이효재는 당시 윤희진과 함께 일하던 한살림농산의 교육 담당 실무자인 서혜란의 스승이었다. 마침내 1988년 4월 21일 한살림공동체소비자협동조합의 창립총회가 열렸다. 이 자리에서 천주교 인성회에서 활동하던 이순로가 초대 이사장으로, 주부아카데미 출신 이승리가 부이사장으로 추대되었다. 이사회는 박재일 한살림농산 대표와 이상국 외에 이효재, 문혜영, 박희경, 신경은, 신화식, 황희정, 한은수, 임창희, 서혜란, 김경자, 정양숙 등 주로 여성 중심으로 꾸려졌다. 한살림공동체

소비자협동조합이란 이름을 내걸었지만 한살림은 지금까지 존재했던 어떤 형태의 협동조합과도 다른, 전혀 새로운 조직이었다. 당시로는 생산자와 소비자가 함께하는 생명운동단체라는 틀에 적합한 옷이 없었다. 법제도에서 허용하는 조직 가운데 가장 가까운 형태가 소비자협동조합이었기 때문에 우선은 이 조직의 틀을 선택한 것이다. 한살림과 소비자협동조합 사이에 굳이 '공동체'라는 단어를 넣은 것도 그런 고민을 반영한 결과였다.

박재일은 이때 기존에 한살림농산을 이용하던 고객 1,500여 명에게 일일이 한살림공동체소비자협동조합에 조합원으로 가입하도록 권유했다. 하지만 창립총회에 동참한 사람이 고작 70여 명이었다. 그는 포기하지 않았다. 박재일은 미제레올에서 지원금을 받는 동안 협동조합의 기반을 만드는 모든 지원을 다하고 나면 한살림농산은 없어져도 된다고 생각했다. 그래서 인건비와 차량은 물론 공급에 필요한 일체의 비용을 한살림농산이 담당하면서, 물품 판매 수익은 모두 협동조합의 회계로 처리했다. 그렇게 해서 마침내 1990년 1월 1일부터 한살림농산의 공급분을 모두 협동조합으로 이관한다.

한편 박재일은 한살림공동체소비자협동조합이 창립되기에 앞서 같은 해 2월 23일 전국 76개 조합과 9만 8,000여 명의 조합원을 확보하고 있는 소비자협동조합중앙회 3대 회장에 선출되었다.

그는 태어난 지 1년 남짓한 한살림농산을 안정화시키고 협동조합으로 조직을 전환하는 문제만으로도 정신이 없는 상황이었다. 한살림농산이 문을 연 뒤에도 1년 이상 원주와 서울을 오가며 원주소비자협동조합의 이사장직도 병행하고 있었다. 그런데 1987년 경제기획원으로부터 소비자협동조합중앙회의 사단법인 설립 허가가 나면서부터 박재일의 동료들은 그가 차기 중앙회 회장직을 맡아야 한다고 목소리를 높였다. 특히 강원도농촌소비자협동조합협의회 회장을 맡고 있던 김상범이 가장 적극적이었다. 그런데 당시 김상범과 박재일 사이에는 협동조합에 대한 의견 차이가 있었다. '다시 시작해야 한다. 완전히 새로 시작하는 것이 한살림운동이다.' 이것이 박재일의 생각이었다면, 김상범은 '농촌의 기존 소비자협동조합들을 한살림으로 변화시키자, 그러니 당신이 중앙회 회장을 맡아야 한다'는 것이었다.[33]

박재일은 1988년 2월 원주소비자협동조합의 이사장직을 내려놓고 서울에서 한살림운동에 집중할 계획이었다.

"지금 한살림도 벅찬데 날더러 중앙회 회장까지 맡으라니! 두 가지는 같이 할 수 없는 일인데 왜 이렇게 무거운 짐을 지우는 거요."

박재일은 반대했지만 피할 수 없는 길이었다. 강원도에는 규모는 작지만 전국적으로 가장 많은 소비자협동조합이 꾸려져 있었다. 모두가 원주교구를 중심으로 한 박재일과 그의 동료들이 발로 뛰며 일구어낸 조직들이었다. 결국 각 소비조합 이사장들이 한 표씩 행사하는 중앙회 회장 선거에서 대규모 소비조합의 지지를 받는 다른 후보를 제치고 박재일이 당선되었다.

사실 박재일은 소비자협동조합중앙회 회장이 아니어도 가톨릭농민회 회장, 가농동지회 회장 등 명예나 경제적 이익과는 상관없는 조직의 책임을 맡는 자리에 늘 그가 있었다. 대학 시절부터 동기생들보다 나이가 많고 결혼을 일찍 하기도 했지만 그만큼 주변에서 그에게 의지하는 이들이 많았기 때문이다. 조직을 꾸리고 관계를 맺고 사업을 의논하는 과정에서 자연스럽게 드러나는 그의 인간적인 풍모 때문에 사람들은 늘 박재일을 중심에 두고 생각했다.

흥미로운 것은 원주캠프 활동가들 사이에는 지도자를 찾는 남다른 안목이 있었다는 점이다. 재해대책사업위원회 활동을 할 때부터 외지인인 상담원들이 산간벽지를 찾아다니며 주민들의 마음을 얻기까지 숱한 시행착오를 거친 뒤 깨달은 지혜였다. 아무리 좋은 사업을 제안하더라도 주민들 전체를 직접 상대하기보다는 오랜 세월 마을에서 신망을 쌓아온 지도자 한 사람을 움직이는 것이 중요했다. 그런 사람은 이장이나 새마을지도자처럼 겉으로 드러난 직책이나 감투와는 관련이 없었다. '당신은 어려운 일이 있으면 누구와 상의하는가' 하고 속내를 물어보면 어느 마을에나 숨어 있는 지도자가 드러나기 마련이었다. 재해대책사업이나 사회개발 활동 모두 그런 사람을 발굴해 지도자로 육성하는 일을 최우선에 두었다.

"대표 혹은 우두머리가 된다는 것은 어머니가 되는 거다. 밥 주고, 옷 주고, 청소도 해주고 해야 해. 위에서 시키고 누리려고 해서는 안 된다, 이 말이야. 밑에 있는 사람들보다 더 아래에서 일을 해야 해."

장일순의 이런 가르침에 가장 가까이 다가가 있는 사람이 박재일이었다. 박재일과 함께 소비자협동조합중앙회에서 함께 일하며 이후 생협중앙회로 이름이 바뀐 다음 사무총장이 된 장용진도 이렇게 회고했다.

"중앙회가 돈이 없어서 사무실을 옮기게 됐습니다. 합정동에 작은 사무실을 얻어 이사를 가게 됐는데, 회장님은 바닥을 손수 다 닦으세요. 위험하게 창틀에 매달려 유리창을 닦으면서 즐거워하시던 모습이 제 기억에서 지워지지 않습니다. 제가 회장님을 존경했던 것보다는 더 많이 회장님이 저를 굉장히 아껴주셨던 것 같아요."[34]

장용진은 생협중앙회 이후 한살림강서지소장을 거쳐 오곡퐁·통밀퐁·도라지청 같은 가공식품을 생산하는 산골농장을 꾸려 박재일과 한살림운동을 함께했다.

　아무튼 박재일은 단호하게 거절하지 못하는 성격 때문에라도 스스로 고단한 삶을 자처한 것처럼 보인다. 하지만 꼭 해야만 하는 일이라면 자신의 처지나 이해는 뒷전이고 어느새 우직하게 목적지를 향해 걸음을 옮겨놓는 사람이었다. 박재일은 한살림이 먼저 튼튼하게 뿌리를 내려야만 건강한 새 모델을 만들 수 있다고 생각했다. 그럼에도 '지금 있는 자리에서부터 차근차근' 풀어나간다는 평소의 소신대로 소비조합운동에 서서히 변화의 바람을 불어넣었다.

　"지금 이 시대의 협동은 달라야 합니다. 값싸고 질 좋은 물품을 협동해 구하는 것은 남대문시장에서 다 하고 있는 일입니다. 진짜 필요한 협동은 생명의 근원을 지키는 일, 농업을 살리는 일에 대한 협동이 이뤄져야 합니다."

　박재일이 소비자협동조합중앙회 회장을 맡는 동안 줄곧 강조한 말이다.

　한편 한살림은 기존 소비조합들과는 여러모로 달랐다. 소비자나 생산자들 어느 한쪽의 이해를 대변하는 관점으로는 한살림을 이해하기 어려웠다. 생산자와 소비자가 서로를 떼어놓고 생각할 수 없는 존재라는 것을 이해해야 비로소 한살림을 알 수 있었다. 생산자 농민들의 삶이 무너지면 당연히 소비자들의 밥상이 위태로워질 수밖에 없었다. "생산과 소비는 하나다"라는 말을 강조한 것도 이런 이유 때문이다. 그러나 박재일은 한살림과 다른 협동조합의 차이를 강조하기보다는 이웃처럼 보듬고 함께 가야 한다고 생각했다. 그는 소비자협동조합중앙회 회장으로 있는 동안 '새로운 협동조합은 반드시 쌀 20킬로그램 5개 이상 진열해야 한다'는 것을 이사회 의결로 이끌어냈다. 이를 계기로 주로 생활물자 위주의 공산품만 공급하던 소비자협동조합들이 농산물을 취급하는 쪽으로 방향을 바꾸게 되었다. 소비자협동조합중앙회에 가입된 100여 개의 소비조합들은 1989년부터 본격적으로 농산물 취급을 시작하면서 유기농산물 소비를 운동 목표 가운데 하나로 설정하게 되었다.

또한 평소 "대학생활협동조합이 잘 되고 확대되어야 지역 생협의 밑거름이 되고 인재도 거기서 나온다"고 강조하던 박재일은 대학생들의 협동조합 설립도 적극 도왔다. 1987년 6월 항쟁 이후 사회 전반의 민주화 분위기 속에서 대학 내에도 학생들의 복지 문제를 스스로 해결하려는 움직임이 일어나고 있었다. 1988년 10월 서강대학교에서 최초로 대학생들이 주체가 된 협동조합이 결성되었고, 이듬해 봄부터 대학생협건준위가 꾸려지면서 물자공동구매 사업을 시작했다.[35] 박재일은 1989년 11월 소비자협동조합중앙회에서 국내 대학생들을 일본 고베대학 생협으로 연수를 보내는 등 한일대학 생협들이 지속적으로 교류할 수 있도록 물꼬를 터주었다.

소비자협동조합은 1993년에 중앙회 및 단위조합의 명칭을 '소비자생활협동조합'으로 변경하고 이를 줄여서 '생협'이라 부르는 일이 자연스러워졌다. 한살림도 이 무렵 '한살림서울소비자생활협동조합'으로 공식 명칭을 바꾸게 되었다. 생활협동조합이라는 말은, 일본의 협동조합 운동가들이 명명한 것이었다. 단순히 싸고 질 좋은 물품을 공동구매하는 소비를 위한 협동만이 아니라 생산과 소비, 폐기하고 분해하는 일련의 과정 모두, 생활 전반에 협동의 관점이 필요하다는 인식 때문에 만들어졌다. 당시 박재일 등 한국의 협동조합 활동가들도 이런 문제의식에 공감하면서 한국에도 그대로 생협이란 명칭을 쓰기 시작한다.

한편 박재일이 1985년 초대 이사장을 맡았던 원주소비자협동조합은 1990년 2월 28일 제5차 정기총회에서 원주한살림소비자협동조합으로 명칭을 바꾸었다. 같은 해 4월 29일에는 대구한살림생활소비자협동조합이 창립총회를 열었다. 이듬해에는 경남소비자협동조합[1986년 8월 창립]이 경남한살림으로, 1993년에는 강릉소비자협동조합[1988년 3월 창립]이 강릉한살림으로 이름을 바꾸고 한살림운동에 함께했다. 이제 한살림운동이 전국적인 네트워크를 갖추게 된 것이다.

한살림을
선언하다

    1989년 10월 29일 대전 신협연수원에서 한살림모임의 창립총회가 열렸다. 총회에는 원주에서 온 장일순, 당시 신용협동조합연합회 연수원장이던 김영주와 신협중앙회 사무총장 이경국, 광주에서 온 조성삼 그리고 김지하 시인과 최혜성 백범사상연구소 부소장, 서울대 미생물학과 김상종 교수, 부산대 무용학과 채희완 교수, 교육방송 프로듀서 박창순, 자연학교의 최성현, 〈아침이슬〉의 작곡가 김민기, 뒤에 모심과살림연구소 소장이 된 박맹수 그리고 한살림농산의 박재일과 한살림공동체소비자협동조합의 초대 이사장 이순로, 생산자협의회회장 김영원 등 60여 명이 참석했다."[35] 박재일은 이 자리에서 한살림모임 의장을 맡았고 사업위원장 최혜성, 연구위원장 김지하 그리고 실행위원회 간사 김민기 등으로 실무진이 꾸려졌다.

한살림모임은 이날 창립총회 자리에서 〈한살림선언〉을 발표한다. 박재일은 대학 시절부터 무수히 많은 선언문과 성명서들의 홍수 속에서 살아왔다. 대개는 부패한 독재 권력에 대항해 싸우는 이들의 목소리를 대변한 것들이다. 심지어 대학에서 한일수교 반대운동을 위해 작성한 선언문은 반공법 위반으로 고초를 당하기까지 했다. 그런데 지천명이 지난 나이에 다시 또 선언문이라니. 아직도 세상을 향해 쏟아내야 할 격앙된 말이 남아 있었던 것일까.

훗날 "약 5만 자에 이르는 방대한 내용의 이 선언은 '원주캠프'의 세계관과 가치관, 사회 개혁에 대한 열정을 담은 야심작"이라고 평가받은 〈한살림선언〉이 만들어지기까지는 대략 "12년의 모색, 1년 4개월의 준비, 11차례의 모임, 4차례의 토론"을 거쳤다고 한다.[37] 12년의 모색이란 1977년 원주캠프가 생명운동으로 전환할 것을 논의한 시점부터를 말한다. 이후 1982년 〈생명의 세계관 확립과 협동적 생존의 확장〉이라는 원주보고서를 통해 정리하고 공유한 원주캠프의 생각들이 그로부터 7년이란 시간이 흐른 뒤에 비로소 한살림모임이라는 실체를 지닌 단체의 '선언'이 된 것이다.

한살림모임은 1988년 한살림공동체소비자협동조합이 출범

하고 두 달 후인 6월 25일 한살림연구회준비모임으로부터 출발했다. 협동조합을 통해 유기농운동과 소비자운동이 결합한 직거래 운동이 시작되자 다른 한편에서 한살림의 철학을 생활문화운동으로 펼쳐나갈 준비를 시작한 것이다. 장일순을 중심으로 김영주, 김지하, 최혜성, 김민기, 서정록 그리고 박재일, 이병철, 조희부 등이 참여한 준비 모임은 시대 상황을 진단하고 대안을 찾는 공부와 토론을 시작했다. 함께 공부하고 토론하며 미래를 모색하는 것은 박재일이 원주에 내려가 교사가 된 시절부터 체득한 원주캠프의 오랜 전통이었다. 박재일은 진광중학교 교사 시절부터 수업을 마치기 무섭게 가톨릭센터로 달려가 저녁마다 협동운동을 공부하고 성경과 제2차 바티칸공의회 문헌을 가지고 토론하며 새 세상에 대한 희망을 키웠다. 이후 재해대책과 사회개발 사업을 추진하는 동안에도 학습과 토론 그리고 기록으로 정리하는 일은 20여 년 가까이 몸에 배인 습이었다. 한살림선언은 그렇게 함께 연구하고 토론한 내용을 장일순, 박재일, 김지하, 최혜성이 정리한 다음 최혜성의 대표 집필로 세상에 발표한 것이다. 〈한살림선언〉은 이렇게 시작한다.

"인류가 자유, 평등, 진보의 깃발 아래 피와 땀을 흘리면서 이룩해 온 오늘날의 문명세계는 물질적 풍요를 가져

다준 반면 인간을 억압하고 소외시키고 나아가서 인류의 생존기반이 되는 지구의 생태적 질서를 훼손시키고 파괴하고 있다. 일찍이 자연의 주인임을 자처하고 자연을 지배해 왔던 인간이 자연지배의 도구로 사용했던 기계와 기술에 사로잡혀 하나의 부품이나 계량적 단위로 전락해 버렸다. 오늘날 인간은 삶의 진정한 주체라 할 수 없고 다만 기계의 지배에 조종되는 대상일 뿐이다."

기계론적 세계관이 지배하는 산업문명이 이룬 대량생산은 '낭비적 소비가 권장되고 미덕이 될 정도로 물질적 풍요를 성취'했다. 하지만 우리는 과연 그 풍요만큼 행복해졌는가. 이 질문에 대한 답이 필요했다. 온 사회가 경제성장에만 매달려 있던 때였다. "결국 기계문명은 생명의 부정이며 인간을 죽음에 이르게 하는 병이며, 그것은 곧 전 인류의 죽음"이기 때문에 "우리는 바로 지금 여기에서 새로운 생명의 이념과 활동인 한살림을 펼친다"는 것이 이 선언의 핵심이었다. 그렇다면 이들이 선언한 '한살림'은 과연 무엇인가. 한살림선언은 "첫째, 한살림은 생명에 대한 우주적 각성이다. 둘째, 한살림은 자연에 대한 생태적 각성이다. 셋째, 한살림은 사회에 대한 공동체적 각성이다. 넷째, 한살림은 새로운 인식, 가치, 양식을 지향하는 '생활문화운동'이다. 다섯째, 한살림은 생명의 질서를 실현하는 '사회실천활동'이다."라고 정의한다. 한살림이 세상을 어떻게 바꾸려고 하는지를 설명한 것이다.

격앙된 언어로 세상을 향해 웅변하는 무수한 선언들이 있었다. 세상은 그 선언으로부터 얼마나 달라졌을까. 한살림선언은 박재일이 원주에서부터 품었던 꿈을 현실의 언어로 그려낸 설계도와 같았다. 함께 선언문을 정리했던 친구들은 "일부러 공산당선언보다 한 쪽 더 만들었어! 그걸 뛰어넘는 선언이니까 당연히 길어야지." 하면서 흡족해했다. 동구 사회주의 국가들이 흔들리면서 국제정세가 요동치고 있던 시기였다. 하지만 누구도 2년 뒤에 일어날 소비에트연방 해체라는 충격적인 역사까지 예측하지는 못했다. 그럼에도 한살림선언이 한 발 앞서 지금과는 다른 세상과 새로운 문명에 대해 이야기하고 있었던 것만은 틀림없다.

훗날 한살림선언 20주기를 맞이해 펴낸 《죽임의 문명에서 살림의 문명으로-한살림선언 다시 읽기》에서 이병철은 한살림선언과 공산당선언의 차이를 이렇게 정의했다. "둘 다 밥이 세상의 중심임을 천명하였으되/ 공산당선언은 밥 속의 땀방울을 보아/ 그 밥을 고루 나누는 세상을 지향하였고/ 한살림선언은 밥 속의 하늘을 보아/ 밥을 모시고 살리는 세상을 이루고자 하였다"[38]

한편 〈한살림선언〉의 대표 집필자인 최혜성은 한살림운동이 시작되고 30년 지난 2017년에도 그것은 여전히 중요한 의미를 갖는다며 이렇게 말했다.

"오늘날 생협은 부지기수로 많습니다. 한살림이 단순히 유기농산물을 취급하는 곳이었다면 앞선 일본 생협의 한국 버전밖에 되지 못했을 겁니다. 한살림선언은 한살림운동이라는 실천 행위에 질문을 던지는 것이었습니다. 우리는 왜 이 운동을 하는가. 눈에 보이는 '무엇'만 추구하는 현대 문명이 잃어버린 '왜'라는 질문에 답을 찾으려고 했던 한살림선언은 한살림이 성장할수록 더욱 필요한 정신입니다."

이렇듯 한살림선언은 우연히 탄생한 것이 아니었다. 숱한 사람들이 목숨을 바치면서까지 저항했던 데서 싹트고 자라온 어떤 시대정신의 결실이었다. 광주항쟁을 겪으면서 장일순은 "기어라!"라는 말을 더욱 자주했다. 겸양에 대한 말일 수도 있겠지만 밑바닥에 바짝 엎드려서라도 살아남아야 한다는 절박한 인식이기도 했다. 분노를 표출하는 것은 어쩌면 가장 쉬운 일일 수 있다. 절망의 시대에 인내하면서 농민들 속으로 들어가 바닥을 다지며 미래를 준비하는 일, 그것은 단순히 용기와 지식만으로는 할 수 없는 일이었다. 박재일은 이런 시절을 견디며 담금질한 무쇠처럼 단단해져 오늘에 이르렀다.

그러나 한살림선언과 함께 시작하는 한살림모임의 책임을

맡는 일은 여전히 어깨가 무거웠다. 아직 한살림공동체소비자협동조합이라는 토대가 안정되기까지 숱한 난관들이 기다리고 있었기 때문이다. 그는 전형적인 지식인의 언어로 쓰인 선언문이 자칫하면 한낱 공염불로 끝나지 않을까 염려하는 마음도 있었다. 선언은 지향을 드러낼 순 있지만 그 자체로 세상을 바꾸지는 못하기 때문이다. 선언을 일상의 언어, 삶의 이야기로 매일 밥을 짓는 아내와 공감하며 나눌 수 있으려면 어떻게 해야 할까. 이런 박재일의 속마음을 읽기라도 한 듯, 장일순은 이렇게 말했다.

"오늘 여러분을 모시고 말씀드리고 싶은 것은 한살림운동, 생명운동, 이 모임이 어렵게 이야기가 되지 않고 쉽게, 또 서로 모시는 입장으로, 일체를 모시는 입장으로 되어야 하지 않겠느냐 하는 거예요. 참 쉬우면서도 어려운 이야기지요. 더구나 이것을 정반대의 문명, 문화 속에서 처리를 해가자면 많은 어려움도 있을 거예요."[39]

장일순이 한살림선언을 발표하는 자리에서 '시(侍)에 대하여'라는 강연을 통해 당부한 내용이다. 그는 '모든 것에 고개를 숙이고 모시는 마음이라면 결국은 이루어질 것'이라고 격려했다.

우리 힘으로
밀을 되살리자

쌀과 유정란, 참기름 등으로부터 소박하게 출발한 한살림은 조합원들과 함께 공부하고 토론하는 물품개발위원회를 통해 차근차근 새로운 영역으로 물품을 확대해 나갔다. 1988년 두 번째 열린 물품개발위원회에서 식품첨가물에 대해 공부한 조합원들은 방부제와 화학첨가물 없이 만든 안전한 빵이 필요하다는 데 의견을 모았다. 그런데 시중에는 수입 밀로 만든 빵밖에 없다는 점이 문제였다.

"수입 밀이라도 좋아요. 한살림에서 믿을 수 있는 빵을 만들면 좋겠어요."

이런 조합원들의 요구는 결국 이사회를 움직여 수입 밀로 만든 식빵과 카스텔라를 공급하기로 한다. 천연간수와 국산 콩으로 일체의 화학첨가제 없이 두부와 콩나물을 생산해 한살림에 공급하던 가공 공장에서 직접 빵을 만들기로 한 것이다. 이사회에서 수입 밀을 쓸 수 없다고 주장한 사람은 박재일과 이상국 단 두 사람뿐이었다. 이들은 상심이 컸다. 가톨릭농민회 시절부터 우리 농업과 농민을 살리겠다는 일념으로 함께했는데 수입 밀로 만든 빵은 한살림운동의 정체성을 뒤흔드는 것처럼 여겨졌다. 사실 재배와 운송 과정에서 농약과 방부제 등 다량의 화학 처리가 불가피한 수입 밀을 가지고 안전한 빵을 만들어달라는 조합원들의 요구는 일종의 모순이었다. 그럼에도 당장 소비자들의 마음을 바꾸기에는 역부족이었다. 우선은 이사회 의결을 존중할 수밖에 없었다. 박재일은 이 일을 계기로 스스로를 돌아보게 되었다. 자신이 내세우는 원칙과 조합원들의 요구 사이에서 차이를 좁히기 위해 어떤 노력을 했는지 반성도 되었다. 그렇지만 원칙을 포기하고 타협할 수만은 없었다.

"아무리 무방부제, 무첨가제 빵이라 해도 한살림이 수입 밀로 빵을 공급하는 게 과연 옳은 일인가요?"

"당장 국산 밀이 없는 데 다른 방법이 없잖아요?"

"밀이 아주 없진 않아요. 너무 양이 적어서 문제지요."

박재일은 조합원들과 줄기차게 토론했다. 원칙에 관한 문제라면 올바른 답에 도달할 때까지 기다리면서 끈질기게 대화하는 것이 그의 주특기였다. 주로 주부들로 구성된 한살림의 여러 회의 석상에서 박재일은 일방적으로 가르치려 들거나 자기 주장을 강하게 말하는 스타일이 아니었다. 옆에서 지켜보는 사람들은 속이 타들어가고 답답할 지경에 이르러도 그는 도무지 지치는 기색 없이 듣고 또 들었다. 이야기가 반복되고 돌고 돌다보면 말하는 사람들 사이에 일정의 자정작용 같은 것이 작동했다. 처음에는 목청을 높이는 의견들이 주목을 끌지만 모서리가 깎이고 다듬어져 결국 한살림이 정해 놓은 큰 원칙에 뿌리가 닿는 합리적인 의견들이 설득력을 갖게 마련이었다. 인내하고 또 인내하는 박재일의 태도는 길게 보면 혀를 내두르게 하는 면이 있었다. 한살림이 먼저 우리 밀 살리기 사업을 시작한 데도 그런 박재일의 뚝심이 크게 작용했다.

박재일은 소비자들과 대화하면서 다른 한편으로는 이상국과 함께 부지런히 대안을 찾고 있었다. 그들에게는 가톨릭농민회라는 전국적인 네트워크가 있었다.

"우리가 밀농사 짓는 사람을 찾아보자."

드디어 수소문 끝에 가톨릭농민회 경남연합회 부회장이면서 경남소비자협동조합 상무로 일하던 김석호가 합천에서 어렵사리 우리 밀 종자를 구하게 된다. 집안에서 농주 빚을 때 쓸 누룩을 만들기 위해 소량으로 밀을 심어온 농가가 그의 고향에 남아 있었다. 그 종자를 심어 만든 통밀가루를 서울과 원주, 경남 지역에 시범적으로 공급해보았다. 거칠고 거무스름한 밀가루는 상품이라 하기 민망한 것이었다. 처음에는 제분공장을 찾지 못해 고춧가루를 빻던 기계에서 밀가루를 만들어 매운 내가 나는 통밀가루가 나왔다. 그런데도 뜻밖에 조합원들의 반응은 뜨거웠다. 서울에서만 한 달 새 40여 개의 주문이 들어온 것이다. 박재일은 용기를 얻었다. '이제 지속적으로 공급만 할 수 있으면 되겠다!' 그는 곧장 가톨릭농민회 사무국장을 맡고 있던 이병철을 찾아간다.

"병철아, 한살림에 밀이 필요한데 밀농사 한번 다시 해보자."

"아니 형님, 요즘 누가 밀을 심어요."

이병철은 박재일을 따라 가톨릭농민회 활동에 뛰어든 이후 줄곧 농민의 권익보호를 위해 싸워왔던 후배였다. 그들의 출발은 쌀 생산비조사사업이었다. 그런데 박재일은 이제 정부에서 수매조차 하지 않는 밀농사를 짓자고 했다. 값싼 수입 밀에 밀려 아예 농촌에서 밀밭이 자취를 감춘 지 오래였고, 1984년부터 정부의 밀 수매마저 중단된 상황이었다.

"그러니까 우리가 하자는 거지. 한살림이 수매하면 나서는 사람이 있지 않을까?"

이미 조합원들 사이에서 희망을 본 박재일은 들떠 있었다. 이병철은 결국 박재일만 믿고 고향인 경남 고성 두호 마을 사람들을 설득하기 시작했다. 불과 십수 년 전만 해도 벼농사가 끝난 남녘 들판에 보리와 밀을 이어짓기를 해 겨우내 파릇파릇한 기운이 들판을 뒤덮었다. 이듬해 6월이면 누렇게 익은 밀을 수확하고, 하지 때 마지막 모를 심어 2모작을 하면 병충해도 별로 없었다. 밀농사 덕에 김매기가 수월해지는 이점도 있었다. 밀농사의 장점은 농민들이 더 잘 알고 있었지만, 1970년만 해도 15.4퍼센트 정도 자급률을 유지하던 밀농사가 이제 종자를 구하기도 어려운 지경이었다. 1989년 당시 우리 국민 1인당 연중 쌀 122킬로그램, 밀 34킬로그램을 소비하고 있었지만 밀은 전량 수입에 의존하고 있었다.

"형님, 책임 소비만 되면 우리 마을에서 해보겠습니다."

이병철은 고향 마을에서 스물네 농가의 마음을 규합했다. 문제는 종자였다. 밀농사를 다시 짓겠다고 나선 사람들은 있었지만 씨앗을 구하는 게 만만치 않았다. 그때부터 박재일과 이병철은 전국을 수소문해 두호마을에 파종할 종자를 모으기 시작했다. 전국 각지에서 모인 종자가 섞이다보니 처음에는 크기도 제각각이고 수염이 있는 것부터 없는 것까지 들쭉날쭉했다. 이듬해 수확한 것들 중에서 좋은 종자를 골라내면 된다. 다시 씨를 뿌릴 수만 있으면 차츰 해결될 문제들이었다. 그렇게 해서 1989년 두호마을 스물네 개 농가가 1만 500평에 밀씨를 뿌리기 시작했다. 두호마을은 가톨릭농민회에서 전설적인 고장이었다. 4년 전에는 전두환 정권에 맞서 역사적인 소몰이투쟁을 시작한 곳이었다. 지금도 두호마을 입구 민주동산에는 "85년 7월 1일 사람과 소와 깃발이 뜨거운 함성으로 하나 되어 이 자리에 모였다 엄청나게 수입된 외국소로 인해 우리의 소 값은 개 값이 되고 농민들은 실의와 분노 속에서 좌절하고 있을 때 이 동산에서 소몰이 시위의 첫 봉화가 올랐다. 지난 시대 잘못된 농업정책 아래서 이 땅을 지켜온 농민들의 가슴에 지울 수 없는 한과 설움을 심을 때마다 그 깊은 좌절과 실의의 고비에서 이 동산은 우리를 다시 일어서게 하는 마당이었다."고 적힌 기념비가 우뚝 서 있다. 그런 마을 들판에서 1984년 전두환 정권이 수매를 중단한 우리 밀이 되살아난 것이기에 더욱 의미가 있었다.

이듬해 6월 두호마을에서 처음 수확한 우리 밀은 모두 227가마였다. 한살림은 약속대로 이를 전량 수매했다. 물론 수매는 했지만 밀가루 공급까지도 쉽지는 않았다. 옛날에는 마을마다 있던 밀 제분공장이 모두 사라져버렸기 때문이다. 다행히 원주 무실동에 남은 제분공장을 찾아내 경남에서 수확한 밀을 모두 그곳으로 옮겼다. 이긍래, 박준길 등 박재일과 원주에서 함께 활동했던 친구들이 두호마을에서부터 밀을 싣고 올라왔다. 당시에는 강원도까지 도로 사정이 좋지 않아 그 자체로도 고난의 행군이었다. 설상가상으로 원주에 도착해 보니 비가 억수같이 쏟아졌다.

"하늘에서 때마침 성수도 뿌려주네!"

사실 여기까지 온 것만으로도 기적 같은 일이었다. "한 알의 밀이 땅에 떨어져 죽지 아니하면 한 알 그대로 있고 죽으면 많은 열매를 맺느니라"라는 성경의 말씀이 실감나는 순간이었다. 밀알의 죽음이 곧 생명을 살리는 농사다. 농사는 한 알의 밀알을 수많은 열매로 부활시키는 기적이지만, 기적은 저절로 이루어지지 않았다. 해마다 씨를 뿌리고 그 열매로부터 이어지는 종자를 갈무리하는 농부의 손길이 계속 이어져야만 가능한 일이다. 이제 그 기적을 다시 이어갈 수 있게 된 것이다.

"아, 참 맛있다!"

거무스름한 통밀가루로 수제비를 빚어낸 밥상 앞에서 박재일은 유독 맛있다는 소리를 연발했다. 평소 무슨 음식이든 맛있게 먹는 사람이었지만 이날은 좀 유난스러웠다. 어찌나 행복한 표정으로 음미하는지 식구들은 그를 보는 것만으로도 저절로 입맛을 다실 정도였다. 박재일은 어린 시절 덜 여문 밀대를 불에 끄슬려 알갱이를 꼭꼭 씹어 먹던 밀 사리의 추억도 더듬었다. 아득한 유년의 기억 저편에서 되살아오는 맛이 뜨겁게 목젖을 적셔 내려가면서 가슴이 뭉클했다. 경남 고성군 마암면 두호마을 농민들과 한살림이 계약재배로 생산한 첫 번째 우리 밀로 만든 수제비였다.

1990년 7월 30일 우리 밀을 처음 수확하던 날은 농민과 조합원들이 함께 어울려 덩실덩실 춤을 추기까지 했다.

한살림은 그렇게 다시 태어난 거무스름한 밀가루를 가지고 사람들과 대화하기 시작했다. 나이든 어른들은 옛 맛을 기억하고 좋아했지만 희고 고운 수입 밀밖에 모르던 젊은 엄마와 아이들을 설득하는 일은 녹록치 않았다. 그러나 당시 한살림모임에서 번역해 만든 '쌀 수입은 위험하다'라는 비디오는 수입 곡물들이 재배과정에서 얼마나 많은 농약에 오염되는지, 수확 후 운송 과정에서 부패와 변질을 막기 위한 처리 과정의 위험성에 대해 충분히 일깨워주고 있었다. 바구미조차 살지 못하는 수입 밀가루의 실태를 보고 놀란 소비자들의 마음을 여는 것은 어렵지 않았다. 맛이란 혀끝에서만 느끼는 단순한 감각만이 아니었다. 각성된 의식으로부터 잃어버린 미각을 되찾는 일은 소비자들에게 새로운 경험이었다.

"이거 되겠다! 우리 한번 제대로 해보자."

박재일은 '부엌에서부터 세상을 바꾼다'는 소명의식으로 누구보다 열심히 공부하던 조합원들이 보여준 변화에서 자신감을 얻었다. 거칠고 투박한 우리 밀에 기꺼이 지갑을 여는 사람들로부터 가능성을 확인한 것이다. 이제 한살림 밖으로 나아가 우리 밀 살리기 운동으로, 소비에서 살림으로 본격적인 운동을 펼쳐나가기로 한 것이다. 이후 박재일은 한살림과 가톨릭농민회, 종교계, 학계, 의료계, 시민운동 단체를 포괄하는 각계각층의 1,954명이 발기인으로 참여한 가운데 1991년 11월 28일 명동성당 문화관에서 우리밀살리기국민운동본부를 창립한다. 불과 2년 전 두호마을 24개 농가 1만여 평에서 시작한 우리 밀농사는 우리 밀 살리기 국민운동본부와 함께 그해 전국 65개 마을 25만 평의 밀밭으로 확대되었다.

아픔을 통해
함께 성장한다는 것

1989년 6월 11일 한살림농산에 맨 처음 무농약 쌀을 내놓은 최재명, 최재영 생산자가 있는 충북 음성 성미마을에서 한살림의 첫 번째 단오잔치가 열렸다. 1년 중 가장 양기가 왕성한 단옷날 한 해 농사의 풍작을 기원하며 소비자와 생산자들이 함께 모여 잔치를 여는 것은 이때부터 한살림의 전통이 되었다. 단오잔치가 열린 그해 가을걷이 무렵에는 KBS 〈이웃〉이란 프로그램에서 '한혜석 주부의 한살림 일기'가 방영되었다.

"방송에서 농부 한 분이 나와서 콩 심는 이야기를 하는 거예요. 그때 하는 말이, 콩을 심을 때는 늘 세 알을 심는데, 그 이유가 하나는 하늘의 새를 위해서, 또 하나는 땅의 짐승, 그리고 마지막이 사람을 위해서라고 하더군요. 늘 농민은 배우지 못하고 고생하는 사람들이라고만 생각했는데, 깜짝 놀랐어요."

1989년 10월 방송을 보고 바로 한살림 조합원으로 가입했다는 김민경의 말이다. 그는 이때부터 한살림운동에 열성적으로 참여해 이후 한살림서울 이사장, 사단법인한살림 회장을 역임하는 등 대표적인 조합원 활동가의 한 사람으로 성장했다. 방송의 파급력은 놀라웠다. 주부들이 일원동에 있던 한살림 사무실로 직접 찾아오기 시작한 것이다. 조합원이 급증하면서 한살림은 엄청난 속도로 성장하기 시작했다. '서울만 보더라도 1988년 521명이던 조합원이 1991년이 되면 10배가 넘는 5,809명으로 늘고, 공급액도 1억 1,000만 원에서 26억 원으로 증가'했다.[40] 조합원 증가는 순전히 주부 조합원들의 자발적인 '입소문'의 힘이 컸다. 조합원들 스스로 한살림의 가치를 알리기 위해 보수도 없는 자원 활동에 앞장선 것이다.

한살림은 시대의 요구를 정확하게 읽고 있었다. 날로 심각해지는 식품 오염과 공해에 대한 걱정으로 불안해하는 시민들에게 한 발 앞서 시대 상황을 진단하고 대안을 제시하고 있었기 때문이다. 그즈음 장일순은 한살림 활동가 연수나 대중 강좌에서 '한살림 소비자들이 농민의 주님이 돼야 한다'는 점을 강조하기도 했다.

"주가 누가 주예요? 여러분들이 주님이지. 하느님 아버지가 왜 하느님 아버지인지 알아요? 살려주는 분이고 매일 먹고살게끔 해주는 분이기 때문에 아버지야. 이 운동이 그런 차원이 되어야 된다 이거예요."41)

싸게 사고 비싸게 팔려는 시장의 논리로는 한살림을 이해할 수 없을 것이다. 이기심을 앞세우기보다 함께 사는 길을 향한 담대한 실천, 한살림은 그 길을 향해 나아가고 있었다. 그즈음의 초창기 조합원들은 시대의 요구와 만난 각성된 개인들이었던 만큼 열정이 뜨거웠다. 다섯 세대 이상 공동체를 구성해야 물품을 공급받을 수 있는 번거로운 절차도 오히려 조직에 대한 자발적인 참여와 소속감을 높이는 역할을 했다. 1990년 한살림 모임에서 펴낸 무크지 《한살림》에 실린 좌담 '새로운 삶의 이해와 생활협동운동'에서 당시 초대 이사장이던 이순로는 이렇게 말했다.

"한살림 식구들도 생활주체의식이 강합니다. 공동체 생활 속에서 자신이 자기 삶의 주체라는 것을 깨달았을 때 크게 발전하거든요. 인간으로서, 여성으로서, 생활의 주체로서 자각이지요. 그래서 한살림소협에서는 여성운동이라는 말을 사용하지 않습니다. 여성, 남성을 넘어선 삶 차원의 운동이고, 의식의 성숙과정을 통해 자기 나름대로의 삶을 창조해 가기 때문이지요. 그래서 한살림소비자운동 안에는 공해운동, 여성운동, 교육운동, 반핵운동 등이 다 들어 있는 것 같습니다."

당시 전업주부로 사회 활동에 적극 참여하는 이들을 일컬어 '사회주부'라 불렀는데, 그런 소비자들은 오염된 식재료로부터 밥상을 지키겠다는 소박한 의식에서 출발해 한층 더 주체적인 인간으로 성장하면서 권리의식도 높았다. 그러나 조합원이 늘어나면서 개개인의 인식 차이는 점점 커졌다. 조합원이 열 배가 늘었다는 것은 조직 안에 발생할 수 있는 크고 작은 문제들은 그 이상 증폭되었다는 뜻이었다. 일순간 키가 훌쩍 커버린 사춘기 아이들이 겪는 질풍노도와도 같은 문제들이 한살림에도 닥쳐왔다. 한 번은 겪어야 할 성장통이었다.

제기동에서 한살림농산을 시작하던 때만 해도 서로를 살림꾼으로 부르던 실무자들은 한 식구와 다름없었다. 가정생활을 포기하다시피 일상을 바친 가장부터 농민운동에 미래를 바친다는 '투신'의 각오로 결합한 젊은이까지, 초창기 실무자들의 헌신과 희생은 눈물겨웠다. 그들을 대하는 소비자 조합원들의 마음 씀씀이 역시 남달랐다. 가족과 떨어져 생활하며 새벽부터 밤늦게까지 일하는 공급 실무자를 집으로 불러 따뜻한 밥을 지어 먹이고 보약까지 챙겨주며 격려하는 소비자도 있었다. 유기농산물로 장사를 하는 게 아니라 사람답게 사는 세상을 위해 함께 노력한다는 자부심이 서로를 더욱 빛나게 해주었기 때문에 가능한 일이었다.

그런데 한살림공동체소비자협동조합이 설립된 뒤에는 조직

구성원이 복잡해지고 의사결정 구조도 달라졌다. 차츰 예상하지 못한 문제들이 불거져 나오기 시작했다. 우선 공급물량이 1억 원을 넘어선 다음부터 수급 조절이 어려워졌다. 당연히 사업 손실도 발생했다. 취급하는 물품의 종류와 주문량이 늘어나는 것은 반가운 일이었지만 재고 부담과 인사관리 같은 시스템은 조직의 팽창 속도를 따라가지 못하고 있었다. 박재일은 1990년 10월부터 한살림공동체소비자협동조합의 상임 전무이사로 실무 책임을 맡기 시작했는데, 당시 조직 운영의 롤모델로 삼을 만한 사례가 없었다. 공생과 협동이라는 이상적인 가치를 내걸었지만 현실은 거대한 시장경제 체제 안에 발을 담그고 있었다. 한살림은 물품을 거래하지만 이윤 추구가 동력이 아니었고, 욕망과 이기심이 아니라 가치와 이념이 지표가 된 조직이었다. 결국 자본주의의 모순을 극복하면서 대안적인 실험을 계속하는 한살림의 하루하루는 새로운 모험일 수밖에 없었다.

조직 내에서 제일 먼저 불거진 것은 새로 결합한 실무자들의 높은 노동 강도와 낮은 인건비 문제였다. 더 이상 조합원들의 자원봉사와 실무자들의 희생만으로는 늘어나는 업무를 감당할 수 없게 된 것이다. 낡은 틀은 임계점에 다다른 것이다. 마침내 1990년 한살림민주화추진위원회라는 이름으로 실무자들의 첫 번째 파업이 일어났다. 당시 실무자 한 사람의 초임은 25만 원이었다. 그즈음 신문기사를 보면 "지난해 우리나라 근로자의 월평균 임금총액은 54만 805원으로 처음으로 50만 원대를 넘어섰다"[42]고 보도하고 있다. 한살림 실무자들은 10~15퍼센트 임금인상을 요구했다. 이상국 상무의 급여 수준이 그 정도였다. 박재일은 실무자들의 요구가 정당하다는 것을 누구보다 잘 알고 있었다. 민중의 생존권과 민주화 투쟁에 청춘을 바친 그였다. 그러나 한살림은 그 당연한 요구를 수용할 여력이 없었다. 1990년 2월로 한살림농산이 미제레올로부터 3년간 자금 지원을 받았던 프로젝트가 종료되었고, 한살림공동체소비자협동조합은 조합원들의 출자금 3만 원만으로는 사업을 꾸려나가기도 벅찼다. 이윤 추구를 목적으로 한 기업이 아니기 때문에 사업 규모가 커진다고 해서 크게 상황이 나아질 수도 없는 구조였다. "생산자는 소비자의 생명을, 소비자는 생산자의 생활을 책임진다"는 드높은 지향은 정작 상근 실무자에게 최소한의 생활비도 보장해주지 못하는 형편이었다. "우리가 더 열심히 일해서 조합원을 늘리면 차츰 나아질 수 있다." 더 이상 이런 말만으로 실무자들을 설득하기도 어려웠다. 결국 합의점을 찾지 못한 채 파업을 주도했던 이들은 사표를 냈다. 실무자들이 떠난 뒤에야 급여 인상이 불가피하다는 점을 생산자와 소비자 모두 심각하게 받아들이면서 일정 수준의 임금 인상이 이루어진다.[43]

한편 생산자와 소비자 조직 간의 갈등도 증폭되고 있었다.

1991년 9월에 열린 이사회는 이천에서 생산된 유정란의 품질을 문제 삼아 공급 중단과 생산지 교체를 결정했다. 소비자들은 노른자가 쉽게 풀어져서 소비가 줄어든 것에 대해 생산자에게 대책을 요구했다. 그러나 생산자의 갖은 노력에도 불구하고 유정란의 품질이 개선되지 않았다. 결국 이사회에서는 이에 대해 생산자의 책임을 물어 유정란 공급을 중단시키기로 한 것이다. 이는 생산자의 생활을 책임지기로 약속한 소비자들이 표 대결로 생산자의 살길을 막아버린 것이나 다름없는 일이었다. 본래 한살림은 생산자와 소비자가 자신의 이해를 앞세우기보다 상대의 처지를 옹호하는 것이 자긍심이었다. 심지어 매년 '쌀값결정회의'에서 생산자는 소비자 살림살이를 걱정해 쌀값을 내리겠다하고, 소비자는 농민을 위해 가격을 올려야 한다는 이상한 실랑이가 벌어지던 곳이었다. 박재일은 표결로 유정란 생산지를 교체한 사건으로 '농사는 소비자와 생산자가 함께 짓는다'는 한살림의 이상이 훼손되는 것 같아 가슴이 아팠다. 생산자협의회도 크게 상처를 받았다. 결국 이 일을 계기로 1988년 12월 설립된 한살림생산자협의회가 1992년 총회 이후 해산했다. 마치 이런 일을 예상이라도 한 것처럼 불과 1년 전 한살림생산자협의회 초대 대표였던 김영원은 소비자 대표와의 좌담에서 이렇게 말한 적이 있었다.[44]

"우리의 동물적인 본능인 욕심을 버릴 때 문제가 해결됩니다. 거기에 이웃이 있고 공동체가 있잖아요. 생산활동이나 소비활동 모두를 생명처럼 소중하게 여기며 책임감과 긍지를 가지고 마음들을 서로 나눌 때 살림운동이 발전하고 뿌리를 내릴 수 있으리라 봅니다. 중요한 것은 모두가 어떻게 그런 마음을 가질 수 있을까 하는 것입니다."

진통은 여기서 끝나지 않았다. 한살림공동체소비자렵동조합이 조합원 활동의 거점으로 만든 지소 운영이 어려움을 겪기 시작한 것이다. 공급소라 부르던 지소는 소비조합이 자립에 필요한 자금을 확충하기 위해 1989년 6월 관악공급소를 시작으로 1991년 강남, 강서 지소가 문을 열었다. 지소는 소비조합 소속이지만 회계를 독립적으로 처리하면서, 본부에 분담금만 내고 물품 판매액의 5퍼센트를 지소 운영에 사용했다. 이는 조합원들의 자발적인 참여를 이끌어내고 지역 활동을 활성화 시키는 긍정적인 역할을 했다. 하지만 1990년대 중반부터 대부분의 지소들이 적자가 커지면서 갈등이 증폭됐다. 발단은 자원봉사 형태의 조합원 활동가가 맡고 있던 지소장직을 유급화하면서 실무자들의 불만이 폭발한 것이다. 실무자들이 임금 인상을 요구하며 파업을 벌이고 책임자들이 한살림을 떠난 지 얼마 되지 않은 시점이었다. 여전히 실무자의 처우는 크게 개선되지 않았고 조직 내부의 갈등도 표면상 미봉된 상태였다. 그런데 이사회에서 반상근 지소장의 활동비를 실무자 가운데 가장 많은 급여를 받던 상무 수준으로 책정하자 실무자들이 반발한 것이다.

마침내 1992년 2월 28일 열린 한살림공동체소비조합의 정기총회에서는 그동안 이사회와 실무자 조직 간 누적된 갈등이 폭발하면서 총회가 중단되는 일까지 벌어졌다. 당시 총회에서 '한살림 사과 때문에 세 사람이 병원에 입원했다'는 거짓 소문으로 문제 제기가 이뤄진 것이 원인이었다. 이는 당시 생산지 관리 책임을 맡고 있던 이상국이 해당 사과 생산자 중 한 사람에게 물품위원회에서 새로 추가된 금지 농자재 품목을 제때 전달하지 못해서 생긴 실수였다. 여름철 아오리 사과의 출하를 앞두고 이 사실을 발견한 물품위원회는 첫해에 한 해 문제가 된 사과를 그대로 공급하기로 결정했다. 그럼에도 불구하고 물품위원회 결정에 참여했던 이들로부터 악의적인 문제 제기가 이루어진 것이다. 그만큼 조직 내에 불신의 골이 깊어져서 생긴 일이었다. 이후 이사회는 총회 파행과 생산지와 실무자들의 관리 책임을 물어 전무였던 박재일에 대한 해임결의안을 상정했다. 1992년 3월 6일 열린 임시이사회에서는 해임결의안 표결에 앞서 두 명의 소비자 이사가 실무자 대표인 박재일에게 스스로 사임할 것을 요구했다.

"그래요. 내가 책임지고 물러나지요."

박재일은 표결이 진행되기도 전에 그대로 회의장을 떠났다.

그는 달리 어떤 변명도 하지 않았다. 결국 다시 비상대의원총회가 소집됐다. 문제가 된 사과에 대해 경북대학교 농생물학과의 검사 보고서가 제출되었고, 잔류농약 검사 결과 해당 농약 성분이 검출되지 않았으며 안전성에도 전혀 문제가 없다는 사실이 밝혀졌다. 이렇게 해서 오해는 풀렸지만 상처 입은 사람들의 마음은 쉽게 해소되지 않았다. 실무자들에게 관리 책임을 추궁하던 이사들은 결국 총회장에서 퇴장했고, 이후 일부 조합원들이 집단 탈퇴하는 등 조직 내에 상처가 깊게 패였다. 당시 조합원 활동에 앞장섰던 서형숙이 기억하는 바에 따르면, 당시 박재일에게 모든 책임을 묻는 이사회 결정에 놀란 실무자들이 이사들을 찾아다니며 한 명 한 명의 마음을 돌리기 위해 애를 썼다고 한다. 그러나 박재일은 두문불출 미동도 하지 않았다. 일절 억울하다는 하소연이나 남에 대한 비방도 하지 않았다. 말보다 무거운 침묵이었다.

사실 박재일은 지칠 대로 지쳐 있었는지도 모른다. 그는 이미 1년 전에도 스스로 사표를 제출했다가 이사들의 설득으로 어렵게 생각을 돌린 일이 있었다. 그때는 회의에서 민주적으로 의결한 사항이 몇몇 이사들의 개인적인 의견 때문에 번번이 묵살되는 상황을 지켜보면서 더 이상 소비조합 내에서 자신이 할 수 있는 역할이 없다고 판단했던 것이다. 그로부터 1년여 시간이 지났지만 상황은 더 악화돼 있었다. 소비자 대표 중심의 이사회는 걸

핏하면 표 대결을 요구하며 힘겨루기를 했다. 그 즈음 충남 당진의 생산자 정광영은 박재일로부터 "이제 정말 그만하고 싶다"는 탄식을 듣고서 펄쩍 뛰었던 기억이 생생하다고 했다.

"아니, 당신만 믿고 여기까지 왔는데 우린 어떻게 하라구요."

그 말은 원망이 아니라 한살림과 박재일을 향한 뜨거운 위로의 말이었다. 그는 가톨릭농민회 시절부터 박재일과 동고동락 하면서 '농사는 하늘이 함께 짓는 일'이라는 신념으로 버텨온 사람이었다. 한살림은 소비자와 생산자가 서로를 하늘로 모시며 함께 농사를 짓자고 해서 시작한 일이었다.

일련의 사태가 마무리 되고 1992년 3월 25일 다시 이사회가 열렸다. "그간 마음이 맞는 사람들끼리 미리 전화해서 의견을 모은 다음 무조건 표 대결로 몰아가는 이사들의 '전화 정치'가 만연해 있던 점과 정작 이사회에서 협의해 결정한 대로 행동하지 않았던 불성실함에 대해 모두가 자신을 돌아보자"는 반성의 목소리들이 있었다는 사실이 당시 이사회 회의록에 기록으로 남아 있다.

이렇게 심각한 진통을 겪으며 혹독한 대가를 치렀지만 한살림은 조직이 와해되지는 않았다. 아주 망가질 지경까지 가지 않은 이유는 무엇이었을까. 박재일은 스스로 이 문제에 대해 어떤 말도 하지 않았다. 자기감정을 잘 드러내는 사람이 아니었고, 정참기 힘든 일을 당해도 고작 "허! 참!" 하고 한숨을 쉬는 게 전부였다. 그렇게 하는 것이 나쁜 말들을 더 이상 증폭시키지 않는다는 게 그의 생각이었다. 분명한 것은 박재일도 학생운동이나 농민 운동가들과 함께 독재정권에 대항해 싸울 때 담배 한 개비로 마음을 열고 술을 마시면서 응어리를 풀어왔던 과거의 방식과는 다른 소통 방법을 찾아야 한다는 사실을 깨달았다는 점이다.

이즈음 한살림에 새로 들어온 김재겸은 이렇게 기억하고 있다. 실무자들 사이에도 갈등의 골이 깊어져 선후배 사이에 냉랭한 기류가 흐르고 있을 때였다. 사무실 옆에 물류창고 역할을 하던 창고가 딸려 있었다. 조직 내부에 곪아가는 갈등처럼 창고에 딸린 화장실에서 악취가 진동했다. 김재겸은 출근하자마자 이런 곳에서 과연 오래 일할 수 있을까 회의감이 들었다. 그는 윤희진의 대학동기로 한살림농산 시절부터 박재일과 살림꾼이라 부르던 초창기 실무자들을 잘 알고 있었기에 더 당혹스러웠다. 그런데 어느 순간 거짓말처럼 화장실이 깨끗하게 청소되어 있었다. 그는 대부분의 실무자들이 물품을 공급하러 나간 뒤 혼자 사무실에 남아 있던 박재일 전무가 혼자 틈틈이 화장실 청소를 해놓는다는 것을 알게 되었다. 박재일은 매일매일 묵묵히 쓰레기통을 비우고 변기 구석구석을 닦아 놓고 화장실 주변까지 말끔하게 정리해 놓았다.

사막의 예언자 마호메트는 언제나 손수 자기 방을 청소하고 옷도 스스로 꿰매 입었다고 한다. 그는 자신을 따르는 이들에게는

"청결하다는 것 자체는 이미 예배의 반을 본 것이나 다름없다"고도 했다. 박재일 역시 그랬다. 평소 집안에서도 책장은 물론 책상 서랍 안도 깔끔하게 정리정돈 해놓는 성격이었다. 대부분의 사람들이 조직에 실망만 하고 있을 때, 그는 누구를 비난하거나 잔소리를 하는 대신 직접 청소를 시작했다. 상심한 마음들을 어루만지기라도 하듯, 일상의 공간을 경건한 성소로 만들고 싶은 소망으로 스스로 걸레를 손에 쥔 것이다. 김재겸은 그런 모습을 지켜보면서 일거에 모든 문제들이 완벽하게 해소할 수는 없을지라도 박재일과 함께하고 있다는 사실에 안도감을 느꼈다.

무위당과 한 약속, 모심과 살림

"한 해가 진다. 무너진 성수대교의 아픔, 지존파의 살기殺氣, 도세盜稅의 분노를 사르고 94년은 역사 속에 묻힌다. 저 노을에 우리는 무엇을 태워야 하는가. 앞만 보고 달렸던 우리 한국인들. 그 속의 부실, 비리, 졸속을 털어 세상 밖으로 던질 때다." 1994년 12월 31일자 《경향신문》은 신행주대교 건설 현장으로 해가 지는 모습을 사진 속에 담아 '저무는 1994년…… 우리 새 다리를 놓자'는 제목을 달아 놓았다. 그만큼 충격적인 사건 사고가 잇달아 일어난 1994년은 박재일에게도 여러 모로 복잡한 해였다.

우선 한살림 전국 조직이 사단법인으로 새로 출범했다. 한살림은 이미 한 해 전 한살림공동체소비자협동조합이란 명칭을 한살림생활협동조합으로 바꾸고 소비자와 생산자, 실무자가 총회와 이사회에 3:2:1의 비율로 함께 참여하는 방식으로 조직을 개편했다. 그동안 과도하게 소비자 중심으로 편중된 의사결정 구조를 개선하고 생산자협의회 해체와 총회 파행 등으로 불거진 상처를 치유하면서 조직 분위기를 일신하려고 한 것이다. 그러나 아직 소비자협동조합법이 제정되기 전이라 사단법인한살림은 소비자협동조합중앙회의 분소 형태로 법인 등록을 해놓고 있었다. 여전히 조직의 성격과 맞지 않는 옷을 입고 있었던 셈이다. 한살림 20주년에 나온 책 《스무살 한살림 세상을 껴안다》는 이에 대해 "사실 한살림은 운동을 시작하면서 기존의 법들이 정하고 있는 어떤 조직 틀을 염두에 두고 출발한 것이 아니었다. 다만 하는 일과 법이 정한 형식 틀이 기장 흡사했던 소비자협동조합의 형식을 임시로 빌려 쓰고 있던 셈인데, 이제 내용과 형식의 부조화가 새로운 변화를 요구하는 단계에 다다른 것이다"라고 했다. 그런데 한살림생활협동조합이라고 이름을 바꾸었지만 한살림은 여전히 우리 사회에는 낯선 조직이었고, 이를 인가해 줄 만한 관련 법규도 없었다. 우여곡절 끝에 1993년 11월 29일 농림부 산하 사단법인으로 설립 인가를 받고, 1994년 2월 제7차 정기총회에서 '사단법인한살림'이 탄생한 것이다.

이 무렵 한살림은 서울 강남지역을 중심으로 3,000세대까지 늘어난 한살림생활협동조합과 한살림농산이 강북지역에서 새롭게 일군 2,000세대 직거래 회원을 하나의 조직으로 통합했다. 서울 강북지역 직판장은 미제레올의 '농산물직거래확장사업' 지원을 받아 출발했다. 미제레올은 박재일이 원주교구 사회개발위원회에서 신청했던 1차 프로젝트를 성공적으로 수행한 것을 높이 평가하고, 한살림농산으로 하여금 1992년부터 3년간 상대적으로 소외돼 있던 강북지역으로 농산물직거래운동을 확대할 수 있도록 2차 지원을 결정했다. 외국으로부터 들어오는 프로젝트 지원금은 결코 쉽게 쓸 수 있는 돈이 아니었다. 3개월에 한 번씩 사업에 대한 결과 보고서를 독일어로 만들어 코디네이터인 최기식 신부의 결재를 받은 다음 미제레올로 보내야했다. 박재일은 그렇게 총 수행기간 6년에 걸친 1,2차 프로젝트를 성공적으로 마무리했다. 마침내 1994년 사단법인한살림이 문을 열면서 미제레올로부터 지원받은 프로젝트 수행기관이던 한살림농산은 물류기능만 남기고 역사 속으로 사라졌다. 이때부터 한살림이 비로소 외부지원 없이 조합원의 힘으로 자립하게 된 것이다.

사단법인한살림은 그동안 협동조합의 실무 책임을 맡아온 박재일 전무를 회장으로, 생활협동조합의 정양숙 이사장과 충북 농촌개발회 조희부를 각각 소비자와 생산자를 대표하는 부회장으로 선출했다. 이때 한살림모임의 역할도 사단법인한살림 안으로 흡수되었다. 크게 보면 한살림의 유기농산물 직거래운동과 생활

문화운동이 하나의 조직으로 통합된 것이다. 그러나 한살림선언을 발표하며 의욕적으로 출발했던 한살림모임이 문을 닫는 것에 대한 아쉬움은 크게 남았다. 한살림모임은 한동안 매 분기마다 새로운 시대의 철학과 생명운동을 주제로 한살림 강좌를 열고, 무크지 《한살림》 외에도 《쓰레기로부터 지구를 생각한다》 《공생의 사회 생명의 경제》 등의 책을 간행했다. 또한 세계의 살림운동을 소개하는 '일본의 먹거리운동-수입 농산물 이래도 먹겠습니까' '몬드라곤의 실험' '한혜석 주부의 한살림 일기' 등도 비디오로 제작해 한살림 조합원들을 위한 교육 자료로 공급했다. 뿐만 아니라 1990년 우리나라에서 처음으로 열린 '지구의 날' 행사를 환경운동연합, YMCA 등과 공동 주최하고, 1992년 '참여와 자치를 위한 시민연대회의'에 참여하는 등 사회현안에 대한 연대 활동도 활발하게 펼쳤다.

그러나 후원금만으로 유지되는 모임의 특성상 재정난을 넘어서지 못했다. 당시 모임의 사무국장이던 김민기와 함께 한살림모임 간사로 활동했던 윤형근은 "지금처럼 비영리단체도 CMS를 통해 후원금을 모금할 수 있는 시스템만 있었어도 한결 숨통이 트였을 것"이라고 했다. 처음에는 사무실을 무료로 제공해주는 후원자도 있었고, 모임의 정신적 지주였던 장일순이 여러 차례 서화전시회를 열어 수익금으로 한살림 모임의 운영 경비를 지원하기도 했다. 하지만 1991년 장일순의 췌장암 발병 이후 차츰 모임도 활기를 잃어갔고, 운영난을 극복하지 못한 채 결국 문을 닫고 만 것이다. 박재일은 한살림모임의 의장이었지만 그 무렵 협동조합을 안정시키는 문제만으로도 버거웠기 때문에 달리 어찌할 여력이 없었다.

    한살림모임이 문을 닫고 얼마 지나지 않아 장일순마저 세상을 떠났다. 1994년 5월 22일 장일순의 나이 67세 때였다. 박재일은 그해 《녹색평론》에 '떠나신 선생님을 기리며'라는 추모의 글을 발표한다.

> "누구에게나 당신의 모든 것을 나눠주시고, 따뜻하게 맞아주시고 고통당하고 상처받은 마음을 달래주시고 어루만져 주셨습니다. 선생님은 이 땅의 민주화를 위해 온몸으로 싸우셨고, 더불어함께 사는 삶, 한살림운동, 생명운동을 시작하셨습니다. (……) 저에게 신협운동을 알려주시고 천주교를 믿게 해주신 분은 선생님이셨습니다. (……) 경쟁의 시대를 극복하고 공생의 시대를 만들어야 한다고 하신 선생님, 사람과 사람간의 공생뿐만 아니라, 사람과 자연의 공생을 이루어내어야 지구상에 인류의 생존이 가능하다고 하시던 선생님, 선생님은 우리를 두고

떠나셨습니다."[45]

박재일은 이 글에서 자신이 원주에 내려간 후 걸어온 모든 운동의 주체가 '장일순과 우리'라고 했다. 그는 자신이 한 일을 내세울 법한 데도 모두 스승을 앞세웠다. 장일순에게도 박재일은 각별한 제자였다. 장일순의 생각과 말이 사회에서 실체가 되고 대중들에게 이해받기까지 우공이산처럼 우직하게 원칙을 지키며 걸어간 박재일의 역할은 단연 우뚝했다. 수운 최제우에게 그의 신념체계를 이어받고 성장시킨 해월 최시형이 없었다면 동학이 존재하기 어려웠을 것처럼 장일순의 생명사상도 박재일이 일군 한살림이라는 구체적 실체와 떼어놓고는 생각할 수 없었다. 따스내를 품은 해월봉 기슭에서 태어난 박재일에게 역사 속에 박제화돼가던 동학을 다시 주목하게 한 이도 장일순이었다. 해월 최시형의 마지막 은신처였던 원주시 호저면 송골 어귀에 '모든 이웃의 벗 崔보따리 선생님을 기리며'라는 기념비를 세우던 날 찍은 사진에는 장일순을 가운데 두고 김지하, 최혜성 등 '한살림선언'의 주역들이 박재일과 함께 서 있다. 그때 장일순이 비석에 새긴 말이 이 책 맨 앞에 인용한 "천지즉 부모요 부모즉 천지니 천지부모는 일체야 天地卽父母 父母卽天地 天地父母一體也"였다.

한살림모임이 해체되고 장일순도 세상을 떠난 다음, 박재일은 8년이라는 시간을 더 기다렸다. 마침내 2002년 박재일은 이전 한살림모임이 담당하던 생활문화운동을 계승하고 한살림운동을 심화 확장하자는 목적으로 사단법인한살림 안에 연구소를 설립했다. 이때 크리스찬아카데미에서 일하고 있던 한살림모임의 막내였던 윤형근이 다시 결합했다. 새로운 연구소 이름은 '모심과 살림'이라고 정했다.

"사람도 안과 밖이 분리되어 있는 건 아닌데, 있기는 있다는 말이지. 이 안팎의 조건이 형성되지 않고는 일이 이루어질 수 없어. 상황, 조건, 여건이 다 조성되어야 일이 되는 거지. 재일아, 조급하게 생각하지 말고 느긋해라."

박재일은 장일순의 당부대로 그렇게 한 것이다.

쌀을 지키고
땅을 살리는 밑거름

1991년 'UR 반대, 쌀 수입 개방 반대 서명 운동'이 대대적으로 벌어졌다. 서명 운동을 시작한 지 43일 만에 1,300만 명이 참여해 '최단 시일 내 최다 인원 서명'을 기록해 기네스북에 등재될 정도였으니 '쌀 개방'이 얼마나 민감한 사회문제였는지 알 수 있다. 오죽하면 1992년 대통령 후보로 나선 김영삼이 "대통령직을 걸고 쌀 개방을 막겠다"는 공약을 내걸었을까. 비록 공약空約이 되고 말았지만 말이다. 박재일이 다시 서울로 올라와 한살림농산을 준비하며 백방으로 뛰어다니던 1986년 가을, 남미 우루과이의 푼타델에스테에 모인 '관세 및 무역에 관한 일반협정GATT' 각료들이 새로운 교역질서 개편을 위한 다자간 무역협상을 시작했다. 바로 우르과이라운드 협상의 출발이다. 생소하기만 했던 지구 반대편 초원의 나라 우르과이처럼, 협상의 내용이 우리 삶에 어떤 영향을 미치게 될지 알려진 바도 거의 없었다. 그러다 1991년 '농산물 수입 개방'이 협상의 주된 의제라는 사실이 드러나면서 농민들의 거센 저항이 시작되었다.

박재일과 한살림에게 '쌀'은 단순히 먹을거리의 하나가 아니었다. 만인이 평등하게 먹는 밥, 그 밥을 만드는 쌀로부터 모든 한살림의 생활문화운동이 출발했다 해도 과언이 아니었다. 쌀시장 개방을 강요하는 것에 맞서 한살림생활협동조합은 1993년 2월 27일 열린 제6차 정기총회에서 '우리 쌀을 지키고 우리 밀을 살리자'는 결의문을 채택한다.

> "미국이 자국민에게는 '쌀의 달'까지 제정하여 '쌀은 콜레스테롤이 없는 가장 이상적인 식품이고, 쌀농사는 논에 물을 저장하는 기능을 가져 수자원보전효과와 수질향상에 큰 기여를 하며 산소공급과 탄산가스 흡수로 공기정화 기능이 지대하다'는 등의 이유를 들어 쌀소비와 쌀농사의 보호를 주장하고 있으면서 우리 겨레의 생명젓줄인 쌀 생산터전이 파괴되는 쌀수입 개방을 강요하는 것은 얼마나 극단적인 이기주의의 발상이요, 생명말살 행위입니까?"

한살림은 미국이 비교우위에 있는 농업과 서비스업, 첨단산업 등을 무기로 세계 시장의 패권 강화를 위해 우르과이라운드 협상을 주도한다는 사실을 적극적으로 홍보했다. 미국산 수입 밀 때문에 멸종되다시피 한 우리 밀 살리기 운동을 가장 먼저 시작한 것도 한살림이었다. 한살림은 우리 쌀이 우리 밀의 전철을 밟지 않도록 최선을 다하기로 했다.

1993년 10월 말 한살림은 단국대학교에서 한살림장터를 열고, '바른 농업의 대안은 무엇인가'라는 주제로 농업정책토론회도 열었다. 이 토론회에서 최양부 농촌경제연구원 부원장과 대구한살림의 천규석 등은 한살림이 나아가야 할 농업살림운동의 정책 방향을 제안했다. 이는 이후 조완형이 박재일, 이상국 등과 오랜 논의 끝에 정리한 '한살림 농업정책'의 기조인 '지역생태순환농업'에도 반영되었다. 천규석은 일찍이 박재일과 가톨릭농민회 운동을 함께해온 동지로, 1993년 2월에는 《이 땅덩이와 밥상》이라는 책을 펴내 한살림운동에 담은 생각을 널리 알려나가기도 했다. 조완형은 1989년 박재일이 소비자협동조합중앙회 회장을 맡고 있을 때 처음 만나 1990년 일본 수도권COOP사업연합 교류 방문에 함께 다녀오기도 했다. 이후 1991년부터 한살림에 결합해 강서지소 공급 실무자로 일을 시작했고 토론회 당시 이상국과 함께 구매 및 생산 업무를 담당하고 있었다.

한살림이 제시한 지역생태순환 농업은 마을과 지역 단위로 생산자를 조직하여 소규모 축산업과 논밭농사가 생태적으로 순환하도록 설계하는 것이 핵심이었다. 개별 농가를 넘어 마을과 지역 단위에서 소와 돼지 등 가축 분뇨를 생태적으로 발효시켜 논밭의 거름이 되게 하고 이렇게 생산된 농산물 일부와 대궁 등 농사 부산물을 가축의 사료로 순환하게 하자는 것이다. 어찌 보면 산업화 이전 조상들이 자연스럽게 이어가던 전통적인 농사를 계승하는 방식이었다. 화학비료와 제초제 등을 투입하지 않고, 순환하는 자연의 섭리에 어울리는 농사를 이어가자는 것은 일찍이 한살림 선언에서 "한 그릇의 밥은 우주의 밥이요 자연의 젖이다"라고 하던 가슴 뛰는 이야기를 실천하는 구체적인 방법이었다. 뿐만 아니라 두부 같은 가공식품 제조공장도 1차 농산물 산지 인근에 배치해 농가 소득을 보전할 뿐만 아니라, 농산물이 가공식품의 원료가 되게 하고 이 과정에서 나오는 부산물을 가축 사료로 이용해 수입 곡물에 의존하는 축산의 문제도 개선하자는 방향이었다.

우리 농업의 현실은 점점 더 위태로워지고 있었다. 우르과이 라운드 협상은 세계 시장을 WTO 체제로 빠르게 재편하기 위한 것이었다. WTO 체제 아래 관세장벽이 철폐되고 농산물시장이 개방되면 어떻게 될지는 우리 밀의 멸종 위기를 불러온 수입 밀의 위력을 통해 이미 모두가 절감한 상황이었다. 박재일은 한살림이 시작한 도시와 농촌이 건강한 밥상을 매개로 서로 연대하는 방식 말고는 우리 농업을 지킬 방법이 달리 없다고 생각했다.

"앞으로 우리 농업이 살아남아 국제적 경쟁력을 갖기 위해서는 가격 경쟁력밖에 없다고들 합니다. 과연 가능한 일일까요? 결국 우리가 해야 하는 것은 환경도 살리고 국민의 건강도 보장해 주는 농업, 즉 질적으로 맛도 뛰어나고 안전성도 있는 농업, 이것이 바로 앞으로 미래를 열어갈 농업입니다."[46]

박재일이 2003년 '생산과 소비는 하나다'라는 강연에서 당시를 회고하며 한 말이다.

한살림은 우리 스스로 농업의 대안을 만들기 위해 더욱 적극적인 노력을 시작했다. 유기농업은 단순히 제초제와 화학비료를 쓰지 않는 것이 아니라 작물이 스스로 건강하게 자랄 수 있도록 땅의 지력을 높이는 것이 중요했다. 이를 위해 우선 흙을 건강하게 만들어야 하는데 그때까지 알려진 것은 EM농법, 시마모토농법 등 미생물 발효를 이용한 방법이 전부였다. 문제는 여기에 필요한 미생물을 외국에서 수입해 와야 한다는 점이었다. 한살림은 이 문제를 해결하기 위해 1993년 6월 충북농촌개발회를 중심으로 여러 뜻있는 단체와 개인의 힘을 모아 흙살림연구모임과 그 산하기관인 흙살림연구소를 만들었다. 흙살림연구모임의 대표는 박재일, 연구소 소장은 이태근이 맡았다. 한살림은 이곳에 500만 원을 직접 투자한다. 그 돈 안에는 그간 한살림에 유기농산물을 공급하던 생산자들이 모은 300만 원도 포함돼 있었다.[47] 한살림 농부들은 누구보다 흙살림의 중요성과 필요성을 잘 알고 있는 사람들이었다.

한살림은 이런 노력과는 별도로 김영삼 정부에 대해 농업 회생을 위한 제도 마련과 정책 지원에 나서라고 촉구했다. 우리 농업 구조를 바꾸고 관련 법과 제도를 마련하는 일은 한살림 혼자만의 힘으로는 해낼 수 없는 일이기 때문이다. 박재일은 이런 일을 함께할 시민 사회단체들을 모으는 데 힘을 쏟았다. 기존의 연합단체들은 생산자는 생산자끼리 소비자는 소비자끼리 각자의 권익을 위해 뭉쳐 있었다. 하지만 박재일은 '생산과 소비는 하나다'라는 신념대로 이들이 하나로 힘을 모아야만 우리 농업을 살릴 수 있다고 강조했다. 마침내 1994년 11월 8일 한살림과 한국유기농업협회, 가톨릭농민회 등 모두 11개의 단체가 모인 환경보전형농업생산소비단체협의회_{이후 1998년 사단법인 환경농업단체연합회}가 결성된다. 박재일은 이 단체에서도 초대 회장이 되었다. 이전 소비자협동조합중앙회 시절부터 서로 다른 조직들에 대해 경계를 긋고 애써 구분하려 들지 않았던 박재일의 포용력은 환경보전형농업생산소비단체협의회에서도 지도력을 발휘했다. 환경농업단체연합회가 결성된 뒤, 정부는 농림부에 환경농업과를 설치하고 친환경농업 육성 중

장기 계획을 발표했다. 그리고 마침내 1997년 12월 13일 법률 제 5442호로 환경농업육성법2001년 일부 개정을 통해 친환경농업육성법으로 다시 친환경농어업 육성 및 유기식품 등의 관리·지원에 관한 법률로 명칭 변경이 제정되었다. 박재일은 이 과정에서 공로를 인정받아 그해 11월 11일 제2회 농업인의 날에 철탑산업훈장을 받기도 했다.

"한살림과 박재일 선생의 조용하고 온화한 카리스마가 없었다면 과연 환경농업정책의 도입과 환경농업육성법의 제정이 가능했을까. 환경농업단체연합회가 그렇게 빠르게 중심을 잡고 제도적인 안정을 찾을 수 있었을까."

김영삼 정부 시절 청와대 농림수산수석비서관을 지낸 최양부의 이야기다. 그는 앞서 언급한 1993년 10월, 한살림이 연 농업정책토론회에 참석해 '문명의 전환과 우리 농의 장래'라는 주제로 기조 발제를 하면서 박재일과 처음 만난 인연이 있었다. 당시 박재일이 환경농업육성법 제정을 위해 발 벗고 나설 때는 학창시절부터 친구였던 김정남 청와대 교육문화수석과 가톨릭농민회의에서 동고동락했던 국회위원 이길재 등이 그를 적극적으로 도왔다.

환경농업육성법은 문민정부에서 여야 공동발의로 제정되었고, 이 법이 발효된 것은 헌정 사상 최초로 여야 정권 교체가 이루어진 뒤 탄생한 국민의 정부 때였다. 김대중 정부는 이를 기반으로 1998년 제3회 농업인의 날 기념식에서 농업·농촌재도약과 친환경농업 원년을 선포하고, '흙 살리기 운동, 생명의 숲 가꾸기 운동, 푸른 들 가꾸기 운동, 식량자급도 1퍼센트 올리기, 남은 음식물 사료화운동, 자원절약형 농업실천운동, 직거래 등 도·농 자매결연, 깨끗한 농산촌 가꾸기 운동, 우리농산물세계화운동' 등을 농정 과제로 발표했다. 여기에 한살림의 앞선 생각과 실천들이 많이 반영되어 있다는 것을 알 수 있다. 곧이어 1999년 2월 5일 드디어 소비자생활협동조합법이 제정되었다. 일련의 과정에 대해 당시 농림부장관이던 김성훈은 이렇게 회고했다.

"새 정부 출범 이후 첫 번째 국무회의는 IMF 극복 방안을 논의하는 것이었습니다. 이때 첫 번째 국무회의 의결사항으로 생협법 제정을 결정했는데 이는 온전히 박재일 선생 덕분이었습니다. 나중에 국민의 정부가 친환경유기농업 원년을 선언하자 기뻐서 입이 마르도록 저를 칭찬해 주셨습니다."

2016년 12월 한살림 30주년 기념식에서 김성훈이 생협법 제정까지 저간의 사정에 대해 설명한 말이다. 당시 김성훈은 농림부장관으로 첫 출근하던 날 농민, 소비자단체 대표들과의 간담회로 업무를 시작했다. 그는 이 자리에 참석한 박재일이 생활협동조합법을 조속히 제정해 달라고 촉구한 것을 첫 번째 국무회의 논의에 붙였다.

"우리는 농산물수입개방과 IMF구제금융사태라는 이중고에 시달리고 있습니다. 이런 상황에서 농민과 소비자의 직거래가 활성화 되면 농산물유통구조가 개선돼 농민과 소비자의 삶이 달라질 수 있습니다. 그동안 한살림의 농산물직거래운동은 법적 근거가 없어서 많은 어려움을 겪었습니다. 한살림 같은 협동조합들이 늘어날 수 있도록 하루 빨리 생협법이 제정되어야 합니다."

이런 박재일과 한살림의 제안은 소비자생활협동조합법 제정이라는 결실을 낳았고, 한살림이 우리 사회에 새로운 틀을 제시한 생협이 비로소 법적 근거를 마련하게 된 것이다. 박재일은 한살림 운동을 시작하기 전 인생의 절반을 긴급조치, 계엄령, 유신헌법, 국가보안법 등 부당한 법에 맞서 싸워온 사람이었다. 그가 이제는 우리나라에 존재하지 않았던 새로운 법률 두 가지를 제정하는 데 큰 힘을 보탠 것이다. 유기농업 지원에 대한 법과 제도적 근거를 마련한 환경농업지원에 관한 특별법, 친환경농산물 직거래운동에 대한 법적 근거가 된 생활협동조합법이 그것이다.

"약간의 가능성이 있다면 바늘구멍이라도 계속 찔러 시도하는 것이 회장님의 특기입니다. 그러나 그런 시도들이 무모하게 앞만 보고 돌격하는 방식이 아니에요. 평소 꼼꼼한 성격 그대로 철저하고 성실하게 준비한 것을 가지고 뚝심 있게 밀어붙이니 결국 성공하는 거죠."

박재일이 환경보전형농업생산소비단체협의회 회장직을 맡

는 동안 한살림 안에서 그의 대외활동을 돕던 조완형의 말이다. 그는 박재일은 현실에 안주하지 않고 늘 꿈을 꾸는 사람이었다고 했다. 그 꿈에 사심이 없으니 박재일의 꿈을 한살림의 꿈으로 실현하기 위해 실무자들이 믿고 따랐던 것이라며 이렇게 덧붙였다.

"실무자들은 눈앞에 주어진 과제와 업무에 치여 한살림 안에만 갇혀 있을 때도 회장님은 항상 한살림 너머를 보며 새로운 가능성을 제시하는 지도자였습니다."

연대의 힘,
북한과 아시아 민중을 돕다

지금 이 순간에도 굶주림의 어두운 터널 속에서 탈진해 있는 성장기 어린이들과 새로운 생명을 잉태하고 있는 임산부들에게 인류를 구하는 큰 사랑을 가지고 조그만 정성이나마 하나로 모아봅시다. 그린코프 모든 조합원들의 따뜻한 사랑의 손길을 진심으로 부탁합니다.

그동안 한살림과 그린코프는 안전한 먹거리 확보와 안정된 식량자급이 매우 중요하다는 공통인식 아래, 나라는 다르지만 생명의 터전인 농업을 지키고 살리는 일에 많은 노력을 기울여 왔습니다. 한살림 조합원과 그린코프 조합원은 이번 북한 돕기 공동 모금활동을 통해 농업의 귀중함을 다시 한 번 깨닫고 농업의 중요성을 새롭게 확인하

는 계기가 되길 기대해 봅니다. 이와 함께 한살림과 그린
코프가 지금까지 추진해온 생명·공생·협동 운동이 이념
과 국경을 뛰어넘어 생명을 파괴하는 현대 산업문명의 위
기를 극복하는 하나의 대안이 될 수 있다는 사실을 더불
어 체험하는 중요한 전기가 될 것으로 확신합니다. 감사
합니다.

1997년 8월 박재일이 사단법인한살림 회장 이름으로 일본 그
린코프생협 회원들에게 보낸 호소문이다. 당시 유니세프에 의하
면 북한 5살 미만 어린이 210만 명 가운데 37퍼센트인 80만 명이
영양결핍 상태에 놓여 있었다. 같은 해 4월부터 굶주리는 북녘 동
포를 돕기 위한 시민 사회단체들의 움직임이 확산되었다. 박재일
은 한살림 조합원들을 대상으로 모금활동을 벌이면서 일본 그린코
프에도 도움을 요청한 것이다. 그린코프는 일본의 남쪽 규슈지역
을 중심으로 활동하는 13개 단위 생협들의 연합체로, 1995년 3월
27일 서울에서 한일 양국의 농업 및 환경문제 해결방안을 공동 모
색하기 위해 열린 '생명공동체 운동 한·일 교류 한마당' 행사를 통
해 한살림과 교류를 시작했다. 한일교류 한마당은 한살림과 가톨
릭농민회, 환경운동연합 등 10개 유기농업 및 환경단체들이 모인
생명공동체운동연대와 일본 데반다협의회가 공동주최한 행사로

일본에서만 350여 명이 참가했다. 데반다협의회는 '환경을 소중히 생각하며 활력 넘치는 농업을 위해 행동하는 네트워크DEVANDA : Do it Eco-vital Action Network for Dynamic Agriculture'로 대지를지키는모임, 생활클럽생협, 그린코프 등이 참여하고 있었다. 데반다협의회는 우르과이라운드 협상으로 위기에 처한 일본 농업의 회생과 농산물자급 운동에 열심이었기 때문에 한일교류 한마당에서 박재일이 소개한 한살림의 우리 밀 살리기 운동에 깊이 공감하고 있었다. 그중에서도 특히 그린코프가 가장 적극적으로 한살림과의 교류를 제안했다.

　　박재일은 그해 4월 일본 규슈에서 열린 데반다협의회 행사에도 참가했는데, 이 과정에서 그린코프의 실무 책임자인 유키오카 요시하루와 각별한 인연을 맺게 되었다. 1947년생인 유키오카는 구마모트 대학 4학년이던 1970년에 미일안보조약 자동연장 반대운동70년 안보투쟁에 참여한 학생운동가 출신이었다. 사회변혁을 꿈꾸던 학생시절의 이상을 생협을 통해 실현하고 있다는 점에서 박재일과 통하는 점이 많았다. "사람은 그 부모보다 그 시대를 닮는다"는 말에 비추어보아도 두 사람은 국경과 나이를 초월해 우정을 나눌 만한 인연이 있었다. 박재일이 허심탄회하게 그린코프에 도움의 손길을 청할 수 있었던 것도 이런 동지적 유대감이 있었기 때문이다.

　　그린코프는 박재일의 제안을 받은 즉시 27만 5,300세대에 달하는 조합원들에게 한국에서 온 호소문과 함께 모금 운동 제안서를 발송했다. 당시 창립한 지 11년 된 한살림의 조합원 수는 2만여 세대가 조금 넘었으니 그린코프는 이보다 열 배가 넘는 규모였다. 그 결과 그린코프는 684만 엔한화 5308만1216원을 모았고, 박재일이 호소문을 보낸 두 달 후인 1997년 10월 28일 그린코프 사업연합 대표단이 한국을 방문했다. 박재일은 그린코프 관계자들과 함께 남북어린이어깨동무 공동대표를 맡고 있는 권근술 한겨레신문사 대표를 찾아가 한일 두 단체가 모은 성금을 전달했다. 당시 한살림 조합원들의 모금액은 780여만 원이었다. 그린코프는 모금 운동을 진행하는 동안 과거 아시아 국가에 대한 일본의 침략 행위를 반성하자는 취지로 '평화의 다리'라는 프로그램을 진행했다. 평화의 다리 참가자들은 이후 매년 8월 한국을 방문해 일본대사관 앞 수요 집회에 참석하며 한살림 조합원들과 교류를 이어가고 있다.

박재일의 제안으로 북한 어린이 돕기에 함께 한 그린코프는 그로부터 10여 년 뒤 한일양국의 우정을 뛰어넘는 더 큰 연대를 제안하게 된다. 2007년 이후 국제곡물가격 폭등으로 전 세계적으로 식량위기가 고조되고, 2008년 가을 리먼브라더스의 파산으로 촉발된 1차 글로벌 금융쇼크로 전 세계가 어려움을 겪고 있을 때였다. 이 무렵 한국을 방문한 유키오카 고문은 박재일에게 국제금융위기로 고통받는 아시아 민중들이 연대하는 사업을 함께하자고 했다. 그린코프 같은 일본 생협들은 '민중교역'을 통해 필리핀 네그로스 섬의 설탕 등을 수입해 판매 수익으로 민중교류기금을 적립하고, 제3세계 국가의 농민들을 지원하는 일을 실천하고 있었다. 유키오카 고문은 박재일에게 이 방식을 확대해 한국과 일본뿐만 아니라 필리핀, 동티모르, 인도네시아, 파키스탄 등 저개발국가 생산자들까지 함께 참여하는 '아시아민중기금' 설립을 제안한 것이다. 민중교역 등으로 적립한 기금을 저개발 국가의 생산시설이나 학교, 병원 등을 건립하는 데 싼 이자로 대출해주는 일을 함께하자는 것이었다.

"정말 좋은 일이에요. 그런데 한살림은 지금까지 수입 물품은 취급하지 않는다는 원칙을 유지하고 있어요. 우리가 어떻게 기금 적립에 참여할지 함께 고민해 볼게요."

박재일은 아시아민중기금을 만들자는 일본 시민사회단체의 제안에 과거 한살림을 도와준 미제레올 기금을 떠올렸다. 생전에 장일순은 '자신이 도움 받은 일에 대한 답례는 꼭 앞으로 하지 않고 뒤나 옆으로 해도 된다'고 했다. 도움 받은 사람에게 직접 되돌려주는 것은 단순히 빚을 갚는 일로 끝나지만 다른 사람에게 주면 새로운 변화의 씨앗이 될 수 있다는 게 그의 가르침이었다. 박재일은 한살림이 자립이 가능해진 시점부터 어떻게 답례할 것인지 계속 고민하고 있었다. 북한어린이돕기를 위해 그린코프에 처음 손을 내밀었던 것도 그런 일의 하나였다.

한살림은 공정무역[48]에는 직접 참여하지 않기로 했지만 기금 출연에는 기꺼이 함께하기로 결정했다. 마침내 2009년 한국에서는 한살림과 두레생협연합이 참여하고 일본의 그린코프, 생활클럽 등 생협들과 대지를지키는모임, 일본섬유재활용연대협의회[JFSA] 등 시민단체들이 참여한 '호혜를 위한 아시아민중기금'이 출범했다. 박재일은 이 기금의 이사로 참여하고, 한살림은 매년 1만 달러가량씩 3년간 기금을 출연하고 추가로 기금 마련이 필요해지면 협의를 하기로 했다.

박재일이 유년시절 경험한 일제의 식민지 지배나 대학 입학 뒤의 그의 삶을 뒤바꿔놓은 6·3 한일회담 반대시위처럼 그에게 일본은 극복과 청산의 대상에 가까웠다. 그가 역사 왜곡마저 서슴지 않는 일본 정치세력에 대해 반감을 갖는 것은 당연한 일이었다. 그러나 박재일이 만난 일본의 생협운동가들은 달랐다. 그들은 누구보다 반전 평화나 제3세계 민중들에 대한 연대의식이 투철했다. 생명에 대한 각성을 바탕으로 새로운 운동의 길을 모색하던 그에게 일본의 생협 지도자들이 보여준 앞선 실험과 사업성과는 본보기가 되었다. 농촌과 도시의 상생이 가능하다는 믿음도 그들 덕분에 굳건해졌다. 박재일과 오랜 시간 교류를 함께하며 우정으로 서로를 성장시킨 일본의 생협 운동가들은 그린코프의 유키오카 외에도 소비자협동조합중앙회 회장을 맡고 있던 때 처음 만난 고베 대학 야스다 교수, 도쿄 생활클럽의 고노 에이지 이사장, 그밖에도 대지를지키는모임의 후지타 회장 등이 있다. 모두 박재일에게는 생협 운동의 선배이자 동지였고 박재일 역시 그들에게 존경받는 벗이었다.

생활이
정치다

　　국내 유통시장이 개방되기 직전인 1993년 서울 창동에 문을 연 최초의 할인점 '이마트'를 시작으로 대형 유통업체들이 사업을 확장하면서 소비자들의 생활 방식도 급격히 변화했다. 한살림 조합원이라고 해도 예외는 아니었다. 공동체보다 개별 공급이 늘어나고 일주일에 한 번씩 공급받기보다 매장을 통한 상시 구매하는 사례가 늘어났다. 세상은 빠르게 변하고 있었다. 맞벌이가 늘고 주부들이 집에 있는 시간도 줄었다. 한살림은 1995년 조합원들의 이용 불편을 해소하기 위한 공급 방식 개선에 대한 논의를 시작했다. 그러나 한살림의 변화에는 늘 진통이 따랐다. 의사결정구조가 복잡하고 합의에 다다르지 않으면 섣불리 새로운 시도를 하기도 어려운 협동조합의 특성상 불가피한 면일 수도 있었다. 이사회에서는 매장 개설이나 개별 공급을 허용하는 것이 한살림의 정체성을 흔드는 일이라며 반대했다. 편리함만 좇는 시대 조류에 편승해 공동체 정신을 훼손한다는 논리였다. 그러나 박재일의 생각은 유연했다. 한살림은 고정불변의 완성된 형태가 아니라 계속 새롭게 만들어가야 한다는 것이 그의 생각이었다.

"이제는 생각을 바꾸어야 해요. 공동체 공급을 받는 사람들끼리만 공동체가 아니잖아요. 매장을 통해 지역에서 더 많은 사람들을 만날 수 있어요. 그곳에서 새로 이웃도 사귀고 마을에서 더 큰 공동체를 만들 수 있어야 해요."

그가 한살림농산에서 일반미를 함께 취급했던 것도 마찬가지 이유였다. 박재일이 생각하는 한살림운동은 단순히 유기농산물 직거래를 통해 자본주의 시장경제의 대안을 만드는 것 그 이상이었다. 그래서 차이를 구분해 경계를 긋기보다는 외연을 넓혀 다양하게 더 많은 사람들과 어울리려는 노력이 중요하다고 생각했다.

"나 혼자 우리 가족만 좋은 거 먹으면 된다, 이거야말로 반생명적이지. 이대로 가다가는 세상이 다 망하겠다, 그러니 우리 다 같이 살 방법을 찾아 서로 돕는 게 진짜 한살림이지."

박재일의 이러한 생각은 한살림의 물품과 농업정책에 고스란히 반영되었다. 우선 1991년 한살림공동체소비자협동조합 당시의 물품정책을 보면 "한살림은 생명운동으로 완전한 유기농산물을 지향하며 자연 생태계 가운데 기존의 상태보다 조금이라도 더 살려내려는 노력이 있는 물품, 인간 사이의 협동적인 노력이 깃든 물품, 외국농산물로 파괴되어 가는 농업, 농민생활을 지키는 데 도움되는 물품을 물품위원회의 의견을 수렴하여 선정한다"고 되어 있다. 박재일이 한살림농산 초창기 성미마을 무농약 쌀뿐만 아니라 믿을 수 있는 농민들이 재배한 일반 쌀도 같이 취급했던 것도 노력하는 '과정과 사람'을 소중히 생각해야만 더 나은 생산 기반과 공동체가 늘어날 수 있다고 생각했기 때문이었다.

"먹거리의 중요성에 대해 갑자기 깨달았다고 해서 난 유기농만 먹겠다고 고집하는 것도 문제예요. 현재 우리가 가지고 있는 것부터 감사히 먹으면서 차츰 지금보다 낫게 바꾸는 것이 중요해요. 저건 위험하니 안 돼, 하면서 편부터 가르는 건 옳지 않아요."

'과정과 사람'을 소중하게 여기자는 박재일의 이런 생각은 한살림 정책에 중요한 잣대가 되었고, 이것은 1998년 조완형이 새로 정리한 '한살림 농업정책과 물품정책'에서 보다 구체적으로 정리되었다. 이때는 이미 환경농업육성법이 제정되고 유기농산물을 취급하는 단체나 매장이 늘어나면서 소비자들의 선택 폭도 넓어졌다. 한살림이 추구하는 생명의 가치가 어느덧 시장의 소비 트렌드가 된 경향도 있었다. 이럴 때 기업이라면 마땅히 차별화 전략을 세울 것이다. 그러나 한살림은 다른 후발 단체와 경쟁하기보다는 다시 원칙을 돌아보는 쪽을 택했다. 생산자와 소비자의 연대를 더 굳건히 하고 협력을 강화하자거나 국내산 먹을거리를 지칭하는 '가까운먹을거리'를 강조하자는 식이 그런 내용이었다. 한살림은 유기농산물 시장에서 강조하는 '안전한 친환경농산물' 수준에서 그치는 것이 아니라 줄곧 생산 '과정'과 생산하는 '사람'의 생활을 돌보는 방식으로 우리 농업을 지속가능하게 해야 한다는 목표를 유지했다. 박재일은 그 목표를 이루는 길은 가족을 위해 건강한 밥상을 차리겠다는 소박한 생각으로 모인 엄마들이 결국 농업을 살리고 생명을 살리는 방향으로 나아가는 생활 정치에 있다고 믿었다.

"한살림 주부들이 환경을 생각하는 비누를 쓰고, 쓰레기도 줄이고, 나만 편리하게 살자는 욕심을 좀 줄이는 작은 실천들을 시작했을 때 참 유별난 놈들이다 그랬는데 이제는 누구나 다 생명의 소중함을 이야기하고 유기농을 해야 한다고 생각하게 되었잖아요. 그렇게 생활을 바꾸고 세상을 바꾸는 것이 진짜 정치지요."

박재일의 말이다. 평범한 시민이 정치의 주인이 돼야 한다는 박재일의 생각은 한살림운동을 시작한 이후 더 확고하게 굳어졌다. 그는 일찌감치 정치권으로 진출한 지인들 때문에 유독 현실 정치에 대한 유혹이 많았다. 박정희가 사망한 뒤에야 미국에서 돌아올 수 있었던 친구 김중태가 원주로 찾아와 "강원도 도지사나 출마해보지?"하고 권한 적도 있었다. 이런 말을 들을 때면 박재일은 그저 눈을 질끈 감았다. 정치권으로부터의 유혹은 그가 다시 서울로 올라온 뒤에도 끊이지 않았다. 그는 지방자치가 부활된 1991년에는 한살림모임 의장 자격으로 '참여와 자치를 위한 시민연대회의'에 힘을 보탰는데, "때 묻지 않은 인사들로 광역의회를 꾸려가자"는 시민들의 요구에 의해 서울시 시의회 의원으로 하마평에 오르기도 했다. 이에 대해 당시 한살림모임 간사를 맡고 있던 윤형근은 "사람들의 자율적 참여를 바탕으로 한 자치가 생명사상의 정치적 양식이며, 거기에 우리가 지향해야 할 사회적 이상이 담겨 있다."는 의미에서 동참한 것뿐이라고 했다. 박재일은 그 이후에도 1995년 정치개혁시민연합 공동대표로, 2007년에는 민주평화국민회의 자문위원회 의장단에도 이름을 올린 적이 있다. 모두가 정치적 격변기에 사회적 책임을 다하기 위해 한 일이었지 개인의 정치적 행보를 목적으로 한 행동은 아니었다. 박재일은 직접 이렇게 말했다.

"난 정치는 안 하지. 하지만 생활 속에서 정치운동은 꼭 필요해요."

1999년 열정적인 소비자 활동가 서형숙, 윤선주, 하선주 등이 가족의 건강을 걱정하는 주부 조합원의 힘을 모아《녹색평론》과 함께 불소의 위험성을 공부하면서부터 시작한 수돗물불소화

반대 국민연대, 2000년 다이옥신, 유전자조작식품 반대운동, 2001년 아프가니스탄 전쟁난민돕기 모금운동, 2002년 우리 쌀 지키기 100인 100일 걷기, 2003년 학교급식법 개정과 조례 제정을 위한 국민운동본부, 2005년 농업원로들의 시국선언, 2008년 광우병 촛불집회 등 한살림 조합원들이 앞장선 생활 속 정치운동은 계속되었다. 박재일은 이런 조합원들의 열정에 화답하며 그들과 함께했다. 특히 우리 쌀 지키기 100인 100일 걷기 운동 때는 예순여섯 살의 나이로 직접 뜨거운 아스팔트 위를 걸었고, 이명박 정부의 미국산 쇠고기 수입 재개에 맞선 촛불 집회 때는 한살림 깃발을 앞세운 조합원들과 함께 거리를 행진하기도 했다. 이때는 그의 나이 일흔 살이었다. 박재일은 아내와 딸과 사위, 손주 그리고 한식구와 다름없는 한살림 생산자 소비자 조합원과 함께 촛불을 들고 광화문 거리를 행진했다. 이십대에도 그 길 위에서 역사를 바꾸는 작은 물방울이 되기를 주저하지 않았던 박재일이었다. 그가 걸어온 길들이 광화문 거리에서 주마등처럼 스쳐 지나갔다. 그때로부터 세상은 얼마나 진일보 했을까. 분명한 것은 정부를 뒤엎는다고 혁명이 완성되는 것이 아니라는 사실을 박재일은 생애 전 과정을 통해 깨달았다는 점이다.

"혁명은 새로운 삶과 변화를 전제해야 하지 않겠소? 새로운 삶이란 폭력으로 상대를 없애는 게 아니고, 닭이 병아리를 까내듯이 자신의 마음을 다 바치는 노력 속에서 비롯되는 것이잖아요? 새로운 삶은 보듬어 안는 정성이 없이는 안 되니까요."

    박재일이 자주 인용하던 무위당 장일순의 말이다.

5부

삶의 운동, 흙으로

:2000~

어떻게 하면
삶의 운동이 될까

2000년 이후 한살림의 성장 속도는 놀라웠다. 2001년에는 전국 회원 수가 전년 대비 30.2퍼센트가 증가해 4만 1,031명이 되었고 이듬해 역시 47.1퍼센트가 늘어나 6만 363명, 2005년에는 마침내 11만 5,336명에 이르렀다. 공급액도 폭발적으로 증가했다. 특히 2002년 SBS 텔레비전에서 〈잘 먹고 잘 사는 법〉이란 프로그램이 방송된 이후에는 회원 가입 방법을 묻는 전화가 폭증했다. 늘어나는 물품 수요를 충족할 수 없는 지경이 되자 신규 가입을 규제해 달라는 기존 회원들의 볼멘소리까지 터져 나왔다. 한살림을 둘러싼 대외환경에도 새로운 국면이 전개되기 시작했다. 식품 안전에 대한 사회적 요구가 높아지면서 대기업들이 친환경유기농산물 시장에 뛰어들어 한살림도 점차 격화되는 경쟁에 노출되고 있었다.

한살림에도 여러 가지 크고 작은 변화들이 시작되었다. 우선 늘어난 수요를 충당하기 위해 생산 규모와 인력을 늘리고 물류센터를 체계적으로 관리할 한살림사업연합을 출범시켰다. 조합원이 폭발적으로 늘어나던 2002년 3월의 일이다. 물류사업연합의 탄생은 새로운 생산지를 개척하고 관리하면서 새로운 지역 조직들을 지원하는 기반이 되었다. 그 힘을 바탕으로 2003년 과거 소비자 조직과의 갈등 끝에 해산되었던 한살림생산자모임이 다시 결성되었다. 한편 초창기 한살림운동을 함께 했던 원주[1985.6], 경남[1986.8], 강릉[1988.3], 청주[1989.12], 대구[1990.4], 부산[1993.7] 등에 이어 2001년에는 한살림청주에서 대전, 한살림부산에서는 울산이 분리 독립하고 여수광양, 여주이천, 정읍전주, 천안아산, 광주, 충주제천, 제주에도 새로운 한살림 조직이 꾸려졌다. 사단법인한살림이 이끌던 수도권 지역도 2003년 한살림고양파주, 2005년 한살림과천, 2006년 한살림성남용인으로 차례로 분화했다. 사단법인한살림에서 한살림서울을 분리한 것은 2003년 11월의 일이다. 이로써 1994년 농림부 산하 도농직거래 단체로 등록했던 사단법인한살림이 서울 지역을 관할하는 생협과 한살림운동의 전국 모임 역할을 동시에 수행하던 과도기적 임무를 비로소 마감하게 되었다.[49] 박재일은 이렇게 되기까지 서울 지역에서의 앞선 경험과 역량으로 새로 시작하는 지역 조직에 힘을 쏟으며 이렇게 강조했다.

"도시에 한살림을 조직하고 자체적으로 굴러가려면 먼저 사람이 나서서 계획을 세우는 것이 중요하다고 봤어요. 어려운 지역에 한두 명을 조직적으로 파견해 우선 3년내 2,000세대 조합원을 조직하겠다는 목표를 세우고 그에 필요한 물적 지원을 해야겠다고. 조합이 잘 되는 곳에서 어려운 곳을 지원하면 돼요. 자기 지역 중심의 조직 논리를 뛰어넘지 않으면 길이 없으니까. 내 조합, 내 조직만 생각하면 그건 한살림이 아니지요."

2003년 이제 사단법인한살림에서 한살림서울이 분리됨으로써 박재일은 한살림의 모든 것을 조합원들의 손으로 되돌린 것이다. 1986년 서울 제기동의 후미진 쌀가게에서부터 출발한 한살림이 멀리 제주까지 전국을 아우르는 명실상부한 생명운동조직으로 발돋움하기까지 얼마나 많은 시행착오와 난관이 끊이지 않았던가. 겉으로 드러내지는 않았지만 그에게는 혼자 삭이고 이겨내야 할 힘겨운 시간들이 많았다. 박재일은 그해 '생산과 소비는 하나다'라는 강연에서 지난 시간을 이렇게 회고했다.

> "한살림운동을 시작한지 어느덧 17년이 됐습니다. (……) 20평 되는 점포를 임대해서 시작했는데 한 일주일 있어도 사람들이 안 와요. 그냥 왔다가는 사람에게 한살림을 시작한다는 홍보물을 주니까 관심 있는 분들은 오기도

하고, 지나가는 사람들도 이상하다 생각하고 들어오기도 하는데, 물건을 보면 얼굴빛이 달라지는 거예요. 배추를 벌레가 먹어 구멍이 뻥뻥 뚫려 있으니 쳐다보지도 않는 것입니다. 이런 것을 놓고 파니까 '참 웃기는 놈들도 다 있다'는 표정으로 외면해 버리고 말더군요. 이렇게 처음엔 참으로 어려웠습니다. 그러나 저는 이 운동을 해 오면서 사람들에 대해 믿음을 갖게 되었습니다. 아무리 바쁜 세상이고 삭막하게 돌아가는 세상이지만 그래도 정말로 사람이 뭔가, 어떻게 사는 것이 사람다운 것인가에 대해서 고민하고 노력하는 사람이 뜻밖에 참 많았습니다.

어쨌든 그렇게 손님이 뜸하긴 했지만 저희의 참뜻을 이해하기도 하고 좋은 의견도 나누면서 한두 사람이 모이기 시작했습니다. 일 년 반쯤 지나니까 매장을 거쳐 간 사람들이 한 1,500세대, 그 가운데 지속적으로 이용하는 사람들은 10퍼센트 정도 되었습니다. 한 달에 한 번 오는 사람도 꽤 있었습니다. 그때 저희들이 직판장에 공급한 물품은 쌀을 중심으로 해서 한 열 가지밖에 안 되었습니다. 계속 하다보니까 소비자들로부터 좋은 의견들이 모아졌습니다. 이 운동을 어떻게 하면 지속적으로 할 수 있을 것인가를 고민하다 협동조합방식이 떠오른 것이죠.

그래서 이름을 '한살림공동체 소비자협동조합'으로 했다가 '한살림생활협동조합'으로, 그리고는 지금의 '사단법인한살림'이 됐습니다.

여러분도 아시겠지만 협동조합방식의 한살림운동은 영리를 추구하는 조직이 아닙니다. 한살림운동은 우리의 밥상과 농업을 살리고 나아가 온 누리의 생명을 살리는 운동입니다. 이를 위해서 우선 기초적으로 먹을거리와 밥상을 살리는 일부터 시작했습니다. 그래서 현재 한살림은 밥상을 차리는 소비자와 생산하는 생산자가 같이 주인으로 참여해 함께 운동을 해나가고 있습니다. 생산하는 생산자 회원, 소비하는 소비자 회원이 다 같이 회원으로 참여해 같이 꾸려나가는 형태로 하고 있는 것입니다."

어떻게 하면 한살림운동이 살아가는 삶의 운동이 될까? 농촌과 도시가 단순히 물건을 팔고 사는 관계가 아니라 서로가 함께 살아가는 공동체가 되려면 사람들의 생각이 바뀌어야 하고 바뀐 사람들이 만나 즐겁게 일을 도모해야 한다. 그것은 살림하는 사람들의 생활운동밖에는 길이 없었다. 박재일은 줄곧 이렇게 믿고 버텨왔고 그의 뚝심에 조합원들은 열과 성의를 다해 화답했다.

"협동조합을 만든 게 88년 4월 21일이었습니다. 그때 참여한 회원 수는 70여 명이었고 모인 돈은 약 78만 원이 전부였습니다. 그렇게 시작한 것이죠. 지금 현재 회원 수는 매년 늘어나 2003년 11월 말 현재 서울에만 4만 9,000세대전국적으로는 7만 3,000여 세대가 되었습니다. 이 회원들이 출자해서 모은 돈은 45억 정도에 이릅니다."

1990년부터 그와 함께했던 1세대 조합원 윤선주는 "주부들이 솥뚜껑 운전사라는 업신여김을 받을 때 기왕이면 제대로 세상을 바꾸는 운전수가 되겠다"는 결심으로 한살림운동을 계속해왔다고도 말했다. 이제 협동조합은 젊고 건강한 생활자들의 힘으로 스스로 성장해나가고 있었다. 박재일의 딸들도 어느덧 다섯 중 네 명이 차례로 시집을 가 각자 한살림 조합원으로 독립했다. 이제는 한살림 밥상으로 그의 손주들이 자라고 있었다. 어느덧 엄마가 된 박재일의 딸들 세대가 한살림운동의 주체가 된 것이다. 그중 한살림서울의 학교급식위원회 간사로 일하던 맏딸 박순원은 한살림성남용인이 분리 독립할 때 초대 이사장으로, 둘째 딸 박정아도 한살림서울에서 실무자로 일했다. 셋째 박소현과 넷째 박현선도 어린 시절 엄마가 장미아파트 이웃들과 함께 꾸린 한살림 공동체 안에서 누리던 소소한 기쁨들을 육아 소모임을 만들어 또래 엄마들과 나누고 있었다.

　이즈음부터 박재일은 한살림운동이 처음 출발한 그 시점의 문제의식을 다시 돌아보기 시작했다. 초창기 한살림운동에 온 삶을 투신하듯 함께해온 생산자나 실무자들과는 달리 직업의 한 방편으로 한살림이라는 조직을 선택한 새로운 세대들이 등장했고, 유행을 쫓듯 급격하게 증가한 소비자들 역시 초창기 조합원들이 보여준 헌신적인 책임 소비보다는 유기농산물의 가격과 품질만 따지는 모습이 점차 두드러지고 있었다. 변화된 환경 속에서 새로운 세대들과 어떻게 조화를 이루며 살아갈 것인가. 이는 어느덧 우리 사회의 원로가 된 그에게 주어진 새로운 과제이기도 했다.

밥상 살림에서
마음 살림으로

　　박재일은 평소 자신의 생각이나 공부하고 있는 내용들을 수첩에 정갈하게 정리해 놓곤 했다. 수십 권의 수첩과 다이어리에는 모범생의 노트 필기처럼 일목요연하게 그가 고민했던 생각의 갈래들이 정돈돼 있다. 그는 중요한 내용일수록 두 번씩 반복해서 다시 기록하는 습관도 있었다. 그러므로 박재일이 남겨둔 수첩들을 들여다보면 그가 품었던 생각을 이해할 수 있다. 그는 해마다 기록을 남겼는데, 마지막은 2008년도 한살림 업무용 다이어리에 쓴 것들이다. 그의 나이 70세가 된 해였다. 다이어리 첫 장에는 생명의 원천인 씨앗을 상징하는 한살림 로고가, 이어지는 페이지에는 '한살림운동의 지향'이 인쇄돼 있다.

우리는 우리 안에 모셔진 거룩한 생명을 느끼고 그것을 실현합니다.
우리는 우리가 딛고 사는 땅을 내 몸처럼 생각합니다.
우리는 지역의 이웃과 생산자와 소비자를 가족으로 생각합니다.
우리는 우주 생명의 일원으로서 생태계에 책임지고자 합니다.
우리는 더불어 사는 삶을 위해 나부터 시작합니다.

1989년 발표된 〈한살림선언〉이 너무 어렵다는 생각에서 서형숙, 유영희, 윤선주, 윤희진 등 초창기 소비자 조합원과 실무자들이 함께 모여 조합원 눈높이에 맞게 정리한 것이 바로 이 '한살림운동의 지향'이다. 공공 행사에서 국민의례를 하면서 국기에 대한 맹세를 함께 읽는 것처럼 한살림의 공식행사에서 한살림운동의 지향을 함께 소리 내 읽곤 한다. 수십 번 수백 번 소리 내 읽었을 뜨거운 말들, 박재일의 숨결이 그곳에 고스란히 담겨 있었다. 박재일은 이 말들처럼 생명의 의미를 자각하고 발 딛고 있는 땅을 제 몸처럼 생각하면서 생산자와 소비자들이 한 가족처럼 살게 하고 싶었다. 또한 일상의 공간에서 자신부터 그런 생각들을 실천하고자 노력했다.

박재일이 남긴 다이어리에서 쓰치다 다카시의《공생공빈共生共
貧 — 21세기를 사는 길》에 대한 생각을 정리한 대목을 들여다본다.

"자원의 한계만 아니고 환경에도 한계가 있다. 풍요한 공
업문명에는 영속성이 없어서 막다른 골목에 직면하게 됨
은 불가피하다. 발전이 계속되어 '더욱 편리하게 더욱 풍
요롭게' 되는 것은 어려운 일이다."

박재일은 왜 일흔이 된 시점에, 오래전에 읽었을 이 글을 다
시 필사하면서 비망록처럼 새겨 두었을까. 2008년 다이어리에 쓴
첫 번째 메모였다.《공생공빈》이란 책은 한살림생산자협의회 초
대 회장으로 박재일과 한살림운동을 함께 했던 김영원이 번역해
소개한 책이었다. 그는 바로 한해 전 2007년 새해 첫날 세상을 떠
났는데, 공생공빈의 철학이 강조하는 '대지에 뿌리내리며, 더욱
천천히, 더욱 작게'라는 말처럼 살다간 청빈한 농부였다.

이어지는 메모에는 '풍토에 뿌리내린 식생활을'이라고 쓴 제
목에 동그라미 표시를 해서 강조해 놓았다. '식생활 습관을 고치
자는 슬로푸드나 슬로라이프 운동의 폭발적 유행이 일본의 풍토
와 생활문화로 뒷받침 되지 못하고 외래 사상이나 해외 문화를 추
종하는 모습으로 비춰지고 있다. 일본에서 전승되어 온 생활 문

화는 더욱 흙에 밀착하는 것에 가치를 두고 있으며, 슬로라이프 운동 그 자체이기도 하다' 이렇게 메모를 해두었다. 그리고 나서는 박재일 스스로의 결심인 듯 "과거를 통해서 배우고 생활을 통해서 착실하게 실천하는 주장이 돼야 할 것이다. 견실한 도(道)는 현실을 직시하고 구체적으로 실천하는 생활문화운동이다"라고 적었다.

다음으로는 '유기농업운동에서 얻은 것'이라는 메모가 있다. 이는 마치 자신이 걸어온 길을 총화라도 하는 듯 갈래를 나누어 글로 정리했다.

- 무농약재배의 어려움을 통해서 공생공빈이야말로 생물다양성의 기본이며 그 사실이 무농약의 가능성을 보증하는 것임을 알게 되었다.
- 생산자와 소비자가 상대방의 입장이나 희망을 서로 이해하고 기쁨으로 격려하는 관계를 강화해왔다.
- '얼굴과 얼굴이 보이는 제휴관계'라고 하는 것이지만 '마음과 마음이 결속되는 신뢰관계'를 쌓아왔다.

이즈음 박재일은 일상이 곧 수행의 과정이 되기 위해 노력하고 있었다. 몸과 마음의 건강을 돌보는 일과 수행, 명상 등에 대한 메모들이 자주 눈에 띄는 이유도 그것이다. 박재일이 사단법인 한살림을 통해 한살림수련농장 또는 연수원 같은 한살림의 지향이 반영된 실현지를 설립하는 데 관심을 기울이고 있을 때였다. 한살림운동의 실현지를 만들자는 논의는 오래전부터 있었지만 그동안은 실제로 진행할 수 있는 여건과 상황이 무르익지 않은 상태였다. 그러나 2006년, 한살림 창립 20주년을 맞아 한살림운동이 나아갈 방향을 논의하면서 고민이 구체화되기 시작했다. 마침내 2008년 5월 사단법인한살림 이사회는 '한살림수련농장 설립을 위한 생명운동기금 집행'을 결정하며 박재일이 장소를 물색하고 토지 매입에 대한 결정을 하도록 위임했다. 박재일은 곧 가칭 한살림연수원추진위원회를 구성했다. 그즈음 연합조직도 생협의 지위를 가질 수 있게 생협법 개정이 추진되고 있었다. 이제까지는 각 지역별 회원 조직들 외에 연합조직에 대해서는 생협 지위가 부여되지 않아 한살림의 전국 연합조직 성격인 사단법인한살림은 농림부 소속 사단법인 형태를 유지하고 있었다. 한살림 내에서도 여기에 맞춰 조직 개편 논의를 시작했다. 이로써 사단법인한살림 회장직을 맡고 있던 박재일은 생협 사업과 조직 운영에 대한 부담에서 한 발 물러날 수 있게 되었다.

"이제 한살림의 물품 사업은 일정한 궤도에 올라 스스로 발전해 나갈 거예요. 문제는 세상에 마음이 아픈 사람들이 너무 많다는 거예요. 건강한 먹거리로 밥상을 살리고 농업을 살리는 일뿐 아니라 이제는 우리 마음과 영혼을 돌보는 노력을 해야 해요."

박재일은 새로운 한살림운동을 꿈꾸고 있었다. 그는 틈나는 대로 연수원 부지를 물색하러 다니기 시작했다. 더불어 수련원이든, 실현지 농장이든 대안적인 공간을 채울 새로운 프로그램을 만들기 위해 '한살림수행 프로그램 연구위원회'도 꾸렸다. 여기에는 한살림 내에서 수행 프로그램에 관심을 가지고 있던 이병철을 중심으로 조희부, 이상국, 윤선주, 이남선 등이 국선도의 유인학, 비파사나 수행을 해온 적경스님, 아바타 프로그램을 중심적으로 이끌고 있던 이구상이 함께 참여해 토론을 이어갔다. 박재일은 이미 1990년대 초반부터 국선도 수련을 꾸준히 해오고 있었고, 2008년에는 아내와 함께 아바타 코스에 참가하기도 했다. 당시 박재일과 함께 미국 올랜도에서 열린 아바타 프로그램에 참여했던 윤희진은 "의식이 자유로운 분이셨다. 나이 어린 중학생과도 허물없이 친구처럼 지내는 모습이 너무나도 천진했다"고 회상했다. 박재일은 장차 연수원에서 진행할 한살림수행 프로그램을 염두에 두기도 했겠지만, 호기심이 많아 의식의 한계를 확장하는 데 항상 진취적인 태도를 보였다.

이 무렵 박재일이 애송하던 시가 조동화의 시 '나 하나 꽃 피어'다. 그는 실무자들과 함께 하는 회의 시간에 종종 이 시를 읽어

주기도 했다.

"나 하나 꽃 피어/ 풀밭이 달라지겠느냐고/ 말하지 말아라/ 네가 꽃 피고 나도 꽃 피면/ 결국 풀밭이 온통/ 꽃밭이 되는 것 아니겠느냐/ 나 하나 물들어/ 산이 달라지겠느냐고도/ 말하지 말아라/ 내가 물들고 너도 물들면/ 결국 온 산이 활활/ 타오르는 것 아니겠느냐."50)

박재일은 어떻게 온 산을 활활 타오르도록 꽃을 피우고 싶었을까. 그가 다이어리에 메모한 '배려하는 마음'이라는 글에서 답을 찾아본다.

"배려하는 마음은 에너지입니다. 여성을 배려하는 마음이 남성을 살리고, 소수를 배려하는 마음이 다수를 살립니다. 이웃을 배려하는 마음이 자신을 살리고 자연을 배려하는 마음이 인간을 살립니다. 배려하는 마음은 어둠을 빛으로, 불행을 행복으로 바꾸는 살림의 에너지입니다. 배려하는 마음은 생명을 살리는 공양입니다."

박재일이 주위 사람들에게 마지막까지 당부한 것도 굶주린 북한 어린이들을 '배려하는 마음'의 끈을 놓지 말라는 것이었다.

"70년대에는 남쪽보다 영농 기계화에 앞섰다고 했는데 지금은 농기계가 거의 사라진 채로 손모를 심고 있었어요. 가난했던 우리 60년대 모습을 그대로 보는 것 같았어요. 쿠바는 유기농업으로 식량 위기를 해결하며 잘 살아남았는데 북한에는 아사자가 많아 안타까워요. 산을 보아도 나무가 거의 없고…… 추운 겨울에는 정말 굶주린 사람들이 살아남기 힘들겠구나 싶었어요. 지금껏 한살림이 계속해온 남북 어린이 교류가 지속적으로 이루어져서 신뢰가 굳건해지면 어떻게든 살 방법이 나오지 않을까요? 북한을 살리는 데 더 큰 힘을 보태는 게 나의 바람이에요."

박재일은 2005년 한살림통일농업연수회 사업으로 5월과 10월 두 차례 북한을 방문하고, 이듬해에는 (사)남북민간교류회 일원으로 평양 6·15 사료공장 준공식에도 참가했다. 첫 번째 방북에서는 금강산 인근 삼일포 지역 통일 모내기 행사에서 직접 모를 심고, 가을에 벼 베기에도 참여하면서 북한 지역 농업의 실상을 똑똑히 보았다. 이를 계기로 우리의 식량자급 문제와 북한의 굶주림에 대해 더 큰 책임감을 느끼게 되었다. 이 무렵 한살림은 조합원 모금 운동을 통해 '우리 생명쌀 지킴이 기금' 1억6,000만 원을 조성해 이 가운데 7,285만 원에 해당하는 유기농 쌀 3,300가마를 직접 싣고 가 금강산 인근 지역 탁아소에 전달했다. 그러나 2008

년 금강산 관광객 피살 사건으로 남북관계가 전면 중단되면서 한반도에 긴장이 고조되었다. 박재일은 남북관계정상화촉구 시국선언에 동참하는 등 남과 북의 평화와 교류의 끈이 끊기지 않게 마지막까지 노력했다.

2010년 박재일은 병상에 누워 있을 때 찾아온 그린코프 유키오카 고문의 손을 꼭 쥐면서 이렇게 당부하기까지 했다.

"굶주린 북한 어린이들을 위해 그린코프와 한살림이 힘을 모아주세요."

그가 오랜 친구에게 남긴 유언 역시 '생명을 살리는 공양'이었다.

병과 함께
몸 살림을 기록하다

박재일은 2008년 12월 17일 건국대학병원에서 아내와 함께 종합건강검진을 받았다. 불과 한 달 전에 다른 병원에서 받은 일반건강검진에서 위장조영술과 분변잠혈반응 등으로 암 검진을 받았을 때는 정상이었다. 그런데 건국대학교 교수로 있는 둘째 사위가 장모의 건강 검진을 신청하면서 장인에게도 한 번 더 정밀 검사를 받도록 한 것인데 뜻밖에도 위내시경 검사에서 암이 발견됐다. 그는 크리스마스이브에 가족들이 모두 모인 자리에서 비로소 이 사실을 알게 되었고, 수술을 받기로 결정했다. 아직 결혼 전이던 막내 주희와 두 부부만 덩그러니 남아 있던 집으로 순원, 정아, 소현, 현선 부부와 다섯 명의 손주들까지 대가족이 한데 모인 자리였다. 2008년 한 해에만 외손주 김종현과 외손녀 정보경이 태어나 박재일의 식구가 부쩍 늘었다. 새 생명이 죽음의 기별과 함께 찾아오는 것은 인정하고 싶지 않아도 자연스러운 일이었다.

"처음에는 위암이란 사실이 믿겨지지 않았으나 사실로 받아들일 수밖에 없었다. 지난 삶을 반성하고 앞으로 대처해가는 수밖에……"

박재일이 자신의 위암 발병부터 수술 경과와 치료 과정까지를 상세하게 기록하기 시작한 다이어리의 첫 장에 쓴 메모다. 그는 2009년 1월 8일 서울아산병원에서 위 전체를 절제하고 식도와 공장空腸을 이어붙이는 수술을 받았다. 처음에 찾아갔던 병원에서는 수술까지 한 달 반에서 두 달 가까이 기다려야 한다는 말을 듣고 가능한 빠른 수술을 위해 병원을 옮겼다. 결심을 한 이상 기다리는 시간이 더 두려웠다. 위암 3기였는데 수술 결과는 좋았고 전이는 없었다. 수술 후 열흘 만에 집으로 돌아와 요양 생활을 시작했다. 수술 이후 종양내과에서 전이나 재발방지를 위해 항암화학약물요법을 권했다. 그러나 그는 생각할 시간이 필요하다고 했다. 항암치료는 수술 후 6주 이내 시작해야 하는 데 그사이 대상포진을 앓으면서 병원에서 권장한 치료시기를 놓쳤다. 그러나 무엇보다 화학약물 치료에 대해 그 자신이 회의적이었다. 의사가 설명하는 항암치료의 예방 효과도 30퍼센트 정도라고 했다. 박재일은 식이요법과 자연의학의 길을 택했다. 암세포와 맞서 싸우는 일은 외과수술로 충분하다고 생각했기 때문이다. 대신 이제부터 세포들을 건강하게 살리는 방법으로 더디 가더라도 다른 길을 가고 싶었다.

그가 이 무렵 병에 대해 꼼꼼하게 기록하기 시작한 것도 자신의 몸에 대해 제대로 공부하겠다는 생각 때문이었다. 박재일은 자신의 치료 과정에 대해 분야를 나누어 두 번, 세 번 반복해서 기록해 놓았다. 같은 내용을 두 번씩 기록하는 것은 그의 습관이기도 했는데, 암과 관련한 치료 과정은 마치 자신의 기록이 다른 누군가에게 유용하게 쓰이기를 바라기라도 한 것처럼 소상했다.

박재일은 위를 모두 잘라내는 수술을 마치고 한 달 만에 다시 밥을 먹을 수 있게 되었다. 밥 한 술을 떠서 넘기는데 목젖이 뜨거워졌다. 밥알이 입안에서 죽이 될 때까지 꼭꼭 씹어 단물이 나오는데 무어라 형언할 수 없는 기분이었다. 다시 밥을 먹을 수 있게 되었다니! 밥은 그에게 한살림과 함께한 평생의 화두였다. 그러나 이제 박재일의 몸 안에는 밥을 소화시킬 위가 없었다. 수술 후 공장이라고 불리는 빈창자가 위의 역할을 대신하기 시작했다. 그는 위를 잘라내고 나서야 비로소 위장의 기능에 대해 깊이 생각하게 되었다. 아내와 함께 암환자를 위한 건강교실 강의를 듣고, 장을 튼튼하게 해줄 식이요법도 시작했다. 아내는 한살림 유기농 채소들로 만든 심심한 국과 반찬들로 삼시세끼를 정성껏 차려주었다. 조합원 중에는 임신하거나 식구들 중에 암 환자가 생기면서 부랴부랴 한살림에 가입하는 사람들이 많았는데, 비로소 그 절박한 심정을 이해하게 되었다.

"요새는 채식을 중심으로 양도 적게 먹어요. 그동안 내가 너무 나를 돌보지 않고 건방진 삶을 살았구나 하고 이번 기회에 많이 배우게 되었어요."

박재일은 위암 수술을 받은 그해 초여름, 한살림에서 펴내던 잡지 〈살림이야기〉와의 인터뷰에서 이렇게 말했다.

"한살림 운동을 열심히 해서 누가 언제 어디서 무엇을 먹더라도 모두가 안전하게 먹을 수 있는 세상을 만드는 게 중요하다는 생각만 했지 정작 내가 먹는 것에 대해서는 무관심했어요."

아내가 차려주는 건강한 밥상을 두고도 밖으로만 돌아다니느라 제대로 먹을 수 있는 기회가 거의 없었기 때문이었다. 밖에서는 남이 주는 음식은 무엇이든 가리지 않고 감사히 받아먹는 것이 도리라고 생각했던 그였다.

수술 후 6개월이 경과한 때였고 검사 결과 몸에 이상이 없고 컨디션도 좋아서 앞으로는 6개월에 한 번씩 정기검진만 받기로 한 상태였다. 살이 많이 빠졌지만 피부가 맑고 깨끗해져서 표정도 밝았다. 인체의 세포는 부위에 따라 차이는 있지만 대부분 120일 정도가 지나면 새롭게 교체된다. 박재일은 한살림 밥상으로 하루

하루 자신의 몸을 새롭게 만들어가고 있었다.

그런데 위암 수술을 받고 일 년 일 개월 뒤인 2010년 1월 18일 그는 서울대학교 치과대학병원에서 또다시 종양 제거 수술을 받는다. 임플란트 때문에 치과 진료를 받다가 구강악 내 종양을 새로 발견했기 때문이다. 70대의 노인이 일 년 만에 두 번이나 수술대 위에 오르는 일은 쉽지 않은 결정이었을 것이다. 그러나 두 번째 수술을 마치고 마취에서 깨어나서도 제일 먼저 가족들부터 위로했다. 말을 할 수 없던 그는 메모지를 달라고 해서 "몸은 아픈데 마음은 평화로워"라고 썼다.

구강암 수술 후에는 음식을 삼킬 수 없게 되면서 코로 호스를 끼워 영양분을 공급받아야 했다. 방사선 치료와 함께 다시 힘겨운 투병이 시작됐다. 박재일은 이때부터 '구강암 수술 치료일지'를 새롭게 쓰기 시작했다. 이때부터는 위암 때와 달리 몸의 치료 과정뿐만 아니라 틈틈이 마음속 이야기들도 기록하기 시작했다.

"제대로 차근차근 씹다보니 맛도 새롭게 느끼고 있어요. 그러다보니 자연스럽게 내가 먹는 음식에 대해 생각이 깊어졌어요."

위암 수술 후 식이요법 할 무렵 그가 했던 말이다. 음식 본연의 맛을 되찾아 가는 과정에서 몸과 마음이 깨어나고 있던 그에게 더는 씹어서 삼킬 수 없게 된 일은 말로 표현하기 힘든 고통이었다. 그럼에도 그는 수행하듯 하루하루를 살아내고 있었다.

"4·19 혁명 50주년 기념일이다. 체력은 떨어지고, 몸은 망가지고…… 방사선 치료를 계획대로 마치게 되어 다행이다. 처음에는 체력에 무리가 되어 끝까지 버티기가 힘들 것이라 걱정했다. 가족, 집사람, 딸내미 부부, 심지어 순원, 동규가 달려왔다. 큰딸 가족은 당시 호주에 살고 있었다. 가족들의 정성스런 병, 치료 간호의 힘으로 견디어낼 수 있었다. 미안하고 감사한다. 막내는 직장을 그만두고 자기 계획을 뒤로 미루고 내 간호에 전념하고 있다."

2010년 4월 19일, 서울대학교 치과병원에서 구강암 수술 이후 일주일에 5일씩 총 33회의 힘겨웠던 방사선 치료를 마친 날의 메모다. 이제부터는 재활 치료를 열심히 해서 코에 연결한 호스만 제거하고 나면 다시 스스로 음식을 씹어 삼킬 수 있다는 기대에 부풀었다. 마침 그 날이 50년 전 4·19 혁명이 일어난 날이었다. 친구들과 어깨를 걸고 동숭동 교정을 출발해 경무대 앞까지 행진한 일, 시위대를 향해 쏟아진 최루탄과 무차별 총기난사 그리고 피비린내의 기억들이 생생하게 떠올랐다. 어느덧 일흔 셋의 노인이 된 그가 미혼인 채로 혼자 부모 곁에 남은 막내딸의 부축을 받으며 서울대학교 병원을 오가고 있을 때였다. 박재일은 대학로라는 이름만 남은 문리대 교정 주변을 걸으며 딸에게 옛날이야기를 들려주었다. 평생 자신의 민주화운동 이력에 대해서는 말을 아끼던 그가 이제는 웃으면서 말했다.

"아버지가 저기서 경찰들한테 잡혀 갔었다."

치열했던 젊은 날은 전설처럼 아득해지고 있었다. 문리대의 상징이던 마로니에 나무는 어느덧 거목이 되어 큰 그늘을 드리우고 있었다. 초목들이 깨어나 꽃과 새순을 허공으로 밀어내는 계절이었다. 해마다 낡은 것을 뚫고 새 것이 돋아나는데, 이 봄을 다시 볼 수 있을까. 그는 막내딸의 얼굴을 쓰다듬으며 말했다.

"사랑한다, 아빠가 미안해."

그는 평생 감정 표현에 서툴었던 것이 후회스러워 남은 시간만이라도 솔직해지고 싶었다. 서른이 넘은 막내가 여전히 눈에 넣어도 아프지 않을 것처럼 고운 아기로 보였다. 그 순간 여덟 살이던 자신을 남겨두고 손 한 번 제대로 잡아보지 못한 채 떠난 생모도 떠올랐다.

그로부터 한 달 뒤 다시 병원을 찾은 박재일은 귀가하는 길에 한살림 사무실에 들렀다. 박재일은 두 번째 수술을 마친 다음 2010년 2월 사단법인한살림 명예회장에 추대되면서 일선에서 물러나 있었다.

"5월 17일 월요일 서울대병원, X-ray, 초음파검사 오전 9~10시

마치고 10:30 경 이사를 한 (사)한살림 사무실쌍림 B/D 701호 처음으로 방문, 반가운 실무자들 얼굴 보니 기쁘다. 만감이 교차된다. 모두 건강하고 행복한 마음으로 한살림 운동 잘 하길 빌어본다."

박재일 스스로 한살림을 찾아간 마지막 날의 기록이다. 1986년부터 오로지 한살림만 바라보며 달려온 지 24년이 지난 때였다. 그날 한살림 사무실에 함께 갔던 아내와 넷째 딸 현선은 박재일이 책상 서랍에서 챙겨온 작은 상자 속을 들여다보고 몰래 눈물을 흘렸다. 그가 귀한 보물이라도 되는 것처럼 담아가지 온 물건들이란 게 빈 명함통, 열쇠고리, 볼펜 등이었다.

노자는 도덕경에서 지도자의 유형을 네 가지로 분류하며 그 중 최고의 리더는 '그가 존재한다는 사실만 겨우 아는 사람'이라고 했다. 아랫사람이 윗사람을 모르게 하는 것이 뭇 사람들이 사랑하고 칭찬하는 지도자보다 높은 경지라고 한 것이다. 언젠가 박재일은 집으로 물품 공급을 하러 온 실무자에게 아내가 타 준 미숫가루를 건네며 말을 붙여 본 적이 있었다.

"요즘 많이 덥지? 공급하는 게 참 힘들 거야."

늘어난 공급 물량 때문에 정신이 없던 실무자가 "아, 네" 하며 건성으로 대답을 하자, 장난기가 발동한 그가 "자네 혹시 내가 누군지 아는가?" 하고 물어보았다.

"할아버지 누구세요?"

"나 박재일일세."

"아, 그러세요? 그런데 무슨 할 말 있으세요?"

박재일은 아직 자신의 존재를 모르던 실무자의 대답에 빙그레 웃으며 이렇게 말했다.

"아니, 더운데 고생하라고. 허허."

그 무렵 한살림 안에서도 그를 알아보지 못하는 사람이 더 많아졌다. 그것은 잘 된 일이었다. '훌륭한 지도자는 말을 적게 하고 함부로 말하지 않는다. 개인적인 욕심을 부리지 않고 일하며 일의 흔적을 남기지 않는다. 그래서 모든 일이 이루어졌을 때 사람들은 "이 모두를 우리 스스로 해냈다"고 한다'고 한 것 역시 노자의 말이다. 박재일은 주위에 '내가 한살림을 만들었다' '내가 한살림이다'라고 말하는 사람들이 많아진 것이 무엇보다 기뻤다. 그것으로 충분했다.

박재일은 한살림 사무실을 방문한 이튿날 다시 서울대병원에서 MRI와 PET 검사를 받았다. 이날의 다이어리에는 '5·18 민주화운동 30주년 기념일'이라고 적어놓았다. 30년 전에는 원주캠프를 눈엣가시처럼 여기던 신군부의 탄압을 피해 한동안 가족들 곁을 떠나 서울로 도피생활을 하고 있었다. 그렇게 역사의 한복판으로 걸어갔던 박재일이 이제는 삶을 정면으로 바라보며 자신과의 어려운 싸움을 이어가고 있었다. 그는 다이어리에 그런 흔적을 세세하게 기록하고 있었다. 다이어리 첫 장에 '위암 구강암 수술, 치료, 경과 투병 관련기 - 2009년 위암 2010년 구강암 수술'이라고 제목을 달아 놓은 그의 기록은 '야채주스 복용: 2010. 5. 23 ~ '을 마지막으로 중단되었다.

박재일은 병상에서 치열하고 꼼꼼하게 치료 과정을 기록하면서 언젠가는 마지막이 다가오리라는 사실을 겸허하게 받아들였던 것 같다. 노트 맨 마지막 장에 만년필로 정갈하게 자신의 근원인 아버지와 어머니의 연대기를 상세하게 적어놓았기 때문이다. 원시반본原始反本, 그는 치료를 시작하면서부터 시원으로 돌아갈 준비를 하고 있었다.

어진 농부 땅으로 돌아가다

박재일은 생애 마지막 순간까지 꿈을 꾸었다. 늘 일에 쫓겨 미뤄둔 귀농을 더는 미루지 않겠다고 결심했다. 구강암 수술을 마치고 방사선 치료에 매진하고 있을 때였다. 병원 정기검진을 마치고 돌아온 어느 날, 한동안 창밖을 물끄러미 바라보던 박재일이 마침 곁에 있던 넷째 딸 현선에게 말했다.

"내가 더 이상 이렇게는 살 수가 없어!"

그의 눈은 촉촉하게 젖어 있었지만 순간 어느 때보다 강렬한 삶의 의지가 번뜩이는 눈빛이었다. 이제 서울을 떠나겠다는 말이었다. 아내는 그동안 20년 넘게 살아온 정든 동네를 떠나기 싫어했지만 더 이상 고집을 부리지는 않았다. 현선은 애써 씩씩한 목소리로 아버지를 거들었다.

"그럼요, 맞아요!"

박재일은 이튿날 곧바로 아내와 딸을 데리고 시골집들을 보기 위해 길을 나섰다. 그는 평소 양평이나 남양주 같은 한적한 시골에 있는 낡은 농가를 손수 고쳐서 살고 싶다고 했다. 그날도 마음에 드는 집을 발견한 박재일이 눈을 반짝이며 이렇게 말했다.

"여보, 잘 고치면 아주 예쁜 집이 될 거야."

아내는 귀신이 나올 것처럼 허물어져가는 빈 집을 보고 솔직히 엄두가 나지 않았다. 그러나 박재일은 암 덩어리를 제거하고 스스로 몸을 새롭게 만들어가던 것처럼 낡은 집에서도 희망만 보고 있었다. 그런데 그날 밤 집으로 돌아온 다음부터 그는 심하게 앓기 시작했다. 뼈가 약해진 상태에서 차를 타고 울퉁불퉁한 산길을 장시간 달려온 것이 무리였다. 그때의 충격으로 골반 뼈가 부러졌고 박재일은 이후로 침대에서 일어나지 못했다.

농부의 아들로 태어나 평생을 농민의 삶과 함께했던 사람, 그는 젊었을 때 일찍이 무위당으로부터 '어진 농부'라는 뜻의 이름을 받았으나 스스로 부끄러워하며 밖으로 드러내지 않았다. 인농(仁農)이라는 박재일의 호를 주위 사람들이 알게 된 것은 칠순에 이르렀을 때, 후배 이병철이 '인농(仁農) 박재일 형의 고희에' 바친 헌시 덕분이었다.

박재일은 어진 농부라는 이름을 세상에 드러내고 얼마 지나지 않아 2010년 8월 19일 73세의 나이로 영면했다. 어진 농부를 땅으로 돌려보내던 날, 그의 오랜 벗이었던 김지하는 박재일에게 시를 바쳤다.

산알아비여 안녕

누가 당신을 일러
'산알아비'라 부르더이다
산알은 생명이니 햇곡식이요
그 아비이니 세상의
밥걱정하는 양반의 뜻.
듣기 좋더이다
이제 고생 많던 이승을 떠나
그 시커먼 제기동 가게도 떠나
영덕 큰 바다 같은 저승에서
산알이 사리가 되시는 때
사리아비이니
왈
한울님.
생각만 해도 좋소이다

이젠 우주 걱정하소서

부디 평안하소서 안녕.

김지하는 추모의 글에서 "'밥'이 박재일 선생의 최고 철학이었다. (……) 한살림! 해월 선생은 '밥 한 그릇이 만사지萬事知'라 드높이 칭송하였으니 모심! 박재일 선생은 바로 이 '현실적 신성성', 곧 현대문명사 최고의 숙제인 '마음속의 몸'을 실사적으로 탐구하신 수도자다. 다름 아닌 '산알'이다"라고 덧붙이기도 했다.

박재일의 영혼은 떠났지만 그의 육신은 땅에 남았다. '산알'을 기르는 흙으로 돌아간 것이다. 충북 괴산군 청천면 삼송리 690-1, 생전에 자기 이름으로 농사지을 땅 한 평 소유하지 못했던 그가 돌아간 자리다. 그 땅은 백두대간이 지나는 대야산 산줄기 서쪽에 있다. 대야산은 동서로 신선이 놀던 선유동이라 불리는 아름다운 계곡을 품었는데 삼송리는 외선유동에 있는 마을이다. 삼송리는 600살이 넘은 천연기념물 왕소나무가 대대로 마을을 지켜온 곳이다. 그곳에는 한살림 생산자 공동체 솔뫼농장이 튼튼하게 자리를 잡고 있어서 생전에 박재일이 자주 왕래하던 곳이었다. 그는 마지막 꿈이었던 한살림연수원 부지를 그곳으로 정했다.

"주희야, 우리 솔뫼에 가서 3층 집 지어서 같이 살까? 똑 부러지는 소현이가 아이들 가르치고, 현선이는 아이들과 잘 노니까

신나게 놀아주고……. 너는 국제관계나 정리 같은 걸 잘하니까 사무를 보면 되겠네."

공부도 포기하며 아버지 병구완에 매달리고 있던 막내딸에게 생전에 박재일이 꿈꾸듯 한 말이었다. 한살림연수원이 있는 마을에 집을 짓고 살면서 텃밭을 가꾸고, 한살림 사람들이 찾아오면 언제든 편안하게 쉬었다 갈 수 있는 곳이 되면 좋겠다는 바람이었다.

박재일의 아내와 딸들은 못 다 이룬 그 꿈을 위해 한살림연수원 부지가 마주보이는 야트막한 산자락 아래 땅을 사고 집 대신 봉분을 만들었다. 그곳이 마침내 인농이 생명의 근원인 천지부모의 품으로 돌아간 집이다. 그 집 앞에는 비석 대신 둥글고 평평한 돌을 놓고 그 위에 이렇게 새겨 넣었다.

> "한살림 박재일 선생. 그는 이 땅의 큰 농부였다. 살림의 오롯한 한길에서 스승 무위당과 함께 〈한살림농산〉을 만들고 자신과 온 세상을 갈아 생명의 큰 밥상을 마련했다. 그의 뜻은 이제 여럿이 함께 걷는 큰 길이 되었다. 생명과 이웃에게 한없이 겸손했던 그는 '한살림답게'라는 말과 더불어 〈한살림〉의 영원한 벗이다. 2011년 8월 18일 일주기에 선생을 그리워하고 사랑하는 마음을 담아."

돌 위에 새긴 글씨는 생명의 씨앗을 형상화 한 한살림 심볼을 디자인했던 판화가 이철수가 썼다.

박재일이 돌아간 땅 삼송리의 당산나무였던 왕소나무는 그가 세상을 떠나고 2년 뒤인 2012년 태풍 볼라벤이 상륙했을 때 뿌리 채 뽑혀 쓰러졌다. 600년 넘게 한 곳에서 서서 세월의 비바람을 견뎌낸 소나무의 주검도 땅으로 돌아간 것이다. 나무를 쓰러뜨린 것은 뜨거운 바다에서부터 상륙한 강한 바람이지만, 해마다 송화가루를 날려준 것 역시 산자락을 넘나들던 그 바람이었다. 왕소나무의 솔씨는 어디에선가 뿌리를 내려 빛나는 어린 소나무로 부활할 것이다. 박재일의 육신이 천지부모의 품으로 돌아가 새 생명의 밑거름이 되는 것처럼, 모든 죽음은 그렇게 부활한다.

마지막으로 해월의 말을 다시 적는다.

"부모가 아이를 품는 것은 곧 천지의 포태니, 사람이 어렸을 때 어머니 젖을 빠는 것은 곧 천지의 젖이요, 자라서 오곡을 먹는 것 또한 천지의 젖이다."

해마다 8월, 인농의 기일이면 천지의 젖을 함께 기르는 한살림의 생산자와 소비자, 실무자들이 뜨거운 태양 아래 삼송리 박재일의 묘소로 모여든다. 뜨거운 태양 아래 '산알'의 힘으로 오곡이 무르익어 갈 때다.

●
작가의 말

지난 2010년 1월 16일, 서울대학교 치과병원에서 구강암 수술을 기다리던 박재일 선생을 뵈었을 때가 떠오른다. 한 해 전 이미 위 전체를 잘라내는 큰 수술을 받았는데 일흔셋의 노구로 다시 수술대 위에 오르는 일이 두렵지 않았을까. 나는 그런 무거운 마음으로 병문안을 갔는데 그이는 어린아이처럼 해맑은 얼굴로, 뜨거운 청년의 가슴으로 한살림의 미래에 대해 이야기했다. 그 눈빛을 잊을 수가 없다. 죽음이 다가오던 순간까지도 오로지 한살림만 생각하던 사람.

그 열정적인 모습에 큰 빚을 지고 있다는 생각 때문에 인농 선생의 삶의 여정을 따라가는 작업을 시작하게 되었다. 그러나 선생이 걸어온 지난한 역사와 헌신적인 삶의 열정들을 담아내기에는 그릇이 너무 부족했다는 것을 깨달았다. 두려운 마음으로 어렵게 시작한 일인데, 글을 마치는 순간 부끄럽고 송구한 마음까지 앞을 가로막는다. 누구라도 먼저 작은 디딤돌 하나라도 놓아야, 그걸 두드려보고 의심하고 또 새로운 질문을 던지며 앞으로 나아갈 수 있다고 생각했다. 그것도 욕심이었다. 그럼에도 이 작은 돌다리 건너 인농 선생에게로 가는 새로운 길이 열리게 되기를 기대해본다. 핑계와 변명은 이만 접어두고 그동안 함께해 주신 분들에 대한 고마운 마음을 여기 적는다.

먼저 선생의 가족 이옥련·박순원·박정아·박현선·박소현·박주희 님, 친구이자 선배인 한기호·김정남·김중태·최혜성 님, 원주와 가톨릭농민회의 오랜 인연 김영주·장화순·이경국·정인재·김상범·이길재 님, 한살림의 조희부·이상국·이병철·곽금순·조완형·윤형근·윤희진·김재겸·김성희 님께서 직접 박재일 선생과 함께한 소중한 추억들을 나누어주시고, 다듬어지지 않은 원고를 읽고 충고와 조언을 아끼지 않으셨다. 그분들 덕분에 겨우 여기까지 올 수 있었다.

한편 돌아가신 장일순·김영원·최재두 선생님 그리고 김지하·최기식·천규석·이순로·장용진·김민경·서형숙·윤선주·정광영·정현수·남원식·경근호·최양부·김성훈 님 등이 자신의 책이나 다른 인터뷰 지면을 통해 인농 선생과 함께한 역사를 기록으로 남겨주셔서 큰 도움이 되었다. 특히 지난 2004년 모심과살림연구소에서 윤형근과 김성희 님이 박재일 선생을 직접 인터뷰한 자료 그리고 국사편찬위원회 김소남 박사의 연구논문과 저서 《협동조합과 생명운동의 역사》로부터도 많은 도움을 받았다. 고마운 마음으로 두 손 모아 인사 올린다.

《한살림 큰 농부》를 위해 제자를 써주신 판화가 이철수 선생님과 책을 위해 애써 주신 편집자 이정미 님·디자이너 이규중 님 그리고 독자로 귀한 의견을 주신 한살림 가족 한재희·이승진·이슬비 님께도 감사드린다.

무엇보다 세상을 위해 큰 밥상을 차려주신 '한살림 큰 농부' 박재일 선생님께 큰 절을 올린다. 그이 덕분에 한살림 조합원으로 따뜻한 밥을 지어 먹는 일이 자랑스러웠다. 이제는 그 밥을 이웃과 나누는 일에 힘을 쏟고 싶다. 이 책도 그렇게 쓰이기를 바란다.

2017년 뜨겁고도 힘겨웠던 여름을 보내며. 김선미

● 주석과 참고문헌

1) 김지하, 《흰 그늘의 길》 2, 학고재, 2008, p. 47.
2) 1965년 2월에는 기본조약이, 4월에는 어업협정이 가조인되었다.
   1965년 6월 22일 한일기본조약이 정식으로 조인되었으며, 8월 14일 대한민국에서는 여당 단독으로 국회가 열려 한일기본조약을 비준하였다.
3) 《흰 그늘의 길》 2, p. 99.
4) 검찰은 이 사건을 상고했고 1968년 3월 5일 대법원에서 전원 무죄를 확정했다.
5) 최성현, 《좁쌀 한 알》, 도솔, 2004, p. 118~120.
6) 지학순정의평화기금 엮음, 《그이는 나무를 심었다》, 공동선, 2000, p. 70.
7) 《흰 그늘의 길》 2, p. 148.
8) 〈박재일 회장에게 듣는 무위당 이야기〉 중에서.
9) 〈박재일 회장에게 듣는 무위당 이야기〉 중에서.
10) 《그이는 나무를 심었다》, p. 107.
11) 《그이는 나무를 심었다》, p. 102.
12) 《흰 그늘의 길》 2, p. 199.
13) 《흰 그늘의 길》 2, p. 121.
14) 강준만, 《한국 현대사 산책》 1970년대편 1, 인물과사상사, 2002, p. 263.
15) 《한국 현대사 산책》 1970년대편 1, p. 265.
    박정희가 썼다는 《새마을운동과 국가건설》에 실린 연설.
16) 김소남, 〈1960~80년대 원주지역의 민간 주도 협동조합운동 연구〉.
17) 《한국가톨릭농민회 30년사》, pp. 37~38.
18) 《가톨릭농민회원주교구연합회 30년사》, pp. 56~57.
19) 〈秘錄환경운동25년-원주에서 온 이상한 쌀가게 주인〉, 《주간경향》, 2006년 12월 26일자. 신동호의 박재일 인터뷰 중에서.

20) 김지하, 《흰 그늘의 길》 3, 학고재, 2008, p. 45.
21) 사회개발위원회의 농촌소비조합육성사업은 2년간 40개 농촌소비조합 육성을 목표로 1980년 8월 네덜란드 카리타스 세베모의 자금 지원으로 시작되었다. 김소남, 〈1960~80년대 원주지역의 민간 주도 협동조합운동 연구〉, p. 385.
22) 쓰고 버리는 시대를 생각하는 모임이 1976년 1월 20일에 제정한 〈농산물 취급 방향에 대하여〉.
23) 박재일은 야스다 교수와 마음을 나누고 형제처럼 가까워졌고, 두 사람의 우정은 박재일의 사후까지도 이어졌다. 실제로 야스다 교수가 이끈 고베학생청년센터는 한국 생협관계자들이 꾸준히 방문하며 한일 교류의 창구 역할을 했다.
야스다 교수는 박재일 사후에도 4주기 추모식이 열린 2014년 8월 한국을 방문해 '생명, 농업, 그리고 미래'라는 주제로 강연을 하기도 했다.
24) 모심과살림연구소, 〈원주지역의 협동운동과 생명운동 녹취록〉, 남원식 구술 기록.
25) 2014 무위당 20주기 기념 협동운동 대화마당에서 박승옥이 발표한 글, 〈한국 사회운동의 새로운 시원, 장일순과 원주그룹의 생명운동〉 참조.
26) 원주한살림, 《원주한살림 30년》, 정현수 인터뷰 중에서.
27) "세베모에 신청한 1983년도 농촌소비조합육성계속사업의 지난한 승인 과정과 1984년 말 세베모에 신청한 후속 신규 사업의 승인 여부가 1985년 말까지도 불확실하게 되면서 원주교구는 더 이상 기존체제로 제반사업을 추진할 수가 없었던 것이다." 김소남, 〈1960~80년대 원주지역의 민간주도 협동조합운동 연구〉, p. 347.
28) 〈원주지역의 협동운동과 생명운동 녹취록〉, 경근호 구술 기록.
29) 세베모는 사회개발위원회에서 추진한 농촌소비조합운동에 대해 과거 무상지원이던 재해대책사업 등과 달리 소비조합 운영자금으로 지원한 대부금을 연 6퍼센트의 이자로 상환하도록 했다.
김소남, 〈1960~80년대 원주지역의 민간주도 협동조합운동 연구〉 참조.
30) 《그이는 나무를 심었다》, pp. 271~272.

31) 최재두, 〈한살림이 아니었다면 나는 어떤 모습이었을까〉, 무크지 《한살림》 2003년 12월.
32) 김기섭은 연세대학교를 졸업한 다음 고베대학에서 유학하는 동안
 박재일이 소비자협동조합중앙회 회장일 때 추진한 한일대학생협교류를 도왔다.
33) 모심과살림연구소, 〈원주지역의 협동운동과 민주화운동_1960~80년대〉
 김상범 구술 기록.
34) 〈인농 박재일 선생 1주기 좌담회 - 우리 안의 박재일〉.
35) 국내에서 생협이란 말은 처음 사용한 것은 대학생협이 처음이었다.
 이는 협동조합을 만들기 전부터 일본대학생 생협과 교류를 시작했기 때문에
 일본에서 사용하는 명칭을 그대로 사용한 것이다.
36) 모심과살림연구소, 《스무 살 한살림 세상을 껴안다》, 한살림, 2016, p. 82.
37) 《주간경향》 [祕錄환경운동25년] "죽임당하는 생명계를 살리자".
38) 이병철, 〈다시 한살림을 선언하며_한살림선언 스무 돌에 부쳐〉 중에서.
39) 한살림 모임 창립대회, 장일순의 강연 '시(侍)에 대하여' 중에서.
40) 《스무 살 한살림 세상을 껴안다》, p. 117.
41) 장일순, 〈왜 한살림인가〉, 《나락 한알 속의 우주》, 녹색평론사, 1997, p. 78.
42) 《동아일보》, 1990년 4월 7일자.
43) 《스무 살 한살림 세상을 껴안다》, pp. 133~134.
44) 무크지 《한살림》 1990년 1월 8일. 한살림 모임 사무실에서 박재일·이순로·김영원이
 참석한 좌담 중에서.
45) 《녹색평론》 1994년 7, 8월호에 박재일이 쓴 〈떠나신 선생님을 기리며〉라는 글.
46) 박재일 강연, 〈생산과 소비는 하나다〉.
47) 《스무 살 한살림 세상을 껴안다》, pp. 164~165.
48) 한살림은 수입물품을 직접 취급하지 않는 대신 한살림 가공식품에 사용하는
 설탕 등은 공정무역 제품을 사용하고 있다.
49) 《스무 살 한살림 세상을 껴안다》 참조.

50) 조동화, 《나 하나 꽃 피어》, 초록숲, 2013.

* **위 주석에 적은 자료 외 참고한 문헌**

김소남, 《협동조합과 생명운동의 역사—원주지역의 부락개발, 신협, 생명운동》, 소명출판, 2017 : 주석에 언급한 논문 〈1960~80년대 원주지역의 민간 주도 협동조합운동 연구〉가 이후 단행본으로 출간된 것임.

표영삼, 《동학》 1·2, 통나무, 2004.

김정남, 《이 사람을 보라》 1·2, 두레, 2016.

천규석, 《소농 버리고 가는 진보는 십 리도 못 가 발병 난다》, 실천문학사, 2006.

김성희, 《살리는 사람 농부》, 한살림, 2014.

서형숙·윤선주, 《한살림 첫마음》, 한살림, 2016.

김선미, 《어른》, 달팽이, 2015.

《한살림 20년 햇살과 바람 정직한 땀의 기록》, 한살림, 2006.

《한살림 30년 백서 당신 덕분에 삽니다》, 한살림, 2017.

● 인농 박재일 연보

1938년	10월 28일. 경상북도 영덕군 남정면 사암2구에서 박근찬·신남출의 둘째 아들로 태어나다.
1947~1959년	영덕군 남정면 남정초등학교, 포항시 흥해면 흥해중학교, 대구 경북고등학교를 졸업하다.
1960년	4월. 서울대학교 문리대학 지리학과 입학, 곧이어 일어난 4·19 혁명의 대열에서 함께 싸우다.
1961년	입대해 1963년 7월까지 1년 6개월간 육군으로 복무하다.
1964년	한일회담 반대를 위한 서울 지역 대학생들의 연합 시위를 조직하며 6·3 항쟁에 적극 참여하다.
1965년	3월. 고향에서 이옥련과 결혼식을 올리고 서울로 올라온 뒤, 한일협정 반대 시위로 서대문형무소에 구속 수감되다.
1966년	7월 26일. 무죄 판결을 받고 출소한 뒤, 고향에 내려가 본격적으로 농사를 짓기 시작하다.
1967년	서울로 올라와 가정교사 생활 등으로 어렵게 생계를 이어가다.
1969년	8월. 친구 김지하와 장일순의 권유로 원주에 내려가 진광중학교 영어교사가 되다.
1970년	1월. 원주 단구동 성당에서 세례를 받다. 세례명은 '마태오'. 2월. 서울협동교육연구원에서 지도자 교육을 받고 교사를 그만두다. 진광중학교 내 협동교육연구소로 자리를 옮겨 농촌 지역에 신용협동조합 설립을 지원하다.
1971년	10월 5일. 원주교구 원동성당에서 열린 최초의 시국미사를 시작으로 본격적인 원주캠프의 반독재 투쟁에 함께하다.
1972년	8월. 남한강 대홍수로 폐허가 된 농촌 지역에서, 원주교구 지학순 주교가

	외국에서 받아온 긴급구호자금으로 꾸려진 재해대책사업위원회의 집행위원이자 상담원으로 수해복구 사업을 시작하다. 재해대책사업위원회에서 1973년 1월부터 1979년 말까지 일하다.
1974년	가톨릭농민회에 입회, 1975년 전국연합회 부회장을 맡으면서 쌀 생산비조사사업을 시작하다.
1978년	4월. 가톨릭농민회에서 '함평고구마사건' 해결을 위한 광주북동천주교회에서 특별기도회 및 단식농성에 함께해 농민들이 피해 보상을 받아내다.
1979년	재해대책사업위원회에서 개편된 원주교구 사회개발위원회 농촌부장으로 활동을 시작, 1980년부터 농촌소비조합 육성사업을 시작하다.
1981년	사회개발위원회 실무자들과 일본과 대만을 방문 선진 소비자협동조합 운동을 배우다.
1982년	가톨릭농민회 제6대 전국 회장에 선임, 그간 사회개발위원회 활동을 총화한 〈생명의 세계관 확립과 협동적 생존의 확장〉이라는 원주보고서를 함께 만들고 이를 가톨릭농민회 지도자들에게 전파하다. 1983년 사회개발위원회에서 개편된 원주교구 사회사업국 사회개발부에서 농촌소비조합 확장사업을 계속하다.
1984년	가톨릭농민회 지도자들과 일본 유기농 산지와 생활협동조합을 방문해 새로운 협동조합 운동의 가능성을 확인하다.
1985년	6월 24일. 유기농운동과 소비조합이 결합한 원주소비자협동조합을 창립하고, 초대 이사장을 맡다
1986년	네덜란드에서 열린 ISS특별인권프로그램에 참가, 이때 세베모와 독일 미제레올 재단을 방문해 농산물직거래직판장운영사업 등의 지원을 성사시키고, 그해 12월 4일 서울 제기동에 한살림농산의

	문을 열다.
1988년	2월. 소비자협동조합중앙회 3대 회장에 선출.
	4월 21일. '한살림공동체소비자협동조합'을 창립하다.
1989년	10월 29일. 한살림모임 창립 대회에서 의장을 맡고,
	〈한살림선언〉을 발표하다.
1990년	7월 30일. 가톨릭농민회와 함께 경남 고성 두호마을에 첫 파종한
	우리 밀을 수확, 한살림 안에서 본격적인 '우리밀살리기운동'을 시작하다.
1991년	11월 28일. 종교계와 시민사회단체와 힘을 모아
	'우리밀살리기국민운동본부'를 설립하고 공동대표를 맡다.
1993년	한살림생활협동조합으로 명칭을 바꾸고,
	'우리 쌀을 지키고 우리 밀을 살리자'는 결의문 채택과 함께
	농산물 수입개방 반대 운동에 앞장서다.
1994년	2월. 사단법인한살림으로 명칭이 변경되면서 대표로 취임,
	11월에는 환경보전형농업생산소비자단체협의회 결성을
	주도하고 초대 회장을 맡다.
1995년	3월 27일. 서울에서 열린 '생명공동체운동 한일교류한마당'에서
	한살림의 '우리밀살리기운동'을 소개하고, 4월 일본에서 열린
	데반다협의회 행사에 초청받아 규슈의 그린코프 생협과 교류를
	시작하다.
1997년	10월. 일본 그린코프 생협에 북한동포돕기를 제안해 남북어린이어깨동무를
	통해 성금을 전달하다. 11월 제2회 농업인의 날에
	환경농업육성법 제정에 공헌한 공로로 철탑산업훈장을 받다.
2000년	6월. 서울환경상 대상 수상.
2001년	12월. 한살림 조합원들과 아프카니스탄 난민 돕기 모금을 진행하다.
2005년	12월. 한살림, 친환경농업대상 소비자 유통부문 최우수상 수상.

2006년	5월. 한살림, '생명의쌀' 기금을 모금해 북한 고성군과 남쪽 사회복지시설 등에 1억 5,000만 원 상당의 유기농 쌀을 전달하다.
2008년	5월. '한살림수련농장 설립을 위한 생명운동기금'을 바탕으로 한살림연수원추진위원회를 구성하고 한살림 수행프로그램 연구위원회 등을 꾸리고 활동을 시작하다.
2009년	1월. 위암 발병으로 투병을 시작하다.
	4월. 제13회 '정일형 이태형 자유민주상', 8월 '일가상' 수상.
2010년	2월. 한살림 명예회장으로 일선에서 물러난 뒤, 8월 19일 73세를 일기로 세상을 떠나다.